부모라면 유대인처럼

평범한 아이도 세계 최강의 인재로
키워내는 탈무드식 자녀교육

부모라면
유대인처럼

고재학 지음

위즈덤하우스

"질문하라!"
이것이 오천년 유대교육의 비밀이다.

– 마빈 토케이어

prologue

무엇이 그들을
슈퍼인재로 만드는가?

어느 날 하늘나라에서 모세, 예수, 마르크스, 프로이트, 아인슈타인 등 유대인 다섯 명이 모여 토론을 했다. '인간의 행동을 규정하는 것은 무엇인가'라는 주제였다. 먼저 모세가 엄숙한 얼굴로 "인간을 인간이게 하는 것은 이성"이라고 단언했다. 그러자 예수가 "그게 아니고 사랑"이라고 주장했다. 두 사람의 이야기를 듣던 마르크스가 손을 내저으며 "모든 것은 밥통, 즉 경제가 결정한다"고 말했다. 그때 프로이트가 끼어들며 "인간의 행동을 규정하는 본질은 성(性)"이라고 반박했다. 논쟁이 길어지자 조용히 앉아 있던 아인슈타인이 "모든 것은 상대적"이라는 말로 토론을 마무리 지었다.

어느 학자는 "유대인이 없었다면 현대 문명도 존재하지 않았을 것"이라고 말했다더니, 이 우스갯소리에는 세계를 만든 것은 유대인이라는 자부심이 가득 담겨 있다. 미국 최대의 시사주간지 《US뉴스 앤드 월드리포트》는 '천재들의 비밀 : 20세기를 조각한 3명의 위인' 이라는 제목으로 특별 호를 내놓은 적이 있다. 표지를 장식한 3명의 위인은 아인슈타인, 프로이트, 그리고 마르크스였다.

아인슈타인은 공간, 시간, 중력에 관한 새로운 사고로 '뉴턴 물리학'을 뛰어넘은 현대 과학의 선구자다. 마르크스는 자본주의 체제를 냉철하고 객관적으로 분석한 과학적 사회주의의 창시자다. 프로이트는 정신분석학의 창시자로, 인간의 자아나 의식이 어떻게 기능하는지를 이해하는 데 중대한 공헌을 했다.

인류사에 큰 발자취를 남긴 저 인물들이 공교롭게 모두 유대인이라는 사실이 경이롭게 느껴진다. 하지만 더 놀라운 점은, 이처럼 막강한 유대인 파워가 과거의 일이 아니라 현재도 여전히 진행중이라는 사실이다. 금융재벌 로스차일드, 석유재벌 록펠러, 투자계의 대부 조지 소로스, '미국의 경제대통령'으로 불린 앨런 그린스펀, 프랑스의 자동차 왕 앙드레 시트로앵, 영국 프리미어리그의 명문구단 첼시를 인수한 러시아의 석유재벌 아브라모비치, 스타벅스의 창업자 하워드 슐츠, 허쉬 초콜릿의 창업자 밀튼 허쉬, 던킨 도너츠의 창업자 윌리엄 로젠버그, 하겐다즈의 창업자 루벤 매튜, 배스킨라빈스의 창업자 어바인 라빈스, 마이크로소프트의 공동 창업자 스티브 발머, 오라클의 창업자 래리 엘리슨, 구글의 공동창업자 세르게이 브린과 래리 페이지, 미국 최초의 노벨경제학상 수상자 폴 새뮤얼슨, 노벨평화상을 받은 외교관 헨리 키신저, '퓰리처상'을 만든 조셉 퓰리처, '신빼고는 모두 인터뷰한다'는 전설적인 앵커 래리 킹, 바이올리니스트 아이작 스턴, 작곡자 조지 거슈윈, 지휘자 레너드 번스타인, 작가 앙드레 지드와 프루스트, 화가 샤갈과 모딜리아니와 피카소, '구겐하임 미술관'을 세우고 운영한 솔로몬 구겐하임과 페기 구겐하임, 시인 하이네, 《세일즈맨의 죽음》으로 유명한 극작가 아서 밀러, 할리우드를 개척한 희극배우 채플린, 영화감독 스티븐 스필버그와 우디 앨런…… 정치, 경제, 언론, 문화 등 전 영역에 걸쳐서 유대인들의 파워는 그물망처럼 우리를 포위하고 있다.

독보적인 활약상 때문인지 유대인의 성공을 닮고 싶어 하는 한편으로는, 그들에 대한 부정적인 평가도 존재한다. 미국에서 '유대인 변호사'라고 하면 '자기 이익만을 챙기는 이기적인 법률가'를 뜻한다. 셰익스피어의 희극 《베니스의 상인》에 나오는 유대인 고리대금업자 샤일록도 피도 눈물도 없이 돈만 아는 냉혈한으로 그려졌다. 또 다른 부정적 이미지는 지나친 선민의식(選民意識) 탓에 타민족을 배척하고 자기들끼리만 폐쇄적으로 생활하는 모습이다. 미국의 유력 정치인들을 포섭해서 중동 평화를 위협하는 호전적인 세력이라는 이미지 또한 아주 강하다. 하지만 그럼에도 불구하고 확실한 것은, 유대인들이 강한 민족적 긍지로 세계적으로 뛰어난 인재들을 수없이 배출해오고 있다는 점이다.

이런 믿기지 않는 유대인들의 성공은 어디에서 비롯된 것일까? 머리가 타고난 민족이 틀림없을 것이라고? 천만의 말씀이다. 유대민족의 지능지수(IQ)가 다른 민족보다 높다는 증거는 어디에도 없다. 핀란드 헬싱키 대학이 2002년 세계 185개 나라 국민들의 IQ를 조사한 결과, 이스라엘 국민들의 평균 IQ는 95(26위)로 한국(106·2위)이나 미국(98·19위)보다 낮았다. 실리콘밸리의 유대인 국제변호사 앤드류 서터도 유대인의 성공법칙을 담은 책《더 룰(The Rule)》에서 "유대인의 성공비결을 유전자나 생물학적인 특성이라고 간주하는 건 환상에 불과하다"고 지적한다.

그렇다면 유대인 성공의 진짜 비밀은 무엇인가? 바로 '교육'이다. 유대인의 우수성은 그들의 독특한 교육법에 기인한다. 독특하다고 했지만, 어찌 보면 누구나 알 수 있는 평범한 내용들이다. 유대인 교육의 핵심은 지식교육과 인성교육의 균형, 즉 흔히 말하는 전인교육(全人敎育)이기 때문이다. 그걸 누가 모르느냐고 하겠지만 문제는 실천이다. 유대인들은 전인교육을 실제로 일상생활의 규범으로 실천한다. '자녀교육은 신에 대한 의무'라는 종교적 열정이 더해지면서 더 강제성을 부여하고 있기 때문이다.

교육이라면 한국도 지지 않는다. 한국인과 유대인의 교육열은 둘째가라면 서러워할 정도로 막상막하이다. 한국의 부모들은 자식 교육을 위해 목숨을 건다고 해도 과언이 아니다. 무리를 해서라도 자녀를 좋은 학교나 학원에 보내려고 하기 때문에, 유명 학원들이 몰려 있는 대치동 아파트값이 천정부지로 치솟는다. 아내와 아이들은 해외 학교로 가고 아빠는 국내에서 홀로 생활하는 기러기 가정의 증가 추세도 가파르다. 유대인 부모들도 유사하다. 미국에서 유대인 밀집 지역은 '좋은 학군'이 형성되면서 집값이 비싸진다. '주이시 맘(Jewish Mom)'은 '교육열 높은 부모'를 부르는 숙어가 되었다.

그런데 교육 성취도를 놓고 보면 유대민족이 압도적으로 뛰어나다. 전 세계에 흩어져 있는 유대인은 세계 인구의 0.25퍼센트(약 1,700만 명)에 불과하지만, 역대 노벨상 개인(조직 및 단체 제외) 수상자의 22퍼센트를 점한다. 인터넷 사이트 '유대인정보(www.jinfo.org)'에 따르면 1901년부터 2009년까지 유대인 노벨상 수상자는 180명으로, 개인 수상자 5명 중 1명꼴이다. 게다가 2004~2007년의 유대인 수상자 비율은 33퍼센트까지 올라간다. 인구 비례로 따지면 다른 민족의 몇 백 배 수준이다. 또한 미국 아이비리그 학생의 4분의 1, 미국 억만장자의 40퍼센트가 유대인이다.

반면 한국 학생들은 고등학교 때까지 세계적으로 상위권을 유지하다가도, 대학만 가면 학습 경쟁력이 곤두박질한다. 재미동포 김승기 박사의 미 콜럼비아대 박사 논문(한인 명문대생 연구)에 따르면, 미국 명문대에 입학한 한국인 학생 가운데 44퍼센트가 중도 탈락한다. 1985년부터 2007년까지 하버드와 예일, 코넬, 콜럼비아, 스탠퍼드, UC버클리 등 14개 명문대에 입학한 한국인 학생 1,400명을 분석한 결과다. 유대인 학생 중퇴율 12.5퍼센트의 4배에 달하는 수치다. 김박사가 같은 기간 미국의 경제전문지 《포춘》이 선정한 500대 기업에 재직하는 한국계 간부 현황을 조사한 결과에서도, 한인은 전체의 0.3퍼센트인데 비해 유대인은 41.5퍼센트나 된다(인도계 10퍼센트, 중국계 5퍼센트). 미국 유학생 중 한국인 비율이 세계 1, 2위를 다툴 정도로 많지만, 미국 기업에 취직해 역량을 인정받는 비율은 터무니없이 낮다는 것을 보여준다.

이쯤 되면 한국의 부모들은 울고 싶은 심정이 된다. 지금처럼 뒷바라지하는 것도 결코 쉽지 않았는데 무엇을 어떻게 더 하라는 것인가? '더' 하는 게 아니라 '다르게' 해야 한다. '많이' 시킬 게 아니라 '제대로' 시켜야 한다. '지식 암기'에만 치중할 것이 아니라 균형 잡힌 '전인교육'을 실천해야 한다. 유대인 부모들이 하는 것처럼 말이다.

유대인 부모들은 가정교육에 엄격하다. 일이 바쁘고 몸이 피곤하다 보면 '하면 좋겠지만 안 해도 그만'이라며 슬쩍 넘어가는 부분이 가정교육이다. 부부가 서로 존중하기, 가족이 함께 식사하기, 매일 베갯머리 독서 15분, 거르지 않는 아침밥 등의 규칙들은 언뜻 사소해 보이기 때문이다. 하지만 아이들의 습관, 품성, 인격, 나아가 지능까지도 상당 부분 가정에서 결정된다. 그리고 저 사소한 규칙들이야말로 슈퍼인재를 키워내는 핵심요소이다.

유대인 부모들은 자녀들의 성적 대신 '질문과 토론'을 챙긴다. 유대인들의 생활규범 격인 《탈무드(Talmud)》에는 '교사 혼자서만 얘기해서는 안 된다. 만약 학생들이 말없이 듣고만 있다면 앵무새를 기르는 것과 무엇이 다르겠는가. 교사가 이야기를 하면 학생은 거기에 대한 질문을 해야 한다. 둘 사이에 주고받는 말이 활발하면 할수록 교육효과가 높다'라고 쓰여 있다. 그들은 말없이 듣기만 하는 습관을 극도로 경계하며 "궁금한 건 언제든지 질문하라"고 격려한다. 절대로 "귀찮게 이것저것 묻지 말고 가만히 있어!"라고 윽박지르지 않는다. 스스로 의문점을 찾아내고 해답을 찾아가는 학습자세야말로 성공에 반드시 필요한 능력이기 때문이다.

'공동체 의식'도 유대교육의 특징이다. 유대인들에게는 《토라(Torah · 구약성서 앞부분의 5권인 '모세5경')》와 《탈무드》가 삶의 기준이다. 오천년을 이어져 온 공동의 윤리가 있기에, 그들은 세계 각지에 흩어져 살아도 민족적 자부심과 전통을 잃지 않고 서로 도우며 큰 성공을 일궈낸다.

유대인들 중에 유난히 거부(巨富)가 많은 것은 '현실적인 꿈을 꾸게 하는 교육'에 기인한다. 유대인들은 어릴 때부터 돈의 중요성을 배우면서, 그러한 현실에 발을 딛고 최대한의 상상력과 창의력을 발휘하는 훈련을 한다. 허황된 꿈은 좌절감만 주지만, 실현 가능한 목표는 오히려 최대한의 잠재력과 에너지를 끌어내는 촉매 역할을 한다.

"진리는 길바닥에 떨어진 돌멩이처럼 어디에나 흔하게 있다. 그런데 돌멩이를 줍기 위해서는 몸을 구부려야만 한다. 문제는 사람들이 진리를 줍기 위해 허리를 구부리는 일조차 하지 않는다는 것이다."

18세기 동부유럽에서 활동했던 랍비 벤 엘리에제르의 말이다. 그만큼 진리를 아는 사람은 많아도 그것을 실천하기는 어렵다는 뜻일 게다. 유대교육의 비밀도 어찌 보면 평범하다. 다 아는 얘기 같다. 하지만 그 중에서 몇 가지나 실천하고 있는지 셈해 본다면, 얼마나 어렵고 위대한 교육인지 새삼 느낄 수 있다. 이제 그 '평범한 비밀'을 우리 자녀들에게 하나씩 적용해야 한다. 우리의 작은 실천이 자녀들의 삶과 미래를 바꿀 것이다.

방대한 유대인 관련 자료를 체계적으로 구성할 수 있도록 도와준 위즈덤하우스 출판사에 감사한다. 무더위가 유난히 기승을 부린 2010년 여름의 주말을 온전히 사무실에서 원고와 씨름할 수 있었던 것은 가족의 따뜻한 배려 덕분이었다. 특히 이 책의 첫 번째 독자로서 미숙한 원고를 읽으며 많은 조언을 해준 사랑하는 아내 서경희에게 고마움을 전한다. 건강이 예전만 못한 가운데서도 늘 관심과 격려를 잊지 않으신 부모님께도 감사드린다.

2010년 12월
고재학

Contents

프롤로그 무엇이 그들을 슈퍼인재로 만드는가? — 6

〈탈무드〉의 저자, 마빈 토케이어에게 듣는다
  질문과 토론, 그것이 유대교육의 핵심이다 — 18

주한이스라엘 대사, 투비아 이스라엘리에게 듣는다
  책이 물고기라면, 토론은 낚시법이다 — 24

가정교육
뿌리가 튼튼해야 열매도 튼튼
자녀교육의 뿌리는 가정교육이다

지혜로운 사람이 최고의 부자임을 알려준다 — 32
거실에 텔레비전 대신 책장을 놓는다 — 35
엄마는 집안의 영혼이다 — 42
아버지의 의자를 마련한다 — 47
밥상머리 교육을 빠뜨리지 않는다 — 54
오른손으로 벌하고 왼손으로 안아준다 — 58
남편은 아내를 존중하고 배려한다 — 64
부부가 서로 아끼고 사랑하는 모습을 보여준다 — 69
임신 이전부터 태교한다 — 73
성(性)은 사실만 솔직하고 간결하게 전달한다 — 77

학습능력

머릿속 지혜는 생존의 무기
자녀의 두뇌 계발은 부모 책임이다

꿀로 쓰는 알파벳, 수수께끼로 배우는 단어 — 86
베갯머리 독서 15분의 마법을 이용한다 — 92
'이중 언어 교육'으로 외국어 능력을 키워준다 — 99
부모는 아이의 토론 스파링 파트너 — 105
유머감각 트레이닝 — 110
매일 아침밥상으로 두뇌를 깨워준다 — 116
탈무드식 대화법으로, 답 말고 질문을 준다 — 121
결과에 대한 칭찬보다, 과정에 대한 격려에 더 신경쓴다 — 126
충분한 놀이로 창의력의 핵심인 우뇌를 키워준다 — 134
공부는 마라톤, 부모는 페이스메이커 — 139
기대감은 전달하고, 기대치는 전달하지 않는다 — 144

창의력

창의력은 성공의 씨앗
아이의 질문을 최대한 끌어낸다

- 인내심을 가지고 아이의 질문 릴레이에 동참한다 — 152
- '남들처럼' 잘하는 것보다 '남과 다르게' 하도록 격려한다 — 156
- "공부하다가 따분해지면 일어서도 좋다"고 가르친다 — 162
- 창의적인 아이는 모난 돌일 수밖에 없다 — 169
- '노란색 목소리'가 암기력의 비밀이다 — 176
- 지식은 '예술'이라는 한쪽 날개를 달아야 날 수 있다 — 182
- 미래는 통섭형 인재의 시대, 관심 분야를 넓혀준다 — 186

인성교육

역사라는 씨줄과 사회라는 날줄
공동체 의식을 가르친다

- 《탈무드》보다 더 좋은 '우리 집 고전'을 정한다 — 194
- 역할모델을 찾게 도와준다 — 198
- 13세의 성년식, 이른 독립을 준비시킨다 — 203
- 조상과 전통의 소중함을 알게 한다 — 207
- 지식보다 지혜를 먼저 알려준다 — 212
- 기부의 가치를 알고 실천하게 한다 — 217

경제교육은 빠를수록 좋다 — 231
좋은 친구를 찾아 깊은 우정을 배우게 한다 — 238
최초의 라이벌인 형제자매, 우애를 배우게 한다 — 241
정직이 최고의 무기임을 알려준다 — 245
항상 감사하는 습관을 길러준다 — 249
오늘(시간)의 소중함을 알게 한다 — 253
검소한 삶이 아름답다는 것을 알려준다 — 258
매사에 균형 잡힌 생활태도를 가지게 한다 — 263
양보하고 사과할 줄 아는 '사회성'을 키워준다 — 266
실패했다면 격려하고, 같은 실패를 반복했다면 꾸짖는다 — 270
충분히 듣고 생각해서 말실수를 하지 않게 한다 — 275
함부로 약속하지 않고, 약속했다면 반드시 지키게 한다 — 279
질서의식과 예의범절을 가르친다 — 282

진로상담
꿈꾸는 대로 흘러가는 삶
현실 속에서 꿈꾸게 한다

희망을 잃지 않는다면 역경이야말로 최고의 기회라고 말해준다 — 288
더 큰 꿈을 꾸려면 현실부터 인정해야 함을 알려준다 — 292
남들이 가지 않은 길을 가게 한다 — 297
문화적 다양성을 일찍 접하고 익숙해지게 한다 — 301
우호적인 네트워크의 중요성을 알려준다 — 306

《탈무드》의 저자, 마빈 토케이어에게 듣는다

질문과 토론, 그것이 유대교육의 핵심이다

랍비(Rabbis)는 높은 학식과 지혜로 유대교 사회의 존경을 받는 존재이다. 신과 인간의 가교 역할을 하는 다른 종교의 성직자와는 달리, 전통과 문화를 젊은이들에게 가르치는 교육자 역할이 크다. 마빈 토케이어(Marvin Tokayer · 74세)는 미국 뉴욕의 유대신학교에서 탈무드 문학 석사 학위를 받은 정통파 유대인 랍비이다. 일본 와세다 대학 히브리어 교수로 재직하는 등 주로 일본과 미국 뉴욕의 유대인 회당에서 랍비로 활동했고, 1962년부터 2년간 경기도 오산과 대구 등지의 미 공군부대에서 군종장교로도 근무해서 한국과도 인연이 깊다.

일본에 있을 당시 마빈 토케이어는 방대한 분량의 《탈무드》를 일반인들이 쉽고 재미있게 읽을 수 있도록 《탈무드의 지혜》, 《탈무드의 처세술》, 《탈무드의 웃음》 등 20여 권으로 정리하였는데, 현재 우리나라에 출판된 대부분의 《탈무드》 관련 서적은 그 일본어 책을 참고하여 번역한 것이다.

마빈 토케이어는 서면 인터뷰에서 강대국에 둘러싸인 지정학적 위치, 빈약한 자원을 극복하기 위한 높은 교육열 등 한국은 유대민족과 비슷한 점이 많다고 말했다. 그래서 더욱 한국의 부모들이 탈무드식 교육법을 주목해야 한다고도 강조했다.

Q 유대인은 전 세계 인구의 0.25퍼센트에 불과한데, 노벨상 수상자의 3분의 1을 차지할 만큼 뛰어난 인물을 많이 배출하고 있습니다. 그 이유가 궁금합니다.

《토라》와 《탈무드》에 바탕을 둔 신앙교육 덕분입니다. 유대의 가정에서는 아이들이 어릴 때부터 이 책들을 읽고 함께 토론하는 문화가 있는데, 이것이 훌륭한 인재를 배출한 비결입니다. 부모의 역할은 바로 이 과정을 주도적으로 이끄는 데 있습니다.

Q 《탈무드》를 더 자세히 소개해 주시겠습니까?

인류의 가장 현명한 지혜를 얻고 싶을 때 어떻게 하세요? 현인들의 말씀을 찾게 될 겁니다. 그 속에는 가족, 평화, 전쟁, 죽음, 친구, 종교, 행복, 유머 등 인생과 관련된 폭넓은 지혜가 담겨 있으니까요. 《탈무드》에는 오천년이 넘는 오랜 세월에 걸쳐 정리된 현인들의 대화가 담겨 있습니다. 그야말로 정보와 지혜의 보고입니다. 삶의 전 영역에 걸친 문제들을 폭넓게 다루고 있다 보니, 하룻밤에 읽는 책이 아니라 평생 연구해야 하는 책이지요. 그래서 유대인 부모는 아이가 세 살 때부터 《탈무드》를 가르칩니다. 한마디로 《탈무드》는 대표 자녀교육서이자 유대인의 삶 자체이죠.

Q 오천년 전의 규범과 지혜가 어떻게 현재까지 관통할까요?

《탈무드》가 완결된 책이 아니라 계속 현재진행형으로 변화하는 책이기 때문이겠죠.《탈무드》의 첫 장과 마지막 쪽은 공란으로 비워져 있습니다. 첫 장이 없는 이유는 '우리는 항상 중간(과정)에 있으며 탈무드를 공부하는 데는 따로 시작이 없다'는 의미를 담고 있습니다. 누구나 자신의 현재 삶이 놓여 있는 바로 그곳에서 시작해서《탈무드》를 이해하고 배울 수 있는 것이죠. 마지막 쪽이 비워진 이유는 '또한 당신의 삶에서 얻은 지식과 경험으로 계속 채워나가라'는 의미입니다. 아무리 뛰어난 지혜라도 매일 새롭게 살아가는 삶으로 새로워지지 않으면 의미가 없습니다.

Q 《탈무드》를 활용하여 실제로 시행하는 교육 방법이 궁금합니다.

'탈무드식 토론'이라는 것이 있습니다. 아직 학교에 들어가기 전의 자녀와 아버지가《탈무드》를 펴놓고 서로 마주 앉습니다. 둘은 번갈아 가며 관련 내용을 읽고 논리적 공격과 방어를 반복하지요. 지고 이기는 건 없습니다. 상대방의 논리를 반박하기 위해 갖가지 아이디어를 떠올리고 치밀하고 빈틈없는 방어 논리를 개발하는 동안 지혜와 사고력을 풍부하게 하는 것이 목적이니까요.

Q 유대인 부모가 자녀교육에서 제일 강조하는 덕목은 무엇입니까?

'질문'입니다. 자녀에게 '답을 얻으려면 스스로 생각해야만 하는' 질문을 던짐으로써 지능을 계발시킵니다. 또한 아이들에게도 질문을 자주 하도록 격려합니다. "오늘 학교에서 뭘 배웠니?"라고 묻지 않고 "오늘 선생님께 무슨 질문을 했니?"라고 묻는 부모 밑에서 자라는 아이들은, 질문하는 것을 두려워하지 않기 때문에 지식을 얻어가는 과정을 재미있게 느낍니다. 수업을 잘 듣는 것도 중요하지만, 궁금한 걸 묻고 토론하는 게 더 중요하지요. 실제로 유대인 학교에서는 좋은 질문을 하는 학생이 그 학급의 리더가 됩니다. 평생에 걸쳐 이런 질문 교육이 이뤄지면서 다른 민족은 따라올 수 없는 유대인만의 탁월한 교육이 완성됐다고 봅니다. 한국의 부모들도 자녀들에게 "끊임없이 질문하라"고 독려했으면 좋겠습니다.

Q 유대인의 학교 교육 방식도 궁금합니다.

아까 가정에서 '탈무드식 토론'을 벌인다고 했지요? 학교 교육도 그 연장선상이라고 보시면 됩니다. 열여덟 살인 내 손자의 예를 들어볼게요. 그 아이는 매일 《탈무드》를 공부합니다. 일반적으로 오전에 《탈무드》를 공부하고 오후에 일반 교과 과목을 배웁니다. 이때 교사가 일방적으로 강의하지 않고 협력수업 방식을 활용합니다. 교사가 주제를 주면 두세 명의 학생들이 토론을 벌이는 거지요. 강의가 끝나면 아이들은 복습을 하면서 자신들의 생각과 선생님의 가르침에는 어떤 차이가 있는지에 대해 또다시 토론합니다.

Q 유대인은 맞벌이 부부가 많은데, 육아 분담은 어떻게 이뤄지나요?

육아는 부모 공동의 책임입니다. 유대인 부모는 자녀와의 시간을 가장 소중하게 여겨서, 안식일인 토요일은 온전히 자녀교육을 위해 투자합니다. 특히 유대인 아버지는 자녀들의 가장 좋은 친구이자 선생님입니다. 아이에게 숙제 하라고 시켜놓고 텔레비전을 보는 유대인 아버지는 없어요. 아버지가 자녀에게 공부하라고 다그치는 것이 아니라, 아이를 가르치기 위해 자신도 함께 공부를 합니다.

Q 현재 한국의 자녀교육에 대해 어떻게 느끼시나요?

한국과 이스라엘은 공통점이 많습니다. 둘 다 단일 민족으로 고유문화를 지녔고, 오랜 세월 침략에 시달렸습니다. 한국은 일본, 중국, 러시아 등 강대국에 의한 외침이 잦았고, 유대인은 이천 년 동안 나라 없이 전 세계를 유랑하다가 홀로코스트(나치가 자행한 유대인 대학살)까지……. 그래서인지 그런 악조건들을 인적자원으로 극복하기 위해 높은 교육열을 보입니다. 그 결과 두 나라 모두 당당히 강대국의 반열에 올라섰어요.

그런데 내가 한 가지 안타까워하는 점은, 한국이 선조들의 지혜를 점점 잊어가고 있다는 점입니다. 한국이 IT강국으로 비약적인 경제성장을 이어가고는 있지만, 물질이 풍요로워진 대신 영혼을 잃고 있는 것은 아닌지, 조상이 물려준 훌륭한 정신적 유산을 잃고 있는 것은 아닌지 돌아봐야 합니다.

주한이스라엘 대사, 투비아 이스라엘리에게 듣는다

책이 물고기라면
토론은 낚시법이다

 《구약성서》는 유대민족의 역사책과 같다. 성서 속 인물인 아브라함이 유대민족의 조상이다. 아브라함은 오천 년 전 지금의 팔레스타인 가나안 땅에 정착한다. 아브라함의 손자 야곱에게 열두 아들이 있었는데, 그 각각이 부족을 이루었다. 그중 10개 부족이 없어지고 2개(유다 지파, 벤야민 지파)만 남았는데, 오늘날의 이스라엘은 유다의 후손들이라고 볼 수 있다.

1948년 이스라엘이 건국되면서 이천 년 동안 나라 없이 떠돌던 세계 각지의 유대인들이 몰려들었다. 불안한 안보 상황과 천연자원의 부족 등 어려운 점이 많았지만, 뛰어난 교육 시스템을 바탕으로 60년 동안 50배의 경제성장을 한 하이테크 강국이 되었다.

2008년 8월 한국에 온 투비아 이스라엘리(Tuvia Israeli · 55세) 주한이스라엘 대사는 히브리 대학에서 정치학을 전공한 직업외교관이다. 그는 유대인의 특성을 한마디로 '교육에 대한 열정'이라고 설명했다.

Q 이스라엘은 적대 국가에 둘러싸인 협소한 생활공간에서 생존하면서 정치적인 민주주의와 경제적인 번영까지 누리고 있습니다. 거의 기적처럼 느껴질 정도인데요, 그 비결이 무엇일까요?

한국과 이스라엘의 현대사는 매우 유사합니다. 두 나라 모두 우여곡절 끝에 1948년에 건국을 하지만, 곧바로 전쟁이 일어나면서 많은 희생을 치렀어요. 이후 한국은 새마을운동을 통해 '한강의 기적'을 일궜고, 이스라엘은 키부츠(Kibbutz. 집단생활 공동체)를 통해 경제성장의 토대를 닦습니다.

이 과정에서 이스라엘만의 특징이라고 한다면, 대학 설립을 국가 설립만큼이나 중요하게 추진한 점입니다. 어느 정도냐면, 건국되기 30년 전에 이미 세계적인 대학부터 설립했어요. 1918년 인구가 10만 명도 안 되고 도로 등 기본적 인프라도 없던 예루살렘에 히브리 대학을 만들었습니다. 인재를 키우는 교육기관을 먼저 만들어야 산업을 발전시키고 국가도 세울 수 있다는 확신 때문이었죠. 이 대학 상임이사회에 아인슈타인, 프로이트, 바이츠만(이스라엘의 초대 대통령) 등이 참여했습니다. 뒤이어 1925년에 테크니온 대학, 1934년에 바이츠만 과학연구소, 1956년에 현재 이스라엘에서 가장 큰 대학인 텔아비브 대학이 설립됩니다. 당시 인구 200만 명의 작은 나라(현재는 710만 명)가 세계적인 대학을 4개나 갖게 된 셈입니다(과학전문지 《사이언스》는 2008년 '미국을 제외한 지역의 최고 연구 대학교'로 바이츠만 과학연구소와 히브리 대학을 선정했다). 이러한 교육에 대한 열정이 인구 710만의 소국 이스라엘을 세계적인 하이테크 국가로 성장시킨 비결입니다.

Q 거의 이천 년 동안 나라 없이 유랑해야 했던 유대민족이 고유의 전통과 문화를 지킬 수 있었던 것은 《탈무드》의 힘이었다고들 합니다. 현재의 유대인 사회에서도 《탈무드》를 실제로 교육에 활용합니까?

유대인이라면 누구나 《토라》와 《탈무드》를 공부합니다. 그런데 구약성경에 해당하는 《토라》는 수수께끼처럼 간결하고 의미심장하게 서술되어 있어요. 그 때문에 수세기에 걸쳐서 많은 학자들과 종교 지도자들이 해석에 대해 서로 질문하고 답변하고 논쟁해 왔습니다. 그 논쟁이 구전되다가 책으로 엮인 것이 《탈무드》입니다. 그래서 토론을 통해 특정한 현상에 대해 계속 의문과 질문을 제기하고, 액면 그대로 받아들이는 대신 더 나은 해결책을 끊임없이 찾고 탐구하는 유대식 교육을 '탈무드식 토론 교육'이라고 부르지요.

《탈무드》는 학교 커리큘럼에서도 비중이 큽니다. 학교마다 차이는 있지요. 졸업 후 랍비의 자격을 얻게 되는 예시바(Yeshiva. 유대인 전통교육기관) 같은 종교학교에서는 핵심 과목으로 가르치고, 종교적 색채가 없는 일반 학교에서는 일반 과목 중의 하나로 다룹니다. 하지만 분명한 것은 《탈무드》가 유대인들에게 '해야 할 것'과 '해서는 안 될 것'을 가려주는 매뉴얼이라는 사실이죠.

Q 유대인 가정은 맞벌이 부부가 많습니다. 육아에서 엄마와 아빠의 역할 비중이 어느 정도가 되는지 궁금합니다.

이스라엘 인구는 매우 다양한 그룹으로 구성돼 있습니다. 초정통파(ultra-orthodox) 유대인과 아랍계 이스라엘인은 맞벌이 등 경제활동 참여나 육아에서 주류 유대 시민과는 여러 모로 달라요. 주류 유대인의 기준을 적용하자면, 육아에 대해 부모가 공동 책임을 집니다. 맞벌이가 대부분인 젊은 부부들을 위해서 국가적 차원의 지원도 뒷받침됩니다. 남편이 출산한 아내를 보조하기 위해 3개월간의 휴가를 낼 수 있고, 영·유아 보육시설을 수준 높게 유지하고 있으며, 엄마들이 양육과 일을 병행할 수 있도록 탄력시간근무제도 운영합니다. 아빠들도 엄마들만큼이나 교육에 관한 중요한 결정과 상담 과정에 빠짐없이 참여하며, 아이들과 재미있고 유익한 시간(quality time)을 보내야 하니까요.

Q 요즘 많은 전문가들이 조기교육의 중요성을 강조하고 있습니다. 유대인의 조기교육은 어떻게 이루어지나요?

아닌 게 아니라 조기교육이 지구촌 전체의 공통 관심사로 떠오르는 듯합니다. 유대교육은 아이가 어릴 때부터 《토라》와 《탈무드》를 읽게 하고, 읽은 내용에 대해 토론하고, 그 과정에서 정리된 생각을 글로 표현하게 하니까, 오래전부터 조기교육을 실시해 온 셈이지요.

Q 유대인의 교육에서 제일 강조하는 덕목 세 가지는 무엇입니까?

첫째가 독서입니다. 독서의 중요성은 아무리 강조해도 지나치지 않습니다. 그 다음으로는 당연히 여기지 않는 자세, 모든 것에 의심을 품고 기존 권위에 도전하며 끊임없이 질문을 던지는 자세입니다. 이것이 창의적인 혁신을 만들어내는 원동력이니까요. 마지막으로 독립심과 자기희생, 실패를 두려워하지 않는 자세를 꼽을 수 있겠습니다.

Q 한국인들의 자녀교육에 대해 어떤 의견을 가지고 계신가요?

한국의 놀랄 만한 경제적 성공에 교육 제도가 핵심적인 역할을 했다는 것은 의심의 여지가 없습니다. 다만 한 가지 개선을 바란다면, 유대인의 전통 교육법이 강조하는 '질문 교육'이 강화되었으면 합니다. 질문을 두려워하지 않고 항상 더 나은 답변을 찾기 위해 노력하는 것, 이것은 교육에서 굉장히 중요한 핵심 요소입니다.

또 하나 지적할 점은 독서입니다. 요즘 한국인의 독서 시간이 급격히 줄어들고 있는 것으로 아는데, 이는 위험한 일입니다. 최근 20년간 우리가 새로운 형태의 문맹(文盲)에 놓여 있음을 발견할 수 있습니다. 젊은 세대가 역사와 문학, 예술 등을 계속 공부할 수 있도록 교육 시스템이 균형을 잡아줘야 합니다. 우리가 3D, 4D 같은 우수한 하이테크 기술을 갖춘다고 한들, 그 안에 담을 콘텐츠가 훌륭하지 않다면 무슨 소용이 있겠습니까?

가정교육

뿌리가 튼튼해야 열매도 튼튼
자녀교육의 뿌리는 가정교육이다

지혜로운 사람이 최고의 부자임을 알려준다
거실에 텔레비전 대신 책장을 놓는다
엄마는 집안의 영혼이다
아버지의 의자를 마련한다
밥상머리 교육을 빠뜨리지 않는다
오른손으로 벌하고 왼손으로 안아준다
남편은 아내를 존중하고 배려한다
부부가 서로 아끼고 사랑하는 모습을 보여준다
임신 이전부터 태교한다
성(性)은 사실만 솔직하고 간결하게 전달한다

지혜로운 사람이
최고의 부자임을 알려준다

힐렐은 산에서 나무를 해다가 팔아서 근근이 살아가는 가난한 유대인이었다. 그러면서도 야학을 다니며 열심히 공부했다. 밥은 굶더라도 학교는 포기하지 않았다. 그런데 어느 추운 겨울날, 돈을 한 푼도 벌지 못해 학비를 낼 수 없는 상황에 처했다. 힐렐은 교실 지붕 창문에 귀를 대고 수업을 듣다가 피곤이 몰려와 깜박 잠이 들어버렸다. 다음날 한 학생이 눈에 덮여 지붕 위에서 자고 있던 힐렐을 발견하고는 선생님에게 알렸다. 힐렐의 어려운 사정을 전해들은 선생님은 돈을 내지 않고도 수업을 들을 수 있도록 허락했다. 이 사건 이후 유대인들은 모든 학생들이 수업료 없이 교육을 받을 수 있는 무상 의무교육 제도를 도입했다. 훗날 힐렐은 훌륭한 랍비가 되었다.

《탈무드》

 "집이 불타고 재산을 빼앗기는 상황이 왔을 때에도 안전하게 지킬 수 있는 재산이 뭘까? 힌트를 주자면, 그것은 모양도 색도 냄새도 없단다."

유대인 엄마들이 아이들에게 내는 수수께끼다. 아이들은 대개 다이아몬드나 금 같은 보석 종류를 생각했다가, 모양이 없다는 말에 고민에 빠진다. 엄마가 가르쳐준 정답은 '지성(知性)'이다. 지성은 누구도 빼앗을 수 없고, 자신이 죽음을 당하지 않는 한 항상 몸에 지니고 도망칠 수 있다는 부연설명과 함께.

그냥 공부하라고 하지 않고 다소 비장해 보이는 부연설명이 따라붙는 이유는, 유대민족의 역사와 관련이 있다. 그들은 이천 년이 넘는 긴 시간 동안 이민족의 박해를 받으며 떠돌았다. 그러다 보니 집이나 가구, 보석 따위는 전쟁 등 긴급 상황이 벌어지면 언제든 잿더미로 변할 수 있지만, 지적(知的) 재산은 생명이 붙어 있는 한 언제 어디서나 소중하게 사용할 수 있음을 몸소 체득했다. 지식이 실제로 유대인의 생존 무기였음을 《지붕 위의 바이올린》의 작가 숄렘 알레이헴은 이렇게 설명한다. "유대인은 항상 모자를 쓰고 다니는데, 그

것은 언제 여행을 떠나도록 강요받을지 모르기 때문이다. 〔…〕 한곳에서 쫓겨나 다른 곳으로 가서 살려면 머릿속에는 남보다 뛰어난 지식이 있어야 했다."

유대인들의 배움에 대한 신념에는 종교적인 배경도 있다. 유대교에서는 '신의 형상으로 창조된 인간의 전형'을 지성인으로 본다. 따라서 지성인을 만드는 '교육'이야말로 인간의 가장 중요한 의무가 되는 것이다. 유대인들이 세계 최초로 기원전 1세기부터 의무교육 제도를 도입해 고아와 가난한 사람들에게까지 교육의 혜택을 준 이유이다.

이러한 교육 중시의 전통은 현재로 이어져서, 유대인들이 이스라엘을 건국하고 제일 먼저 갖춘 제도도 무료교육 시스템이었다. 이스라엘 의회는 건국 다음해인 1949년 초 경제적 지위나 인종에 관계없이 3~18세 이스라엘 사람이면 누구나 의무교육을 받을 수 있도록 하는 법안을 통과시켰다. 해외에서도 '외국에 나간 중국 사람은 식당을 열고, 한국 사람은 교회를 세우고, 유대인은 회당(시너고그. synagogue)을 세운다'고들 한다. 회당은 유대교의 예배 장소이자 교육기관이다.

지식이 최고의 재산이라는 사실은, 실제로 거대한 부를 쌓아 올린 수많은 유대인들로 입증되고 있다. 2000~2001년도 조사에 따르면, 미국 유대인 가구의 평균 소득은 약 7만5천 달러로 미국 전체 가구 평균의 약 2배였다. 그런데 대학원을 졸업한 미국의 유대인 비중은 25퍼센트인 반면, 미국인 전체의 대학원 졸업자 비율은 6퍼센트에 불과했다. 대학원을 마친 유대인이 4배 이상 많은 셈이다.

거실에 텔레비전 대신
책장을 놓는다

기원전 70년 예루살렘이 로마군에 포위돼 함락되기 직전. 예루살렘의 지도적 위치에 있던 랍비 아끼바는 함락이 머지않았음을 직감하고는, 밤의 어둠을 틈타 성을 빠져 나왔다. 몇 차례 죽음의 고비를 넘기고 천신만고 끝에 로마군 사령관 베스베쟌을 찾아간 아끼바는 한 가지 청을 들어달라고 간곡히 부탁한다. "로마군이 성 안으로 침략하면 방화나 약탈을 자행할 터인데, 모든 것을 다 파괴해도 좋지만, 학교만은 보존해 주시오." 궁전이나 사원보다도, 유대민족의 미래가 걸린 교육만은 계속돼야 한다는 염원이었다. 로마군 사령관은 "그 정도의 청이라면 들어주겠다"고 약속했고, 성을 함락한 뒤 조그마한 학교 건물 하나만은 보존시켰다.

《탈무드》

유대인 가정의 거실에는 대부분 텔레비전이 없다. 그 대신 책이 가득 들어찬 책장, 앉아서 책을 읽고 토론할 수 있는 책상과 의자가 있다. 텔레비전이 있더라도 어린이 프로그램이 끝나고 어른들이 시청하는 프로그램이 시작되면 텔레비전 코드를 빼버린다. 자녀에게는 처음부터 어린이 프로그램만 보기로 약속하고 훈련을 시킨다. 가족이 모여 대화를 나누는 식사시간에 텔레비전을 켜는 일도 상상하기 어렵다. 자녀는 부모를 보고 그대로 따라할 것이기 때문에 부모가 먼저 실천한다.

유대인들이 거실에 텔레비전을 놓지 않는 첫 번째 이유는 시각을 통해 전달되는 강렬한 세속문화를 차단하기 위해서다. 어린 나이에 보지 말아야 할 것은 보지 말아야 하며, 그래야 학업에 정진할 수 있다고 믿는다. 유대인 엄마는 《타임》이나 《뉴스위크》 같은 시사 잡지조차도 노출이 심한 여배우가 등장하는 사진이나 선정적인 광고 등은 그 페이지를 뜯어낸 후 집에 둔다.

두 번째 이유는 영상매체의 강한 중독성으로부터 아이를 보호하기 위해서다. 어려서부터 영상물에 익숙해진 아이들은 갈수록 더욱 강한 자극과 강렬한 이미지를 원하게 된다. 작은 활자가 빽빽이 들어찬 책을 멀리하는 것은 자연스러운 귀결이다. 학년이 올라갈수록 까다롭고 복잡한 내용의 책을 읽어야 하는데, 독서를 싫어하니 학습 과정에서 낙오될 수밖에 없다. 1996년 노벨상 수상자인 호주 멜버른 대학 피터 도허티 교수는 "독서가 노벨상 수상의 원동력이다. 어렸을 때 아버지와 할머니가 책을 많이 읽어주었고 여섯 살 무렵부터 혼자 책을 읽기 시작했다. 독서의 이유는 아이디어를 얻기 위해서다. 텔레비전은 독서에 비해 깊이 있는 내용을 전해주지 못한다(2006년 고려대 강연)"고 지적했다. 영상물의 중독성에 대한 우려는 학교교육까지 이어져서, 최첨단 프로젝터로 각종 동영상을 보여주는 것을 선진교육으로 여기는 한국과 달리, 유대인 학교는 텔레비전을 활용한 영상교육에 매우 신중하다.

집에서 텔레비전을 없앴을 때 어떤 변화가 찾아올까? 미국 이스트 워싱턴 대학의 바버라 브룩 박사는 385가구를 대상으로 텔레비전을 보지 않았을 때 나타나는 가정의 변화를 조사했다. 텔레비전을 없앤 집 자녀의 51퍼센트가 전 과목에서 A를 받았는데, 부모들 중 83퍼센트가 '텔레비전을 없앤 효과'라고 밝혔다. 텔레비전을 안 보게 되었을 때 대신 하는 활동으로는 독서가 1위였고(놀이, 취미 생활, 운동 등이 뒤를 이었다), 조사 대상자의 85퍼센트는 가족과 함께 보내는 시간을 늘렸다(17퍼센트는 하루 2시간 이상, 37퍼센트는 하루 1~2시간, 31퍼센트는 30분~1시간).

《평생성적, 초등 4학년에 결정된다》의 저자 김명옥 씨는 지금은 대학생인 큰 아들이 만화영화에 한창 빠져들던 네 살 무렵, 입을 헤 벌리고 몇 시간씩 텔레비전 앞에 앉아 있는 모습을 보면서 텔레비전을 없애기로 결심했다. 하지만 막상 텔레비전을 완전히 끊기까지는 2년이 걸렸다. 그 동안 시청 시간을 줄인 만큼 책을 읽히기 시작했고 점차 독서량을 늘려갔다. 큰 아들은 초등학교 6학년 때까지 5천 권 이상의 책을 읽었다. 김씨는 아이들이 손만 뻗으면 책을 집을 수 있도록 사방 벽에 아이들 눈높이에 맞춰 엄선한 수백 권의 책을 배치했다. 김씨 가족은 신문과 잡지, 책을 통해 세상 소식을 접한다. "현대인들이 텔레비전에 너무 익숙해져 있어 텔레비전이 없으면 세상과의 소통이 안 된다는 착각 속에서 살아가는 게 매우 안타까워요."

한국 사람의 하루 평균 텔레비전 시청시간은 2시간을 넘는다. 평생으로 치면 잠자는 시간을 제외하고 10년이라는 시간이 덤으로 주어지는 셈이다. 그 시간을 책을 읽고 대화를 나누며 놀이를 하는 데 쓴다면 우리 인생은 엄청나게 달라질 것이다. 유대인 부모는 그 시간에 자녀들과 《토라》와 《탈무드》를 읽고 토론한다. 어려서부터 독서와 토론을 통해 논리력을 키운다. 유대인이 미국의 학계와 법조계, 언론계를 석권하는 이유가 바로 여기에 있다. 유대인은 과학자나 예술가조차도 말을 잘하고 글을 잘 쓰는 사람들이 많다. 유대인들이 왜 가정과 학교에서 텔레비전을 치우고, 독서와 토론을 많이 하는지 곰곰이 따져 볼 필요가 있다.

텔레비전뿐만 아니라 게임이나 인터넷 등 시간이 갈수록 엄청난 양의 영상물에 둘러싸여서 살아가게 되는 현대 사회에서, 영상물에 대한 적절한 지도의 필요성은 시급하다. 영상물의 강한 중독성에 대해 꼼꼼히 짚어보는 것은 그런 점에서 의미가 있다.

첫째, 영상매체는 지속적으로 인간의 주의력과 감각을 자극해 묘한 이완감과 편안함을 준다. 그래서 반복적으로 영상물을 보고 싶은 욕구가 생기며, 이런 경험은 약물에 중독되는 과정과 매우 유사하다. 원래 계획했던 시간보다 더 지나서야 텔레비전이나 게임기를 끄고, 밥을 먹거나 집안일을 하면서도 텔레비전을 켜놓은 채 지내는 이유이기도 하다.

한국게임산업개발원의 2006년 조사 결과에 따르면, 청소년 10명 중 6명은 게임 때문에 학업에 부정적 영향을 받은 것으로 나타났다. 하루 2시간 이상 게임을 즐기는 청소년들 가운데 29.3퍼센트가 "게임을 하기 전보다 성적이 떨어졌다"고 답했고, 28.8퍼센트는 "학업에 불성실해졌다"는 반응을 보였다. 또 69.7퍼센트는 "처음 생각했던 것보다 더 오래 게임을 하게 됐다"고 답했다. 처음에는 1시간 게임을 한 뒤 컴퓨터나 게임기를 끌 생각이었으나 결국 2시간, 3시간 게임을 했다는 말이다.

둘째, 영상물 중독은 아이들의 성적을 떨어뜨리는 주범이다. 미국 캘리포니아공대 보고서를 보면, 영상물에 지속적으로 노출된 아이들은 좌뇌 활동이 크게 위축된다. 우뇌는 창의력과 직관력, 좌뇌는 언어능력과 수리력을 담당한다. 좌뇌 활동이 위축되면 논리력과 분석력이 약화되어 읽기, 쓰기, 셈하기 능력이 퇴보한다.

뉴욕주립 정신의학연구소의 논문에 따르면, 어린이들의 텔레비전 시청은 독서와 숙제에 몰두해야 할 시간을 빼앗아갈 뿐만 아니라, 집중력과 학교생활에 대한 흥미를 떨어뜨린다. 텔레비전 시청시간이 많은 청소년일수록 대학 진학 실패, 주의력결핍과 학습장애, 학교생활에 대한 싫증, 성적 저하, 학교에 대한 부정적 태도 등의 위험이 높아졌다.

셋째, 영상물 중독은 아이들을 공격적, 폭력적으로 만든다. 미국 어린이들은 초등학교를 졸업할 때까지 8천 번의 살인과 10만 번의 폭력을 목격한다고 한다. 이것은 텔레비전만을 조사한 수치이고, 극장 영화와 컴퓨터 게임 등 다양한 영상물로 확대하면 폭력물 노출 빈도는 훨씬 더 늘어난다. 뉴욕주립 정신의학연구소에 따르면 초등학교 어린이들의 텔레비전 시청시간이 길수록 청년기에 범죄를 저지를 확률이 높아진다.

넷째, 선정적인 영상물에 자주 노출되면 그만큼 성적인 행위를 일찍 시작하고 성 비행(性非行)에 노출될 우려가 커진다. 2001~2002년 미국 청소년 1,792명을 대상으로 진행된 한 연구 결과에 따르면《섹스 앤 더 시티》,《프렌즈》등 성적 내용이 들어간 드라마를 자주 시청한 10대는 그렇지 않은 그룹에 비해 성적 일탈에 빠질 확률이 2배나 높았다.

다섯째, 영상물은 사고능력을 떨어뜨린다. 텔레비전은 시청자의 눈길을 잡아두기 위해 화면을 1~2초 간격으로 계속 바꾸면서 말초

적이고 감각적인 자극을 준다. 어려서부터 텔레비전에 빠져 있으면 스스로 오랫동안 넓고 깊게 생각할 수 있는 능력을 잃어버린다. 텔레비전 시청은 주어진 자극을 그대로 받아들이는 수동적인 행위이다. 자신이 열정을 갖고 능동적으로 일을 해나갈 때 집중력이 생기고 창의력도 높아진다. 하지만 어려서부터 영상물에 익숙해진 아이들은 시간이 갈수록 더 강렬하고 자극적인 화면을 원하며, 자연히 영상물에 비해 덜 자극적이고 재미가 없으며 오래 생각해야 하는 독서에서 멀어지게 된다.

여섯째, 텔레비전은 인간관계와 감성 교육에도 좋지 않다. 영상물에 익숙한 아이들은 텔레비전이나 컴퓨터 앞에 앉아 있기를 좋아한다. 친구들과 만나 대화하고 뛰어 놀며 자연과 친밀하게 교류하려 하지 않는다. 사회성이 떨어지는 은둔형 외톨이가 될 위험이 높아진다는 뜻이다.

엄마는
집안의 영혼이다

로마 황제가 랍비 가브리엘에게 물었다. "여자는 남자에게 어떤 존재인가? 듣자니 유대인의 신은 아담의 갈비뼈를 하나 빼서 여자를 만들었다는데, 그렇다면 유대인의 신은 도둑이 아닌가?" "그 자리에 있었더라면 경찰을 불렀어야 했겠군요." 랍비 가브리엘은 곧이어 이렇게 덧붙였다. "어젯밤에 우리 집에 도둑이 들어서 은수저를 훔쳐 갔습니다. 그런데 금으로 된 술잔을 두고 갔네요." "허, 그것 참 대단한 행운이군." "그렇습니다. 신께서 여자를 주신 것도 그와 똑같은 얘기입니다." 남자가 여자와 함께 있으면 잃는 것도 있지만, 황금의 잔이라는 평생의 반려자를 얻는다는 뜻이다.

《탈무드》

 2008년 6월 출판돼 세계적인 베스트셀러가 된 《스웨이(Sway)》는 이스라엘에서 태어나 미국으로 이민 온 롬 브래프먼(37세)과 오리 브래프먼(35세) 형제의 작품이다. 롬은 플로리다 대학에서 심리학 박사 학위를 받았고, 동생 오리는 스탠퍼드 대학 MBA 출신이다. 두 사람은 30대에 베스트셀러 작가가 된 비결을 "어머니 덕분"이라고 말한다. 자신들이 비록 머리가 뛰어나진 않았지만, 어머니가 공부에 흥미를 잃지 않도록 끊임없이 자극을 주었기에 오늘날의 성공이 가능했다는 설명이다.

롬의 얘기를 들어보자. "어렸을 때 어머니는 우리 형제가 학교에서 돌아오면 늘 물어보셨어요. '오늘은 선생님께 어떤 질문을 했니?' 매일 물어보시니까 궁금한 게 없는 날에도 일부러 질문을 만들어내어 선생님께 여쭤봐야 했지요." 매일 선생님께 질문을 하게 함으로써 공부에 흥미를 갖도록 유도한 어머니 덕분에 이들은 젊은 나이에 세계적인 베스트셀러 작가로 우뚝 설 수 있었다.

'세계를 움직이는 것은 미국이지만 미국을 움직이는 것은 유대인'이라는 말이 있다. 그만큼 유대인 엄마들은 세계를 움직이는 걸출한 인물들을 길러왔다. 정신분석학의 창시자 프로이트는 "내가 위대한 인물이 되려고 노력한 것은 어머니가 나를 믿어주었기 때문"이라고 했다. 학습 부진아 아인슈타인을 과학 천재로 만든 것도 엄마의 인내심과 슬기로움이었다. 아이가 아무리 질문을 많이 해도 화를 내거나 귀찮아하지 않고 정성껏 대답해줬다. 모르는 것은 솔직히 모른다고 얘기하고 함께 답을 찾아나갔다. 아이가 당장은 성적이 떨어지고 엉뚱한 행동을 하더라도, 아이의 잠재력을 믿고 장점을 찾아서 키워주려고 애썼다. 아들이 남과 다른 것일 뿐 다른 능력을 갖고 있다고 믿은 엄마의 끊임없는 격려와 칭찬으로, 아인슈타인의 그 특별한 수학적 재능이 만개할 수 있었다.

어느 선량한 부부가 불가피한 사정으로 이혼을 했다. 남편은 성질 나쁜 여자와 재혼해 새로 얻은 여자와 똑같이 나쁜 사나이가 되었다. 아내 역시 나쁜 사나이와 재혼했지만, 얼마 후 그 사나이는 선량한 사람이 되었다. 《탈무드》

가정교육에서 엄마의 존재가 결정적인 또 다른 이유는, 가정 내에서 남편을 '아버지'로 세워주는 이도 결국 엄마이기 때문이다. 《탈무드》는 엄마를 '집안의 영혼'이라고 표현하면서 곳곳에서 여인의 현명함과 소중함을 강조한다.

네가 남편을 왕처럼 존경한다면, 그는 너를 여왕처럼 떠받들 것이다. 그러나 네가 하녀처럼 행동한다면, 그는 너를 하녀처럼 취급할 것이다. 네 남편이 친구를 만나러 가는데 동행할 때는 목욕을 하고 옷을 단정하게 입고 나가야 한다. 남편의 친구가 집에 놀러 오거든 정성을 다해 극진히 대접해라. 그러면 남편이 너를 소중하게 여길 것이다. 항상 가정에 마음을 쓰고 남편의 소지품을 소중하게 다뤄라. 그러면 그는 기뻐서 네 머리에 왕관을 씌워줄 것이다. 《탈무드》

그래서 극단적으로 표현하자면 '유대인은 어머니가 유대인이어야 유대인이다'라고까지 말한다. 아버지가 한국인이든 중국인이든 상관없다. 어머니가 유대인이면 그 자녀는 무조건 유대인이다. 아버지가 아무리 훌륭한 유대인이라도 어머니가 유대인이 아니면, 그 자녀는 유대인이 될 수 없다. 오직 유대인만이 어머니를 민족의 정통성을 판별하는 기준으로 삼고 있다. 어머니는 최초의 선생님이자, 유대민족의 조국과 미래를 책임지는 자녀들을 양육하는 소중한 존재이기 때문이다.

한국의 어머니들도 유대인 못지않게 남편과 자녀들에게 헌신적이다. 특히 자식 잘 되게 하는 일이라면 무엇이든 마다 않고 희생할 자세가 돼 있다. 그런데 안타까운 것은 갈수록 자녀교육을 돈과 결부시켜서, 경제적인 여유를 만드는 것이 자녀교육의 기본인 것처럼 오해하는 경우가 느는 것이다. 우리 사회가 기본적인 육아에 대해 충분히 뒷받침을 해주지 못하고 있기는 하다. 하지만 그렇다고 돈만 있으면

다 해결될까?

　북한 축구팀 정대세(26세) 선수는 도쿄의 대학팀 가운데서도 3부 리그에 속할 정도로 약체였던 조선대학 출신이다. 조선대학 졸업생으로 일본 프로리그(J-리그) 1부팀에 입단한 선수는 정대세가 처음이다. 그는 실전경험이 부족해 입단 초반에만 해도 늘 벤치 신세였다. 조선대학은 좋은 팀과 시합해 볼 기회가 별로 없었다. 일본인 납치 문제로 반북(反北) 감정이 고조돼 심리적으로도 몹시 힘들었다. 그런 상황을 이겨내려면 결국 열심히 연습하는 수밖에 없었다.

　어머니 이정금 씨는 프로 입단 이후 3년간 하루도 거르지 않고 아들에게 전화를 했다. "오늘은 연습을 얼마나 했느냐?"고 지겹도록 묻고 또 확인했다. 아들은 "나도 프로선수인데, 스스로 알아서 하는 것이지 솔직히 듣기 지겹다"고 반발하면서도, 어머니의 질문이 마음속에 맴돌아 "정말 지독하게 연습한다"는 말을 들을 정도로 피나는 연습을 했다.

　어머니는 아들이 운동밖에 모르는 사람이 되면 곤란하다는 생각에 어릴 때부터 고등학교 때까지 피아노를 계속 가르쳤다. 정대세 선수는 그림도 곧잘 그린다. 그녀가 가장 아끼는 보물은 아들이 고교 졸업 때 받은 12년 개근상이다. 오늘의 정대세 선수를 키운 것은 어머니의 격려와 사랑에 힘입은 특유의 성실성이었다. 결코 돈이 아니었다.

아버지의 의자를 마련한다

시골에 사는 한 유대인이 아들을 예루살렘의 학교에 입학시켰다. 아들이 공부하는 사이 병이 들어 죽게 되자, 유서를 썼다. 전 재산을 한 노예에게 물려주되, 그중에서 아들이 바라는 것을 꼭 한 가지만 주라는 내용이었다. 아버지의 장례를 치른 아들은 랍비에게 찾아가 불평을 했다. "왜 저에게 재산을 조금도 물려주시지 않았을까요?" 랍비가 대답했다. "자네를 진심으로 사랑하셨으니까!" 아들이 이해할 수 없다는 표정을 짓자, 랍비가 이렇게 설명했다. "아버지는 노예가 재산을 갖고 도망치거나 마구 써버리거나, 심지어 자기의 죽음조차 자네에게 전하지 않을지도 모른다고 생각해 전 재산을 노예에게 주신 거네. 그러면 그가 기뻐서 자네에게 달려가 그 사실을 확인시키고, 재산을 소중히 간수할 테니까." "그것이 제게 무슨 소용입니까?" "젊은 사람이라 역시 지혜가 모자라는군. 노예의 재산은 모두 주인에게 속한다는 사실을 모르는가? 아버지는 자네가 원하는 것 중 한 가지만은 물려주겠다고 분명히 말씀하시지 않았나?"

《탈무드》

대기업 임원으로 일하는 40대 중반의 K씨는 공사다망하다. 퇴근 후 회식과 사교 모임에 절대 빠지는 법이 없다. 웬만한 대학의 최고경영자 과정은 모두 섭렵했고, 고교 동창회 총무도 맡고 있다. 주말이면 직장 상사나 동창회, 향우회 등의 골프모임에 단골로 참석한다. 지방대 경영학과 출신인 자신이 임원 자리에까지 오를 수 있었던 것은 몸을 사리지 않고 인맥관리에 매달렸기 때문이라는 게 K씨의 생각이다. 가족을 위해 몸바쳐 희생하고 있으니 아내와 자녀들도 이해해줄 것이라고 믿는다.

과연 그럴까? 남편과 지낼 시간이 거의 없는 아내는 주말까지 골프장으로 향하는 남편이 못마땅하기만 하다. 아이들 교육을 오로지 자신의 몫으로 돌리는 태도도 원망스럽다. 아이들에게도 아빠는 '있어도 그만, 없어도 그만'인 존재이다. 눈을 뜨면 아빠는 이미 출근하고 없고, 한밤중이 되어서야 술에 취해 귀가하기 일쑤이다. 모처럼 일찍 들어와도 피곤하다면서 거실에 누워 텔레비전만 본다. 학교 선생님을 만나 상담을 하는 것도, 학원을 결정하는 것도, 책을 사주는 것도 모두 엄마의 몫이다. 아빠는 그저 때가 되면 용돈을 주고 학비를 대주는 사람일 뿐이다. 씁쓸하지만 낯익은, 우리 아버지들의 자화상이다.

소아과 전문의 이청민 씨네 집은 좀 다르다. 이씨는 결혼 후 30여 년 가까이 부모님을 모셨고, 지금은 장모님을 모시고 산다. 그러면서 반드시 지키는 원칙이 있다. 하루 한 번은 꼭 가족들과 식탁에서 만나는 것. 아침 7시부터 7시 10분 사이에 가족이 한데 모여서 식사를 하는데, 이 원칙은 그 시간에 집에 있는 모든 사람에게 적용된다. 아무리 늦게 자는 사람도 아침 7시에는 식탁에 앉아 있어야 한다. 네 자녀가 모두 성장해 저녁에는 다들 바쁘기 때문에 함께 모일 수 있는 아침시간에 이런저런 얘기를 하기 위해서다.

"자리 잡으면, 애들이 다 크면, 하는 식으로 삶의 즐거움을 유보하고 자기 생활을 희생하는 분들이 많아요. 그런데 애들 다 크고 가정으로 돌아와 보면 아버지의 자리는 사라져 있죠. 그러지 말고 당장 할 수 있는 것은 조금씩 하는 것이 좋아요. 아빠 노릇, 남편 노릇을 시시때때로 해야죠."

고대 그리스·로마 시대에는 아버지의 권위가 절대적이었다. 자식을 생산할 수 있는 선택권은 오직 아버지에게만 있었다. 아버지가 원치 않는 아이는 사라져야 했다. 초기 로마 시대의 낙태는 유산 상속인의 숫자를 줄이기 위한 목적으로 아내와 아이들에 대해 절대 권력을 행사하던 남편에 의해 결정됐다. 아버지는 정치와 전쟁 등 외부 세상과 대면하는 일을 하고, 어머니는 자식을 먹여 키웠다. 산업혁명과 근대화를 거치면서도 굳건히 살아남는 듯 했던 남성 중심의 가부장적 질서는 이제 종언을 고했다. 그렇다고 아버지의 역할, 아내와 자녀들의 아버지에 대한 기대까지 사라진 것은 아니다.

국제분석심리학회장을 지낸 이탈리아 출신의 정신분석학자 루이지 조야는 오늘날 부성(父性)이 처한 상황에 대해 "어머니에 비해 아버지에 대한 자식들의 기대치는 높고 엄격하다"고 말한다. 자식들은 아버지에게 단순한 사랑 이상의 것을 원하고, 아버지가 강한 사람이기를 바란다. 때문에 점차 온화한 이미지로 변한 아버지를 오늘날의 청소년들은 나약한 사람으로 여기며, 아버지보다 동료를 더 신뢰한다는 것이다.

현대 사회에서 아버지는 가정의 최고 권위자이자 자녀의 교사라는 지위를 빼앗기고 생계를 책임지는 사람 정도로 추락한 게 사실이다. 서울 강남지역에선 한때 이런 우스갯소리가 유행했다. '자녀를 SKY 대학(서울대, 고려대, 연세대)에 보내려면 네 가지 조건이 갖춰져야 한다. 할아버지의 재력, 아버지의 무관심, 어머니의 정보력, 그리고 아이의 체력이다.'

아버지가 자녀에게 무관심해야 명문대학에 보낼 수 있다니, 이런 아이러니가 어디 있는가. 아버지의 권위가 사라지고, 더 이상 자녀교육에서 마땅한 역할을 찾지 못하는 부권(父權) 상실의 시대를 상징적으로 보여주는 얘기이다. 하지만 아버지가 설 자리를 잃어가는 시대 흐름 속에서도 유대민족은 아직도 부계사회의 전통을 굳건히 지켜가고 있다.

유대인 가정에는 남녀 차별이 없다. 당연히 육아는 공동 책임이다. 하지만 성별 분업은 존재한다. 아버지의 권위를 통한 교육이 요구되는 경우가 많기 때문이다. 유대인 가정에는 아버지만 앉을 수 있는 의자가 따로 마련돼 있다. 그만큼 자녀들에게 아버지의 역할은 절대적이다. 유대인 아빠는 직장이 끝나면 곧장 집으로 퇴근해 가족과 함께 시간을 보낸다. 아이들과 놀아주고 하루 일과에 대해 대화를 하며, 여유가 생기면 주로 독서를 한다. 아이들은 책을 읽는 아빠를 따라 자연스럽게 공부하는 흉내를 내고 습관을 들이게 된다.

유대인 아빠는 자녀가 성인식을 치르기 전까지 학교교육과는 별도로 역사와 율법, 도덕을 가르친다. 이를 통해 아이들의 지적 호기심을 자극하고 동기 부여를 한다. 특히 매주 금요일 일몰부터 토요일 일몰까지 지키는 안식일에는 텔레비전 시청은 물론 운전까지 금하고 철저히 집에 머물며 독서와 토론으로 하루를 보낸다. 가정의 중심으로서 자녀교육 역할에 최선을 다하는 것이다. 베트남 분쟁을 해결한 공로로 1973년 노벨평화상을 받은 유대계 미국인 헨리 키신저는 "어려서 아버지를 통해 배운 성경 지식이 언제나 나의 삶을 지배한다. 성경에 정치적 원리가 전부 다 들어 있다"고 입버릇처럼 말한다.

한국 아빠들은 육아를 엄마의 몫으로만 여겨 손을 놓은 경우가 많다. 흔히들 "마음은 있지만 시간이 없다", "잘하고 싶은데 마음처럼 안 된다"고 말한다. 실제로 한 조사결과를 보면, 한국 아빠들이 자녀와 함께 보내는 시간은 하루 평균 15~30분, 자녀와 얼굴을 마주하는 횟수는 하루 평균 2.7회에 불과했다. 그런데 한국 아빠들은 정말 시간이 없는 걸까. 밤늦도록 소주잔을 기울이거나, 주말마다 골프장에서 '굿샷(good shot)!'을 외칠 시간은 있지 않은가. 인맥을 쌓기 위해 필요한 일이라고? 사회적 성공을 위해 아빠 역할을 포기하겠다는 말에 다름 아니다. 사회에서 성공하고 출세만 하면 가정에서는 '돈 벌어오는 기계' 정도로 인식돼도 좋다는 고백으로 들린다.

성공도 돈도 좋지만, 분명히 명심해야 할 게 있다. 아빠와 잘 노는 아이들이 창의성도 리더십도 사회성도 뛰어나다는 사실이다. 한국 아빠들은 가족과 함께 여가를 보내는데 서투르다. 치열한 경쟁사회를 숨 가쁘게 지나오면서 놀이나 여가에 대한 개념이 희박한 탓에 제대로 놀 줄을 모른다.

그러나 조금만 지혜를 짜내면 경제적인 부담 없이도 가족이 함께 즐길 수 있는 프로그램이 의외로 많이 있다. 아이들과 서점 가기, 바둑 장기 체스 등을 두면서 취미 생활 함께하기, 그림이나 만화 함께 그리기, 자전거나 달리기 등 운동 함께하기, 동네 고아원이나 양로원을 정해 정기적으로 봉사활동 하기 등이다.

자녀들과 여가를 함께 보낼 때는 성격에 맞는 프로그램을 짜는 것도 중요하다. 운동을 영 싫어하는 아이라면 친구나 부모와 함께 할 수 있는 예술 활동이나 바둑, 장기 등의 취미를 골라주는 게 좋다. 아이가 내성적이라면 태권도, 자전거 등 혼자 할 수 있는 운동부터 시작해 점차 다른 아이들과 같이 하는 운동과 취미 프로그램으로 옮겨 가도록 유도한다.

아빠가 하루 30분이라도 집중해서 아이의 말을 들어주고 함께 놀아주는 것이 아이의 창의력과 호기심을 키우는데 결정적이라는 점을 잊지 말기 바란다. 자녀의 미래와 가정의 행복을 위해 아버지의 자리를 회복해야 한다. 아버지가 자녀와 대화하는 시간을 늘리고, 아버지의 역할이 존중되는 분위기를 만들어야 한다.

밥상머리 교육을
빠뜨리지 않는다

당신이 작별하는 사람에게 무언가를 빌고 싶을 때, 그 사람이 더욱 현명해지기를 바라고 싶어도 그는 이미 충분히 현명하며, 그가 부자가 되기를 바라고 싶어도 이미 넉넉한 부자이며, 사람들에게 사랑 받는 착한 사람이 되기를 바라고 싶어도 그가 이미 충분히 착한 사람이라면, 당신은 어떤 작별 인사를 하는 것이 좋을까? 가장 현명한 인사는 이것이다. "부디 당신의 아이들이 당신처럼 훌륭한 사람이 되기를 빕니다."

《탈무드》

뉴욕 브루클린의 가난한 러시아계 유대인 이민가정에서 태어난 로렌스 하비 자이거는, 어려운 가정 형편 때문에 신문배달과 우체국 점원 등을 하며 어린 시절을 보냈다. 그의 부모(아버지는 자이거가 9세 때 심장병으로 사망)는 경제적인 여유가 없어서 좋은 옷, 편한 생활은 줄 수 없었지만 아들의 교육만큼은 결코 포기하지 않았다. 그들은 돈 없이 쉽게 할 수 있는 최고의 교육, '밥상머리 교육'을 적극적으로 활용했다. 식사를 하면서 아들의 지적 호기심을 끊임없이 자극했고, 세상에 대해 적극적으로 질문을 할 것을 주문했다.

당시 어린이들 사이에선 이 지역 야구팀인 브루클린다저스(현 LA 다저스) 선수들의 사인을 받는 게 큰 자랑이었다. 하지만 로렌스는 운 좋게 선수들을 만날 때면 "왜 오늘 번트를 했느냐?"는 식의 특별한 질문을 던졌다. 그가 바로 CNN의 간판스타이자 역사상 인터뷰를 가장 잘하는 사람으로 평가받는 사람, 래리 킹이다.

이스라엘 히브리 교육대학원에서 유아교육을 전공한 한 국내 학자는 유대인 부모들이 대부분 맞벌이를 하면서도 아이들을 훌륭하게 키우는 비결은 가정에서 아이와 보내는 시간을 잘 활용하기 때문이라고 말한다. "유대인 부모들은 오후 4시에 퇴근하는데, 그때부터 아이가 잠자리에 드는 저녁 9시까지 온전하게 아이와 함께한다. 부모 각자 할 일은 아이가 잠든 후에 한다. 엄마 아빠 모두 아이와 함께 농축된 저녁시간을 보내기 위해 최선을 다한다."

유대인들이 하루 중 가장 소중하게 생각하는 시간은 가족들이 한자리에 모이는 저녁이다. 웃고 떠들며 대화를 나누는 과정에서 가족 간의 끈끈한 정을 확인하고, 자녀에 대한 밥상머리 교육이 자연스럽게 이뤄진다. 부모가 자녀의 하루 일과를 들으면서 칭찬과 격려를 하다 보면 인성교육이 절로 된다. 케네디 대통령이 웅변과 연설에 능했던 이유도 어린 시절 어머니의 밥상머리 교육 때문이었다.

유대인은 동양인 못지않게 윗사람에 대한 공경을 강조한다. 효(孝)는 하나님의 자녀가 해야 할 근본 도리이다. 하나님이 성경에서 노인의 얼굴을 공경하라고 가르쳤기 때문이다. 부모에 대한 공경과 효도는 경로사상으로 자연스럽게 연결된다. 특히 하나님의 말씀을 가르치는 랍비는 영적인 아버지나 다름없기 때문에 랍비에 대한 유대인들의 존경심은 대단하다.

동방예의지국으로 불려온 우리나라도 밥상머리 교육을 통해 자녀들의 예의범절과 충효 사상을 길러온 전통이 있다. 불과 10~20년 전까지만 해도 할아버지 할머니가 손주를 무릎에 앉히고 권선징악형 옛이야기를 들려주며 삶의 지혜와 충효의 중요성을 알려주던 정겨운 광경을 흔히 볼 수 있었다. 온 가족이 둘러앉은 밥상은 단순히 한 끼 식사를 해결하는 자리가 아니라, 집안 어른들이 자신의 체험을 후손들에게 전달하는 인성교육의 장이었다. 그런데 핵가족이 보편화하면서 집안의 어른이 사라지고 밥상머리 교육도 실종되었다. 보건복지가족부가 조사한 통계를 보면, 우리나라 중·고교 학생의 절반가량이 '부모와 식사를 하지 않는다'고 답했다. 여성의 경제활동 참가율이 50퍼센트를 넘는 것도 밥상머리 교육을 무너뜨린 주요인이다.

하지만 유대인 가정도 2대, 3대가 어울려 사는 대가족이 많이 줄어들고 있기는 마찬가지다. 여성의 경제활동은 우리보다 더 활발하다. 그런데도 저녁마다 한 자리에 모여 아이들에게 유대민족의 정신과 전통을 심어주는 노력을 게을리 하지 않는다. 한국사회에서 밥상머리 교육이 실종된 것은 환경 변화 탓이 아니라, 밥상머리 교육의 중요성을 잃어버렸기 때문이 아닐까?

'시작이 반이다'라는 말이 있듯이 오늘 당장 가족 식사시간을 만들어보자. 아침식사도 좋고 저녁식사도 좋다. 가족이 모두 모일 수 있는 시간을 정해 하루 한 번은 반드시 식사를 같이 하자. 밥상머리에서 아이들의 고민을 들어주고 엄마 아빠의 일상을 들려주는 과정에서 가족 간 유대와 사랑이 싹트고 인성교육도 절로 될 것이다.

오른손으로 벌하고
왼손으로 안아준다

《탈무드》에는 '아이를 때려야 할 때는 구두끈으로 때려라'라는 말이 있다. 유대인들은 자녀가 잘못을 저지르면 지혜의 원천인 머리를 제외하고 나머지 신체 부위에 체벌하는 것을 주저하지 않는다. 자녀와 외출했을 때 아이가 그릇된 언행을 하면 아무리 중요한 일이 있어도 곧장 집으로 데리고 와서 엉덩이를 때리고 야단을 친다. 유대인들은 부모의 손도 입이나 눈과 마찬가지로 자녀교육의 장치라고 생각한다. 눈과 입과 말과 손은 자녀에게 실제적인 아픔을 주기 때문에 자신의 행위를 반성하게 하는 효과가 있다. 하지만 체벌의 목적은 자녀에게 육체적 고통을 주는 게 아니라 마음을 교정하는 것이므로, 상처를 주거나 다치게 하는 체벌은 피해야 한다. 또한 체벌 뒤에는 반드시 애정의 표현이 뒤따라야 한다. 사랑이 뒤따르지 않는 단순한 벌로 그친다면, 그것은 자녀들을 지배하고 개성을 억압하는 결과가 된다. 그래서 자녀를 안아주는 행위는 사랑에 대한 최고의 표현이다.

마빈 토케이어

유치원생 아들이 안방에 있던 값비싼 도자기를 실수로 깨뜨렸다고 가정해 보자. 부모의 대응 방식은 크게 다음 두 가지로 예상된다. 하나는 자녀를 무조건 나무라고 윽박지른 뒤 벌을 주고 끝내는 유형이다. "바보 자식! 이 도자기가 얼마나 비싼 건지 알기나 하니?" "이 얼빠진 놈아! 조심해서 다루라고 몇 번을 얘기했는데!" "넌 어째서 만날 이 모양이냐! 이제 어떻게 할래?" 그리곤 거실 바닥에 10분간 무릎을 꿇고 손을 들고 있으라고 벌을 준다. 벌을 다 받으면 아이는 질질 짜면서 자기 방으로 들어가고, 엄마 아빠 누구 하나 거들떠보지 않는다.

또 하나는 벌을 준 뒤에 다독여주는 유형이다. 도자기를 깨뜨린 것이 왜 잘못된 행동이었는지 설명해주고, 그런 행동이 얼마나 많은 손해를 가져오는지 이해시키는 것은 물론이다. "벌 받으니까 속상하지? 도자기는 집을 꾸미고 감상하기 위한 것이야. 그리고 아빠(엄마)가 많은 돈을 들여서 구입한 것이란다. 장난칠 때는 장난감을 갖고 놀아야지, 도자기를 갖고 놀아서는 안 되겠지? 너도 이번에 깨달았겠지만, 도자기는 깨지기 쉬우니까 앞으로는 조심해서 다루도록 해라."

엄부자모(嚴父慈母). 아버지는 엄히 다스리고 어머니는 자애롭게 감싸준다는 뜻이다. 우리나라의 전통적인 자녀교육 방식이기도 하다. 아버지에게 벌을 받은 아이를 그대로 방치하는 것은 교육적으로 좋지 않다. 자존심에 상처를 입은 아이가 자칫 일탈 행동을 할 우려가 있기 때문이다. 꼭 엄부자모일 필요는 없다. 경우에 따라서는 '엄모자부(嚴母慈父)'일 수도 있다. 어떤 경우가 되든, 부모 중 한쪽은 벌을 받아 감정이 상하고 슬픔에 빠진 아이를 따뜻하게 감싸줄 필요가 있다. 이런 면에서 우리나라와 유대인의 가정교육은 닮은꼴이다.

엄부자모의 유대식 표현이 '오른손으로 벌하고 왼손으로 안아주라'는 말이다. 유대인 가정에서는 아버지의 권위가 절대적이다. 자녀가 잘못된 행동을 했을 때 주로 아버지가 엄하고 무서운 체벌을 가하는 '악역'을 맡는다. 벌을 준 뒤에는 어머니가 자애로운 손길과 다정한 말로써 기분을 풀어준다. 왜 벌을 받게 됐는지 차분하게 설명해주고, 다시는 그런 잘못을 반복하지 않도록 가르친다. 벌을 주는 것으로 끝나버리면 부모의 권위로 아이를 지배하는 것이 되고, 아이는 개성을 자유롭게 표현하지 못해 위축된다고 보기 때문이다.

유대인 아이들은 어렸을 때부터 자기 일은 스스로 찾아서 하는 훈련을 한다. 자기 방 청소나 자신의 빨래를 직접 세탁기에 넣는 일 등을 말한다. 손님이 방문했을 때의 인사말과 몸가짐 등 예절교육도 철저히 받는다. 그래서 만일 아이들이 자신의 일을 망각하고 게으름을 피우거나 할 일을 제대로 하지 않은 경우엔 반드시 잘못을 지적한 뒤 반성의 시간을 갖게 한다. 부모가 아이의 입장을 먼저 들은 뒤 무엇을 잘못했는지 지적해주면 아이는 억울하다는 생각 대신 자신의 잘못을 진심으로 깨닫게 된다.

그래도 말을 듣지 않는 아이에겐 체벌이 주어진다. 한국에서는 체벌 논란이 이어지고 있지만, 유대인들은 자녀의 마음가짐을 바로잡기 위해 필요하다면 신체에 고통을 주는 체벌이 필요하다고 여긴다. 부모가 벌주는 일을 주저하다가 아이가 나쁜 사람으로 자라는 것보다는 체벌이 더 교육적이라고 믿는다. 《구약성서》에도 체벌의 필요성을 언급한 대목이 있다. '매를 아끼는 이는 자식을 미워하는 자이다. 자식을 사랑하는 자는 애써 이것을 꾸짖는다(잠언 13장 24절).' '아이의 마음에는 어리석음이 깃들어 있다. 이를 없애주는 것은 교훈의 매이다(잠언 22장 15절).' '회초리와 꾸짖음은 지혜를 가져오지만, 내버려진 아이는 제 어머니를 욕되게 한다(잠언 29장15절).'

체벌에는 반드시 원칙이 필요하다. 아이에게 잘못의 내용과 그에 따른 체벌의 종류를 사전에 주지시키고, 예외 없이 적용해야 한다. 그런데 한국 부모들의 체벌은 대개 일관성이 없다. 비슷한 잘못을 저질렀어도 부모가 기분이 좋으면 대수롭지 않게 넘어가고, 피곤하거나 기분이 나쁠 때는 마구 화를 내는 식이다. 또는 아이의 잘못에 대해 이성적으로 대처하기보다는 아이 본인을 향해서 감정적으로 대한다. '말을 안 듣는다'며 부모가 먼저 흥분해서 감정적으로 울분을 토해내는 식의 체벌을 가하는 경우가 흔하다. 상스럽고 인격모독적인 욕설을 내뱉는 부모도 있다. 심지어 자녀의 뺨을 때리거나 머리를 쥐어박기도 한다. 끓어오르는 감정을 이기지 못해 과잉 체벌을 하는 경우다. "형은 공부를 잘하는데 너는 왜 이 모양이냐?"는 식으로 힐난하면서 언어폭력을 행사하기도 한다.

원칙 없는 체벌은 자녀들의 반항심만 키우고 다른 부작용만 낳는다. 아이가 올바른 생활태도를 갖게 하는 데 전혀 도움이 되지 않는다. 어린이의 인격 형성에 돌이킬 수 없는 손상을 가져올 수도 있다. 아이들은 영리하다. 부모의 체벌이 자신을 사랑하기 때문에 눈물을 머금고 하는 행동인지, 그냥 자신의 울분을 배출하는 감정적인 것인지를 너무도 잘 안다. 체벌의 목적은 분명하다. 아이가 잘못을 뉘우치고 다시는 그런 행동을 반복하지 않는 것. 체벌은 이 소기의 목적을 거둘 수 있는 방식이어야 한다.

유대인들은 아이가 잘못을 저질렀을 때 지혜의 원천인 머리를 제외하고 다른 신체 부위에 체벌을 가한다. 대개 손으로 엉덩이를 때리며 잘못을 꾸짖는 게 일반적이다. 빗자루나 회초리 등의 도구는 쓰지 않는다. 부모의 손으로 직접 때리는 것은 자녀가 미워서가 아니라 '사랑의 매'라는 것을 의미한다. 형제자매의 재능을 비교하는 일도 절대로 하지 않는다. 형제자매라도 전혀 다른 인격과 재능을 가졌는데, 임의로 우열을 따지게 되면 오히려 절망감만 안겨주고 자신만의 장점을 발휘할 가능성을 잃어버릴 것이기 때문이다.

전문가들이 조언하는 '체벌의 원칙'을 정리해보면 다음과 같다.
첫째, 부모가 화가 난 상태에서 자녀를 꾸짖거나 나무라서는 안 된다. 유대 격언 중에 '노해 있을 때 가르칠 수는 없다'는 말이 있다. 화가 난 상태를 가라앉힌 다음에 차분한 마음으로 자녀의 잘못된 행동을 지적해야 한다.

둘째, 자녀의 잘못된 행동은 즉시 그 자리에서 고쳐줘야 한다. 자녀가 저지른 잘못을 차곡차곡 마음속에 쌓아놓았다가 한꺼번에 들춰내는 것은 좋은 방법이 아니다.

셋째, 결과만 보지 말고 원인까지 살펴서 꾸짖어야 한다. 어린이들은 자신의 좌절된 감정을 충족하기 위해 잘못된 행동을 저지르는 경우가 많다. 따라서 부모는 자녀의 행동이 우발적인 것이었는지, 애정을 갈구하는 욕구를 제대로 채워주지 못해 생긴 행동이었는지를 잘 따져서 대응할 필요가 있다.

마지막으로, 언어 선택에 신중해야 한다. 꾸짖는 중에는 부모가 감정이 격해져서 '항상, 절대, 정말로, 반드시' 따위의 과장된 말을 하기 쉽다. "너는 애가 어째 항상 그 모양이냐?", "너는 정말 구제불능이구나"와 같은 말을 들으면 아이는 자신의 인격이 모독을 받은 기분이 들어 오히려 반항적으로 변하기 쉽다.

남편은 아내를
존중하고 배려한다

설교를 잘하기로 유명한 메이어라는 랍비가 있었다. 매주 금요일 저녁 진행되는 그의 설교에는 수백 명씩의 인파가 모여들었다. 보통 유대 여인들은 금요일 저녁이면 다음날인 안식일을 대비한 요리 등으로 바쁜데, 어떤 한 여인은 메이어의 설교를 너무 좋아해서 금요일 저녁마다 회당으로 향했다. 하루는 남편이 화를 내며 말했다. "내일이 안식일인데 아직 음식도 만들어 놓지 않다니! 그 랍비의 얼굴에 침을 뱉고 오기 전에는 절대 집에 들어올 생각을 하지 마시오." 남편에게 쫓겨난 아내의 소문을 들은 메이어는 여인을 집으로 초대해서 말했다. "내 눈이 몹시 아프다오. 입 속의 침으로 씻어야 약이 된다고 하니, 당신이 도와주시오." 그녀는 할 수 없이 랍비의 눈에 침을 뱉었다. 그녀가 집으로 돌아간 후 랍비는 제자들에게 말했다. "가정의 평화를 위해서는 그 어떤 일이라도 해야 하네."

《탈무드》

토머스 하디의 소설 《캐스터브리지의 시장(The Mayor of Casterbridge)》에는 술에 취해서 자신의 아내와 갓난 딸을 상인에게 팔아넘기는 남편(마이클 헨차드)이 등장한다. 민주주의의 발상지인 영국에서도 19세기까지 남편이 아내를 파는 일이 공공연히 이루어진 것이다(법이 인신매매를 인정한 것은 아니었지만, 기록을 보면 19세기를 전후해 최소 300여 건의 마누라 매매가 이뤄졌다). 현재는 미국과 영국, 독일 등 상당수 서구권 국가들이 인정하고 있는 '부부 강간'에 대해서도 판례로 굳어진 것은 얼마 되지 않는다(한국은 2009년 1월). 남녀평등의 역사는 생각보다 무척 짧다.

남편은 아내를 일주일에 세 번 이상 포옹해줘야 한다. 아내가 원치 않을 때 남편이 일방적으로 성적 욕구를 채우면 강간죄로 간주하고, 아내를 때리는 자는 엄한 벌을 받아야 한다. 아내는 잘못을 저지른 남편에게 이혼은 물론, 위자료를 요구할 권리가 있다. 《탈무드》

놀랍게도 유대의 율법은 남편이 아내를 얼마나 소중히 여기고 사랑해야 하는지를 구체적으로 담고 있다. 여권이 신장된 현대 유대사회의 율법이겠지 싶겠지만, 천만의 말씀이다. 수천 년 전 만들어진 고대의 율법이다.《탈무드》에는 이런 말도 나온다.

당신의 아내를 당신 자신을 사랑하듯이 사랑하고, 소중히 지키시오. 여자를 울려서는 안 되오. 하나님은 그녀의 눈물을 한 방울씩 세고 있을 것이오.

만약 고아 남녀가 있거든 먼저 여자 아이를 구해주시오. 사내아이는 구걸을 해도 괜찮지만, 여자아이를 그렇게 만들어서는 안 되기 때문이오.

이처럼 아내와 여성을 소중히 여기는 전통 때문에 유대인의 이혼율은 세계에서 가장 낮다. 자녀에 대한 사랑도 마찬가지다. 유대인 부모는 자녀를 사랑으로 대하며 훌륭하게 키우는 것을 하나님에 대한 의무로 여긴다. 평화로운 가정이 유대인 경쟁력의 으뜸 조건이다.

가정을 소중하게 여기지 않는 민족이 어디 있으랴. 하지만 그 중에서도 유대민족의 가정 중시는 유별나다. 유대인에게 가정은 인체로 치면 '배꼽', 즉 세상의 중심에 해당한다. 유대인의 집을 방문하면 출입문 오른쪽에 나무나 금속유리 등으로 만들어진 10센티미터 길이의 옻 모양 장식이 붙어 있는 걸 볼 수 있다. 메주자(mezuzah)로 불리는 이 장식은 '유대인이 사는 집'이라는 표식으로 삼천 년 이상 내려온 풍습이다. 유대인들은 창고, 마구간, 목욕실을 제외한 집의 모든 대문과 방에 이 표식을 붙인다. 그래서 집에 드나들며 반드시 메주자를 만지거나 입을 맞추면서 신의 사랑을 확인한다.

유대인은 남편이나 아내가 되어 가정을 이루면 행복이 몇 곱절 늘어난다고 믿는다. 때문에 건전하고 충실한 결혼생활을 통해 많은 자녀를 낳고 가족을 이루는 것은 완전한 기쁨을 실현하는 길로 인식된다. 안식일 전날인 금요일 만찬은 온 가족이 모여 행복을 나누는 자리이다. 아름답게 차려 입은 아내와 딸들이 안식일 초에 불을 켜면 남편은 굽 높은 술잔에 포도주를 따른다. 그러고는 아내와 아이들, 만찬에 초대된 손님들과 함께 맛있는 음식과 포도주를 나누어 마신다. 식탁에서는 유대교의 역사와 일화를 주제로 흥겨운 토론이 이어지고 즐거운 노래도 흘러나온다. 이때 남편은 반드시 아내를 칭송하는 노래를 부른다. "당신은 부드러운 힘을 지니고 있다. 당신이 입을 열면 지혜 있는 말이 나온다. 하나님이 당신을 축복하고 당신의 아이들을 지켜주시기를." 유대인 가정의 전형적인 모습이다.

유대인 가족은 식탁에 함께 앉아서 기도하며, 거실에서 《탈무드》를 읽고 대화를 한다. 가정에서 이뤄진 신앙생활은 자연스럽게 자녀들에게 유대민족의 전통과 유대교의 이념을 전달하는 역할을 한다. 유대인들이 오랜 박해에도 불구하고 그 명맥을 이어온 것은 바로 가정에서 이루어진 신앙생활의 힘이다.

우리나라의 교육은 학교 중심이지만, 유대인의 교육은 가정 중심이다. 유대인들은 부모가 아이들의 가장 좋은 친구이자 최고의 선생님이라고 믿는다. 당연히 자녀가 태어나면 교육을 할 의무가 있다고 여기고 좋은 부모가 되기 위해 노력한다. 헨리 키신저는 어렸을 때 부모에게서 물려받은 책상과 책을 "내가 받은 가장 귀한 선물"이라고 입버릇처럼 말했다.

한국의 부모들은 어떤가. 자녀를 사랑하는 법도, 자녀와 대화하는 법도 모른다. 특히 가부장적 권위에 젖어 아내와 자녀 위에 군림하려고만 드는 남편들이 많다. 자녀교육을 아내와 학교의 몫으로만 여길 뿐, 아빠가 가장 훌륭한 선생님이라는 사실을 좀체 인정하려 들지 않는다. 그러니 아내에겐 "애 성적이 왜 이 모양이냐"는 잔소리가 다반사고, 자녀에겐 "공부하라"는 강압적인 말을 입버릇처럼 달고 산다. 남편이 아내와 자녀들을 사랑하고 신뢰하지 않는 가정이 평화로울리 없다. 우리나라의 이혼율과 자살률이 경제협력개발기구(OECD) 회원국 중 첫 번째로 높은 이유다.

아이들을 학원으로 몰아넣기 전에, 부모의 모습부터 되돌아보자. 아이에게 숙제 하라고 시켜놓고 텔레비전을 보는 사람은 부모 자격이 없다. 자녀에게 공부하라고 다그치기 전에, 스스로 책을 읽는 모습을 보여주자. 아침에 출근할 때 아내와 자녀를 꼭 안아주며 "사랑한다"는 애정 표시를 해보자. 평화로운 가정이 자녀교육의 기본이라는 점을 명심하자.

부부가 서로 아끼고
사랑하는 모습을 보여준다

《탈무드》에는 '결혼식에서 연주되는 음악은 그 기세가 군악대의 음악과 비슷하다'라는 말이 있다. 결혼식은 두 사람의 전사(戰士)가 전쟁터로 나아가는 것과 같다. 이제부터 두 사람은 싸우고 상처 입을 것이다. 그리고 나이가 들면 부상병처럼 서로 위로할 것이다. 결혼식 음악이 화려하고 웅장하며 군악대의 음악과 비슷한 것은 결혼한 두 사람이 전쟁터로 나아가는 것과 같기 때문이다.

마빈 토케이어

자녀교육의 중심인 소중한 가정을 굳건히 지키려면 어떻게 해야 할까. 무엇보다 부부 사이가 화목해야 한다. 부부가 화목한 가정의 아이가 비뚤어지는 경우는 거의 없다. 유대 사회의 이혼율이 아주 낮은 것은 부부가 서로 사랑하고 존중하기 때문이다. 《탈무드》에는 사랑과 결혼의 중요성을 강조한 말들이 많다.

하나님은 여자를 남자의 갈비뼈로 만듦으로써 여자가 늘 남자의 마음 가까이 있게 했다. 한때의 정열적이고 맹목적인 사랑이 즐겁고 안정된 결혼생활을 보장해주지는 않으므로 항상 자신을 아끼듯이 상대방을 존중해야 한다.

남녀가 결혼하고 난 뒤에는 뜨거운 정열보다는 이미 뜨거운 불에 만들어져 차가워진 금·은 그릇처럼 냉정한 마음 자세로 일상생활에 임하는 것이 보다 즐겁고 안정된 결혼생활을 보장한다.

부부가 진심으로 서로 사랑한다면 칼날같이 좁은 침대에 누워도 함께 잘 수 있다. 그러나 서로 사이가 좋지 않으면 폭이 16미터나 되는 넓은 침대라도 비좁기만 하다.

세상에는 강한 것이 열두 가지 있다. 첫째는 돌이다. 그러나 돌은 쇠에 깎인다. 쇠는 불에 녹는다. 불은 물로 꺼진다. 물은 구름에 흡수된다. 구름은 바람에 날린다. 그러나 바람은 인간을 날려버리지는 못한다. 하지만 인간도 괴로움에는 참혹하게 무너진다. 괴로움은 술로 다스릴 수 있다. 술은 잠을 자면 깨지만, 잠은 죽음만큼 강하지 못하다. 그런데 사랑은 그 죽음조차도 이긴다.

유대인 부부는 서로를 사랑하며 가정의 화목을 위해 최선을 다한다. 부부가 중심을 잡고 가정의 기둥 역할을 제대로 해야 자녀들이 올바로 자란다는 사실을 너무도 잘 알기 때문이다. 자녀에게 가장 좋은 교육자는 엄마와 아빠다. 유대인은 결혼과 동시에 부모교육센터를 다니고, 아기를 낳은 선배 부모에게서 육아법을 미리 익힌다. 임신을 하면 아기 건강이나 육아 관련 교육을 부부 모두 적극적으로 배운다. 이처럼 평화로운 가정의 밑바탕에는 가족 간의 유대와 사랑이 자리 잡고 있다.

유대인과 한국인 모두 목숨을 걸 정도로 자녀교육을 중시한다. 하지만 그 성과에 있어선 엄청난 차이를 보인다. 그 격차의 근원은 바로 가족 간의 유대와 사랑에 있다. 한국의 부모들은 배우자와 자녀들을 제대로 사랑할 줄 모른다. 가부장적 권위주의의 영향 탓인지 마음은 있으면서도 제대로 사랑을 표현하는 법을 모르기 때문이다.

　한국의 가정에서 사랑을 대체하는 건 물질이다. 물질로 아내의 환심을 사고, 물질로 자녀의 공부 동기를 이끌어내려 한다. 하지만 물질이 가져다주는 행복에는 한계가 있다. 인간은 사랑 없이는 살 수 없는 존재다. 사랑으로 충만한 튼튼한 가정을 만드는 게 우선이다. 그래야 자녀들도 정서적으로 안정된 상태에서 공부에 매진한다.

　아이들은 분노에 반항하고, 사랑과 애정에는 순응하는 법이다. 자녀들 앞에서 부부가 하루에 한 번씩 사랑의 키스를 나눠보자. 매일 규칙적으로 키스 하면 면역력이 높아져 평균수명이 5년이나 늘어난다니, 일석이조가 아닌가. 사랑이 넘치는 가정의 아이들은 절대 비뚤어지는 법이 없다. 부모가 공부를 강요하지 않아도 제 할 일을 스스로 찾아서 한다.

임신 이전부터
태교한다

생리가 시작되면 5일간 금욕하고, 생리가 끝난 뒤에도 7일간은 동침하지 않는다. 생리 후 12일째 밤이 되면 우유를 탄 물에 몸을 씻는 '미크베' 목욕을 한 후 성관계를 한다. 이것이 닛다 임신법이다. 임신한 이후에 산모와 아이의 건강을 걱정하는 것은 늦다. 특히 건강하고 똑똑한 아기를 낳기 위해서는 임신 전부터 아기에게 정자와 난자를 제공하는 예비엄마, 예비아빠의 건강을 도모하고 철저하게 임신 시기까지 조절하는 계획임신이 필요하다.

홍영재,《천재를 낳은 유태인의 계획임신, 닛다 임신법》

 유대인들의 전통적인 타이밍 임신법 '닛다'는 히브리어로 월경(月經)을 뜻한다. 유대인들은 수천 년 동안 닛다에 의해 임신하고 태교를 했다. 난자가 가장 신선하고 정자의 활동력이 왕성할 때 수정함으로써 건강하고 똑똑한 아이를 얻기 위한 임신법이다.

《천재를 낳은 유태인의 계획임신, 닛다 임신법》의 저자 홍영재 박사는 닛다 임신법의 핵심을 두 가지로 설명한다. 하나는 생리가 끝난 뒤 일주일 간 금욕생활을 하는 것이다. 금욕이 풀리는 날은 계산상으로 배란 하루나 이틀 전이어서 임신 확률이 매우 높다. 금욕기간에 만들어진 많은 양의 건강한 정자를 갓 배란된 싱싱한 난자와 만나게 하면 똑똑한 유전자를 가진 아이를 낳을 가능성이 높아진다.

두 번째는 우유를 탄 물에 목욕(미크베)을 한 후 동침하는 것이다. 우유를 탄 물에 목욕하면 생식기의 청결 유지는 물론, 피부의 탄력이 좋아지고 윤기가 더해진다. 우유 목욕 후 동침하면 피부 감촉이 주는 느낌이 좋아 성적 만족도를 증가시키고 임신 확률을 높인다.

태교는 유대인 엄마들의 전유물이 아니다. 우리나라를 비롯해 거의 모든 나라 여성들이 태교에 신경을 쓴다. 하지만 유대인의 태교와 다른 민족의 태교에는 근본적인 차이가 있다. 대개는 임신 중 해서는 안 되는 '금기 위주의 태교'이다. 우리나라 여성들은 6세기 중엽부터 건강하고 훌륭한 자손을 낳기 위해 부모의 마음가짐과 몸가짐을 중시했다.

여인이 잉태했을 때 음식을 조심해서 먹고, 잠을 바르게 누워 자며, 몸을 단정히 하면 아름다운 아기를 낳을 수 있다. 《계녀서》

마음속에 느낀 생각이 선하면 선한 자녀를 낳고, 마음속에 받아들인 느낌이 나쁘면 나쁜 자녀를 낳는다. 《내훈》

수태 중에 어머니가 화를 내면 태아의 피가 병든다. 어머니가 두려워하면 태아의 정신이 병들고, 근신하면 기운이 변든다. 또 크게 놀라면 간질을 갖게 된다. 《동의보감》

임신부가 잠자는 것이나 앉는 것, 보는 것, 먹는 것, 또 말하고 행동하는 것이 모두 바르면 태어나는 아기의 모습이 바르고 용모가 단정하며 재주가 뛰어나다. 《성학집요》

이에 반해 유대인의 태교는 '태아를 위해 해야 할 일'을 중심으로 짜여 있다. 건강하고 똑똑한 아이를 얻기 위한 계획 임신법인 '닛다'가 대표적이다. 유대인들은 임신 100일 전부터 아기를 맞을 준비를 한다. 우리 조상들이 깊은 산속에서 100일 기도를 한 뒤 아기를 잉태하는 것과 비슷하다.

임신을 하면 부부 모두 기쁘고 즐거운 마음을 갖기 위해 노력한다. 임신부가 항상 기뻐하고 범사에 감사하면, 아기도 밝은 성격을 갖고 태어난다. 임신 기간에 좋지 않은 일이 생겨 임신부가 우울증에 걸린다면, 아이가 자라서 우울증을 경험하게 될 확률이 높아진다.

지혜의 왕 솔로몬이 지은 잠언집을 예비엄마, 예비아빠가 매일 태아에게 들려주는 '잠언태교'도 유대인만의 독특한 태교법이다. 아기를 임신한 유대인 여성은 저금통을 마련하고 매일 동전을 모았다가, 출산 후 아기의 이름으로 좋은 곳에 기부한다.

닛다 임신법과 적극적인 태교를 통해 유대인들은 건강하고 똑똑한 아기를 출산해 왔다. 하지만 어느 누구도 이런 태교법을 강요하지는 않는다. 수천 년의 전통에 따라 스스로 실천하고 있을 뿐이다.

한국 여성들도 경제활동 참여가 늘어나면서 계획 임신을 많이 하는 편이지만, 미리 태교를 하는 경우는 드물다. 임신이 된 후에야 즐거운 마음을 갖고 음식을 조심하는 등의 전통적인 태교법을 활용하는 게 일반적이다. 건강하고 똑똑한 아이를 겨냥해 계획적으로 임신하는 유대인 엄마들의 적극적인 태교법을 벤치마킹 하는 것은 어떨까?

성(性)은 사실만 솔직하고 간결하게 전달한다

유대인은 돈에 대해서와 마찬가지로, 성(性)에 대해서도 터부시하지 않는다. 오히려 인생에 도움이 되는 것으로 생각한다. 돈과 성에는 묘한 공통점이 있다. 둘 다 인생에 반드시 필요하며, 불행히도 그것이 부족하면 그것에 대한 생각에 매달려 집착하게 된다. 이것들이 어느 정도 충족되어야 비로소 다른 것들을 즐길 마음의 여유가 생기고 인생이 자유로워진다. 따라서 돈이나 성생활은 자연스럽게 바라보는 게 낫다. 다만, 궤도를 벗어나지 않는 것이 중요하다.

마빈 토케이어

 1970년대 초반 국민학교(지금의 초등학교) 시절, 우리 반에는 다리 밑에서 주워왔다는 아이들이 득실댔다. 엄마에게 "나는 어떻게 태어났어요?"라고 물으면, 대부분 "다리 밑에서 주워왔다"고 둘러댔기 때문이다. 요즘 그런 엄마는 거의 없어졌지만, 성교육을 체계적으로 받지 않고 자란 세대인 탓에 성에 관한 질문을 받으면 어색해하기는 마찬가지다.

네 살, 다섯 살 연년생 남매를 키우는 L씨는 최근 아이들을 목욕시키던 중 느닷없는 질문을 받고는 얼굴이 홍당무가 됐다. "오빠는 고추가 있는데, 나는 왜 없어?" 딸아이의 돌발적인 물음에 어떻게 설명해줘야 할지 마땅한 답이 떠오르지 않았기 때문이다. "글쎄"라고 머뭇거리는데, 마침 아들이 장난을 하는 바람에 딸아이의 관심이 옮겨간 것에 안도할 뿐이었다.

고대 유대 사회에는 세속적인 것을 등진 채 기도생활을 하는 '나지르인'이라고 불리는 종교적 수도자들이 있었다. 이들은 술과 여자를 멀리하고 사막에서 1년, 길게는 10년씩도 살았다. 하지만 환속하면 신에게 용서를 구한 뒤 술과 여자를 또 찾았다. 기독교인들은 이해가 안 되겠지만, 유대인들에겐 자연스러운 현상이다.

기독교의 배경인 그리스·로마 사상은 인간의 영혼은 선한 반면, 육체는 악하다고 본다. 그래서 금욕주의나 독신주의가 등장했다. 지금도 기독교에선 성스러운 주일에 성생활을 자제하는 게 미덕이다. 하지만 유대교는 성을 혐오하지 않고, 오히려 인생에 도움이 된다고 여긴다. 신이 인간을 창조했을 때 남녀 간의 육체적 사랑을 허용한 만큼 그 의도에 충실해야 한다고 믿는 것이다. 그래서 술과 노래, 성생활 등 삶의 기쁨을 부정하는 것을 오히려 죄악으로 간주한다. 안식일에 성생활을 하는 것도 관습처럼 돼 있다. 물론 부부 간의 순결한 성생활만을 강조한다. 《탈무드》도 성에 대해 긍정적이다.

성은 창조의 행위이므로 이것 없이는 결코 자기완성을 이룰 수 없다.

성은 자연의 한 부분이므로 성 행위 자체가 부자연스러운 것은 없다.

성은 철저히 개인적인 관계에서 맺어야 하며, 친숙한 분위기 속에서 이루어져야 한다. 자신을 억제할 수 없는 곳에서는 하지 말아야 한다.

《토라》는 인류 최초의 성 행위를 이렇게 기록했다.

아담이 자기 아내 하와(이브)를 알고 난 후에, 그 여자가 임신하여 카인을 낳고 이렇게 말하였다. "내가 주님의 도우심으로 남자 아이를 얻었다."

'안다'는 것은 히브리어로 야다(yada)라고 하는데, '잠자리를 같이 하다'와 '상대방을 안다'라는 두 가지 뜻이 있다. 유대인들은 '사랑은 곧 아는 것'이라는 말도 자주 쓰는데, 사랑하는 것은 함께 잠자리를 한다는 뜻이다.

성을 자연스러운 것으로 보는 유대인들의 생각은 성교육에 그대로 반영된다. 성에 대한 호기심에 눈을 뜬 아이들이 아무리 난처한 질문을 해도 얼굴을 붉히거나 화를 내는 법이 없다. 아이들의 상상력을 자극하고 불필요한 흥미를 유발하지 않도록 사실 관계를 간단명료하게 전달한다. 성에 대한 호기심을 억누르거나 숨기려 할수록 아이들은 거기에 집착하게 되고 잘못된 성 관념에 매몰될 위험이 커지기 때문이다. 아이가 묻지 않은 것까지 알려줄 필요는 없지만, 궁금해 하는 부분은 숨김없이 사실대로 얘기해준다. 그러면 아이들이 불필요한 상상력을 작용시킬 여지가 사라진다. 나머지는 아이들이 성장하면서 스스로 깨우치기 마련이다.

유대인들이 많이 사는 뉴욕의 한 방송에서 '부모와 청소년이 알아야 할 10대의 성'을 주제로 청소년 보건전문가 두 사람이 토론하는 걸 본 적이 있다. '자신의 행동에 대해 책임질 준비만 돼 있다면, 성생활을 해도 무방하다'는 유대인의 사고와 유사해서 소개한다.

- 10대의 자위행위는 정상적이다. 청소년은 대부분 자위행위를 한다. 16~17세 무렵이 되면 그 정도가 심해진다. 하지만 의학적으로 자위행위는 신체 건강에 전혀 해롭지 않다. 오히려 10대가 경험하는 강력한 성 충동을 건전하게 해소할 수 있는 대안이라고 본다.
- 사춘기 남학생들이 몽정(夢精 · wet dream)을 경험하기 전에 부모들은 충분한 대화를 나눌 필요가 있다. 월경을 앞둔 여학생들에게 미리 조언하는 것과 같다. 만일 10대 남학생이 몽정에 대해 잘 모른다면, 침대에다 오줌을 싼 것으로 착각할 수 있고, 이는 정신적인 문제를 일으킬 수 있다.
- 10대의 동성애에 대한 광범위한 데이터는 없지만, 이 시기의 동성애는 정상이라고 할 수 있다. 청소년들의 동성애는 자신의 성장을 평가하고 동년배들과 비교하는 자연스런 과정이다. 그래서 청소년의 동성애는 '성적 행동(sexual behavior)'과는 구별해야 한다. 청소년들이 한때 동성애를 경험했다고 해도 자라면서 변하는 경우가 많다.
- 14~17세 청소년들의 성생활에 관한 조사결과를 보면, 미국의 고등학교 3학년 학생의 평균 60퍼센트 정도가 성 경험이 있다. 오늘날 고교생의 행동기준에서 보면 이들의 성 경험은 표준적인 것이다. 성 경험이 있는 고교생들이 그렇지 않은 학생보다 더 많다는 의미에서 그렇다.
- 성생활을 자제하는 청소년들이 금욕을 편안하게 받아들이는지

스트레스를 받는지는, 개인이나 동년배 그룹에 따라 큰 차이가 있다. 가령 파티에서 친구들과 어울려 술이나 담배를 하는 10대들은 성적인 행동에 돌입할 가능성이 훨씬 높아진다. 자신의 자녀가 성적으로 위험한 행동을 하지 않길 원한다면, 가족이나 학교와 밀접한 관계를 맺도록 유도해야 한다.

- 최근의 전국적인 통계에 따르면 첫 성 경험을 하는 10대 청소년의 3분의 2 가량이 피임을 한다. 이는 1970년대의 10~20퍼센트에 비해 크게 늘어난 수치이다.

그렇다고 유대인들을 프리섹스 주의자로 오해해선 곤란하다. 유대인은 그 어느 민족보다 이혼율이 낮다. 남성이 여성을 소중히 여기는 전통이 강해서다. 젊었을 때는 여러 사람과 연애를 하더라도, 결혼하면 오로지 배우자에게만 집중한다.

성은 평생 동안 오직 한 사람의 상대에게만 쓰이지 않으면 안 된다. [⋯] 아내의 허락 없이 강제로 성 행위를 해서는 안 된다. 아내가 거절하는데도 힘으로 강요하는 것은 금하게 돼 있다. (《탈무드》)

아이들은 4~5세 무렵부터 남녀의 차이를 인식하고 성에 대해 관심을 갖기 시작한다. 아이가 궁금해하는 내용에 대해서는 자연스런 태도로 아이의 수준에 맞게 얘기해주는 것이 중요하다. 돌발적인 질문에 당황해서 얼버무리거나 답변을 회피하면 아이들이 '성은 부정적이고 음성적인 것'이라는 생각을 갖기 쉽다. 남녀의 신체적 차이, 사랑을 하는 과정과 아기를 낳는 과정 등을 아이들 수준에 맞춰 솔직하게 알려주는 게 좋다.

문제는 사춘기 자녀의 성교육이다. 요즘 청소년들의 성 인식은 부모가 따라가기 어려울 정도로 개방적이다. 전문가들은 육체적으로 성숙한 청소년 자녀에게 금욕만을 강조하는 성교육은 실효성이 없다고 말한다. 다 큰 성인도 '실수'를 많이 하는 세상인데, 불완전한 존재인 사춘기 청소년들이 '사고'를 칠 가능성은 얼마든지 존재하기 때문이다. 생물학적으로도 청소년기는 성에 대한 욕구와 호기심이 왕성할 때이다. 로미오와 줄리엣, 이몽룡과 춘향이가 사랑을 나눈 게 모두 16세 때 아니던가.

따라서 1차적으로 금욕과 절제에 대한 성교육은 필요하지만, 사춘기 자녀가 성 경험을 하게 될 가능성을 염두에 두고 안전한 성생활에 대한 교육도 철저히 해야 한다. 만약에라도 성관계를 하게 될 경우 사랑하는 사람과의 관계에 충실해야 하며, 성관계 때는 반드시 콘돔을 사용하도록 교육하자. 성 경험이 있는 10대 청소년의 피임률이 미국은 81퍼센트에 달하는 반면, 우리나라는 21퍼센트에 불과하다는 통계도 있다.

학습능력
머릿속 지혜는 생존의 무기
자녀의 두뇌 계발은 부모 책임이다

꿀로 쓰는 알파벳, 수수께끼로 배우는 단어
베갯머리 독서 15분의 마법을 이용한다
'이중 언어 교육'으로 외국어 능력을 키워준다
부모는 아이의 토론 스파링 파트너
유머감각 트레이닝
매일 아침밥상으로 두뇌를 깨워준다
탈무드식 대화법으로, 답이 아닌 질문을 주다
결과에 대한 칭찬보다, 과정에 대한 격려에 더 신경쓴다
충분한 놀이로 창의력의 핵심인 우뇌를 키워준다
공부는 마라톤, 부모는 페이스메이커
기대감은 전달하고, 기대치는 전달하지 않는다

꿀로 쓰는 알파벳,
수수께끼로 배우는 단어

유대인 부모들은 오래 전부터 '수수께끼와 농담은 머리를 날카롭게 가는 숫돌'이라고 여겨서 교육에 적극 활용하였다. 그들의 경전인 《탈무드》에도 수수께끼로 표현된 지혜들이 대부분이다. "사람의 눈동자는 흰 부분과 검은 부분으로 이루어져 있는데, 어째서 검은 부분을 통해서만 사물을 볼 수 있을까?" "인생은 어두운 곳을 통해서 밝은 곳을 바라봐야 하기 때문에." 인생은 희로애락의 긴 여정이다. 살다 보면 어둠과 밝음이 함께하기 마련이다. 인생에는 반드시 위기나 실패 등 어두운 부분이 있고, 우리는 이를 제대로 인식하고 맞서 살아가야 한다. 자녀들은 부모들이 내는 재미있는 수수께끼를 통해서, 이렇듯 오묘한 인생의 진리를 깨달아간다.

미국의 유대인 교육심리학자 벤자민 블룸은 1980년대 초 세계적인 수준의 피아니스트와 수영선수, 테니스 챔피언, 수학자, 신경과학자, 조각가 등 120명을 대상으로 '천재들이 어떤 교사에게서 배웠는지'를 연구했다. 그런데 의외로 이들을 맨 처음 가르친 교사들은 전문성이나 경력 면에서 특별히 내세울 만한 점이 없는 평범한 사람들이었다. 다만 이들은 공통적으로 격려와 칭찬으로 학생들의 잠재력에 불을 지르고 그 불꽃이 계속 타오르도록 했다. 한마디로 제자들에 대한 사랑과 교육의 열정이 넘치는 교사들이었다.

"배움의 첫 단계에서 이런 식의 가르침을 받은 학생은 자기도 모르게 (자신이 배우는 피아노, 수영, 수학 등에) 흥미를 느끼고 사로잡히며 열중한다. 그리고 점차 더 많은 정보와 전문적인 교육을 원하게 되고, 그런 것들이 필요한 수준으로 발전한다. 아마도 교사의 가장 중요한 자질은 초기의 학습을 즐겁고 보람찬 활동으로 만들 수 있는 능력일 것이다. 학습은 시작단계에서 게임이나 마찬가지다. 교사들은 아이의 능력을 긍정적으로 강화하는 역할을 한다."

유대인 교사들은 유치원이나 초등학교에 처음 등교하는 학생들에게 '공부는 사탕과 같이 달콤하다'는 인식을 심어준다. 이를 위해 손가락에 꿀을 찍어서 22자의 히브리 알파벳 글자를 따라서 쓰게 한 다음 손가락을 빨아먹게 한다. 히브리 알파벳 모양을 본떠 만든 과자를 준비해 먹이기도 한다. 공부는 과자처럼 달콤하고 즐거운 일이라는 이미지를 배움을 시작하는 나이부터 각인시켜 주는 것이다.

이런 전통은 중세 시절에도 있었다. 아이가 세 살이 되면 꿀로 만든 칠판에 히브리어 알파벳을 적어 어린이들이 그 글씨를 혀로 핥으며 깨우치게 하거나 꿀과자로 만든 알파벳으로 글자를 익히게 했다. 어릴 때부터 배우고 익히는 것, 지식을 확대하는 것은 꿀처럼 달콤하다는 생각을 자연스럽게 느끼게 해주는 풍습이다.

인생은 배움의 연속이다. 지식정보화 사회가 될수록 '평생학습'의 중요성은 커질 수밖에 없다. 배움은 단거리 경주가 아니라 마라톤인 셈이다. 그런데 우리 아이들은 마라톤을 너무 일찍 시작한다. 마라톤 코스를 완주하려면 충분한 체력과 워밍업이 필요하다. 페이스도 고르게 유지해야 한다. 그런데 아직 마라톤을 하기에 적당한 몸과 정신이 갖춰지지도 않은 아이들을 마라톤 출발선으로 밀어내는 게 한국 학부모들이다. 그러니 빨리 지쳐 중도에 포기하는 경우가 많다. 한국 학생들의 중·고등학교 학업 성적은 세계 최고 수준이지만, 이런 학생들이 모인 대학이 세계적인 수준에서 한참 뒤쳐져 있는 건 바로 이런 이유 때문이다.

유대인들은 한국 학부모들처럼 조급증을 내지 않는다. 아이들의 발달 단계에 맞춰 차근차근 지평을 넓혀간다. 초등학교에서 중학교, 고등학교 등 학년이 올라갈수록 공부는 지긋지긋한 것, 힘들고 재미없는 것이라는 부정적 이미지를 쌓는 우리 아이들과는 대조적이다. 공부를 꿀처럼 달콤한 것으로 여기며 즐겁게 공부하는 아이들과 오로지 대학입시를 위해 억지로 재미없는 공부를 하는 아이들의 학업 성취도가 어떻게 될지는 명약관화하다.

아이들의 호기심은 천부적이다. 가르쳐주지 않아도 미지의 세계에 대해 왕성한 탐구욕을 보여준다. 그래서 이때는 '배움은 괴롭고 힘든 일이 아니라, 즐겁고 재미있는 일'이라는 점을 일깨워줘야 한다. 이렇게 세상에 대한 호기심을 키워가는 첫 배움의 단계에서 가장 유용한 도구는 '재미있는 이야기'이다. 아이들에게 처음 사주는 책이 그림동화책인 이유도 여기에 있다.

유대인은 어느 민족보다 이야깃거리가 풍성하다. 유대인 정신의 핵심인 《토라》 자체가 흥미로운 이야기로 가득차 있다. 이집트에서 노예로 핍박 받던 유대인들을 탈출시킨 예언자 모세, 돌팔매질로 적의 장수 골리앗을 쓰러뜨린 소년 다윗, 잠든 틈에 머리털이 잘려 괴력을 잃어버린 장사 삼손, 고래 뱃속에 들어갔다 나온 요나, 가족과 짐승들을 방주에 태워 대홍수를 피한 노아, 아기를 반으로 나누라는 판결을 통해 진짜 어머니를 가려낸 현인 솔로몬…… 그야말로 무궁무진한 이야기의 보고다. 유대인들은 이런 풍성한 이야깃거리들을, 배움은 꿀처럼 달콤하다는 인식을 심어주는데 십분 활용한다.

"뭐가 좋은 교육이냐고? 아이의 흥미를 이끌어낼 수 있는 것 아닐까? 배움이란 생활을 더 즐겁고 다채롭게 해주는 취미와도 같은 것이니까, 배움 때문에 아이에게 스트레스를 주고 무거운 압박감을 주는 일은 결코 없어야 해."《칼 비테의 공부의 즐거움》

만약 우리 자녀들이 공부를 스트레스로 여기지 않고 즐거운 취미로 여긴다면, 학습효과는 엄청날 것이다. 하지만 부모들은 자신도 모르는 사이에 아이들에게 '공부란 좋은 성적을 받기 위한 지식의 습득일 뿐'이라는 메시지를 반복적으로 보내고 있다. 그러니 스트레스를 받지 않을 도리가 없다.

"수학은 몇 점 나왔니?"

"몇 개 틀렸어? 몇 점 받았는데?"

"그래서 몇 등이야? 네 위에 누구누구 있어?"

부모에게 이런 질문을 받는 자녀들은 자연히 경쟁자들의 점수와 학급 내 자신의 위치에만 온통 신경을 쓰기 마련이다. 배움에 흥미를 느끼고 즐기기보다는 공부가 지긋지긋하게 느껴질 수밖에 없다.

유대인 부모들은 수수께끼를 교육에 적극적으로 활용한다. 사람들은 대개 틀에 박힌 생활을 하기 때문에 평소 생각하지 못했던 의외성 있는 얘기를 들으면 정신적인 긴장을 느끼고, 이런 정신적 자극은 어휘력 향상과 두뇌 계발에 큰 도움이 된다. 유대인 가정에선 퇴근한 아버지가 저녁 식탁에서 자녀들에게 수수께끼를 내는 모습을 흔히 볼 수 있다.

수수께끼는 간단한 질문 하나로 아이에게 상상력을 불어넣는 역할을 한다. 말귀를 알아듣기 시작하는 아이에게 눈높이에 맞는 질문을 자주 던지면, 어휘력과 연상능력이 몰라보게 좋아진다. 그래서 유대인 엄마는 아기가 말귀를 알아듣기 시작하는 생후 한 살 무렵부터 수수께끼 놀이를 시작한다. 주로 사물의 명칭과 쓰임을 가르치는데, 신체의 일부를 가리키며 "이게 뭘까?" 하고 질문을 던지는 '신체 수수께끼' 놀이가 대표적이다.

아기가 어느 정도 언어를 구사할 수 있는 만2세가 되면 아기에게 '기쁘다, 슬프다, 아름답다' 등의 추상명사를 가르쳐준다. "'많다'의 반대말이 뭘까?" "'춥다'의 반대말은?" 이렇게 부모와 아기가 주변의 사물을 가리키며 묻고 답하는 방법으로 반대 개념을 익힌다.

아기들이 더 자라서 추상적 사고와 비유의 개념이 생기면 아이와 본격적으로 '스무고개' 놀이를 시작한다. "깎으면 깎을수록 커지는 건 뭘까?"(답 : 구멍) "어느 나라 말이나 다 할 수 있는 건 누구지?" (답 : 사울림)

아이가 좀더 크면 사고의 영역을 더 넓혀야 풀 수 있는 어려운 수수께끼로 진화한다. "사람은 귀도 두 개고 눈도 두 개인데 왜 입만 하나일까?" (답 : 입으로 말하기 전에 두 배 더 잘 듣고, 두 배 더 잘 관찰하기 위해서.)

베갯머리 독서 15분의
마법을 이용한다

한 현인이 질문을 받았다. "당신은 어떻게 해서 현인이 되었나요?" 그러자 현인이 대답했다. "내가 오늘날까지 식용유보다도 등유에 더 많은 돈을 썼기 때문입니다." 유대인들의 독서는 돌 무렵 침대 머리맡에서 부모가 읽어주는 베갯머리 독서로부터 시작되어 평생 지속된다. 어린 시절 부모가 들려준 이야기들이 평생 창조적인 영감을 샘솟게 하는 마르지 않는 샘이 되어주는 것이다.

유대인이 많이 사는 뉴욕에서 1년간 연수생활을 하며 초등학교 3학년, 1학년 두 아이를 현지 학교에 보낸 적이 있다. 교육을 중시하는 민족이기 때문인지 유대인의 교직 진출 비율은 상당히 높다. 뉴욕 지역 초·중·고 교사의 30퍼센트 선이 유대인이다. 뉴욕의 초등학교가 가장 강조하는 것은 '독서(Reading)'다. 뉴욕시 교육위원회는 학년별로 연간 독서 목표량을 정해 놓고 저학년 때부터 책을 읽는 훈련을 꾸준히 시킨다. 많이 읽되, 자기 수준에 맞는 책을 체계적으로 읽도록 지도하는 게 특징이다.

가령 초등학교 3학년인 큰아이는 1년간 25권의 책을 의무적으로 읽어야 했다. 이때 아무 책이나 읽어서는 안 된다. 같은 주제나 장르, 혹은 같은 작가의 책을 최소 4권 이상씩 큰 소리로 읽어야 한다. 책을 읽은 뒤에는 간단한 독후감이 포함된 '독서일지(Book Report)'를 작성하는데, 여기에는 책 제목, 작가 이름, 출판사 이름, 출판 연도, 책 줄거리 등을 간단히 적게 돼 있다. 콜럼버스 데이(Columbus Day), 마틴 루터 킹 목사 생일(Dr. Martin Ruther King, Jr. Day) 등 역사적인 기념일에는 해당 인물의 위인전을 읽고 독후감을 제출하는 과제를 수시로 내준다. 독후감은 독서일지보다 훨씬 구체적으로 써야 한다. 책 내용을 요약한 뒤 그의 업적은 무엇인지, 인류에 어떤 공헌을 했는지, 그의 노력으로 우리 사회가 어떻게 변화했는지 등을 자세히 기술해야 한다.

담임교사는 월1회씩 독서일지를 점검한다. 자율적인 독서 외에 수시로 독서 숙제가 할당된다. 딸아이의 겨울방학 숙제는 'Read Read Read 10 Books'였다. 물론 독서일지를 함께 제출해야 한다. 아들의 담임교사도 방학이 시작되기 전에 "자녀에게 책을 읽어주는 것보다 더 좋은 선물은 없다"며 책을 많이 읽힐 것을 권장하는 편지를 보내왔다.

학교에선 수시로 책 전시회를 열거나 유명 작가들을 초청, 책을 소개하고 구입 기회도 제공한다. 매달 한 번씩 스콜라스틱 북클럽(Scholastic Book Club)이 제공하는 도서목록을 나눠주고 주문을 받는다. 이 북클럽에선 시중보다 30~70퍼센트 할인된 가격으로 각종 어린이 책을 살 수 있다. 결과적으로 두 아이는 뉴욕에서 한 달에 평균 20여 권의 책을 구입해서 읽었다.

유대인의 독서열은 세계 최고 수준이다. 유대인 부모들의 하루 일과 중 반드시 빼놓지 않는 게 잠자리에 든 자녀에게 책을 읽어주는 일이다. 자녀가 돌을 지날 때쯤부터 베갯머리에서 반드시 동화책을 읽어준다. 2002년 주한 이스라엘대사관에서 한국 근무를 시작해 2006년 공보관을 지낸 유대인 외교관 아비빗 바르 일란(35세)씨는

"두 자녀가 히브리어를 잊지 않도록 매일 밤 자기 전에 히브리어 동화책을 읽어준다. 책은 아이들의 상상력과 언어능력을 키워주는 가장 중요한 방법이다"라고 말한다.

미국의 심리학자 매리언 울프는 《책 읽는 뇌》라는 책에서 독서가 뇌에 가장 훌륭한 음식인 이유는 풍성한 자극원이기 때문이라고 강조한다. 글자를 이해하고 상징을 해석하는 측두엽, 상황을 파악하고 활자를 시각으로 상상하는 전두엽, 감정을 느끼고 표상하는 변연계 등 독서의 흔적이 남지 않는 뇌 영역은 거의 없다는 것이다.

유대인 아기들은 돌이 지나면 누구나 침대 머리맡에서 부모가 읽어주는 동화책 소리에 빠져든다. '베갯머리 이야기'이다. 유대인은 베갯머리 이야기를 부모의 당연한 의무이자 자연스러운 하루 일과로 여긴다. 한창 말을 배우기 시작할 무렵, 부모가 들려주는 동화책의 단어와 아름다운 문장을 접하면서 어휘력과 언어 구사력이 자연스럽게 향상된다.

인간의 최대 무기는 언어이다. 인간은 언어를 사용함으로써 자연세계의 왕으로 군림할 수 있었다. 어휘력은 외국어, 수학, 과학, 사회 등 모든 과목의 기본 토대가 된다. 추상적인 사고나 비판력을 키우는 원천이기도 하다. 돌이 갓 지날 때부터 부모가 책을 읽어준 덕분에 유대인은 네 살 무렵이 되면 평균 1,500자 이상의 어휘력을 갖는다.

유대인 부모는 아기가 뽑아온 책을 잠들기 전까지 읽어준다. 얇은 책은 한 권을 다 읽어주지만, 두꺼운 책은 절반이나 3분의 1 정도만 읽는다. 그리고 "다음에 어떻게 될지 내일 저녁에 또 읽어줄게"라며 아쉬움을 남김으로써 아이의 상상력을 키워 나간다.

한국 청소년들은 교과서와 참고서만 죽도록 들여다본다. 유치원과 초등학교 등 어린 시절에는 책을 읽다가도 중학교에만 들어가면 입시 때문에 책을 읽을 여유가 없다. 독서는 비판적인 사고력과 논리적인 힘을 키워주는 가장 중요한 수단이다. 한국 학생들이 논리력과 사고력이 약한 이유는 바로 중·고등학교 때 독서를 하지 않기 때문이다. 그렇다고 가정이나 학교에서 대화와 토론이 활발한 것도 아니다. 읽기와 쓰기는 교육의 기본인데, 오로지 지식 습득과 교과서 암기에 치중하는 교육에 힘을 쏟고 있으니 답답할 따름이다.

부모가 자녀에게 규칙적으로 책을 읽어주면 스스로 독서하는 능력이 길러진다. 빠르면 빠를수록 좋다. 조사에 의하면 독서로 태교를 한 아이들은 또래에 비해 어휘력이 풍부하고 말도 잘한다. 2004년 《낭독의 발견》이라는 텔레비전 프로그램을 통해 우리나라에 낭독 열풍을 일으킨 KBS 홍경수 PD는 매일 쌍둥이 아이들이 잠들기 전에 책을 읽어준다. 그는 "부모의 목소리로 들려주는 낭독은 부모의 사랑을 아이에게 전달한다. 이는 아이의 감성을 자극하고 정서를 안정시켜주며 상상력, 창의력, 표현력 등 감수성이 뛰어난 아이로 커갈 수 있도록 해준다"고 강조한다.

책을 읽어주는 시간은 15~30분 정도가 적당하다. 30분을 넘어가면 아이들이 지루해할 수 있다. 사실 책을 읽어주는 시간은 하루 중 어느 때라도 상관없다. 다만 같은 장소, 같은 시간에 규칙적으로 읽어주고, 자연스러운 목소리로 천천히 정확하게 읽어주는 게 더 중요하다.

읽어주는 도중에 아이가 질문을 할 때는, 설령 엉뚱한 질문이라도 무시하지 말고 아이의 수준에 맞춰 성의껏 답변해주어야 한다. 책은 엄마와 아이 모두 흥미를 느낄 수 있는 것으로 고르되, 아이의 성향과 성장 단계에 맞추도록 유의한다. 아이와 함께 가까운 어린이책 전문서점을 방문해서 함께 고르는 것도 좋은 방법이다.

참고로 읽기 컨설턴트 멤 폭스가 《아이랑 소리 내어 책 읽은 15분의 기적》에서 알려주는 책 읽어주기 요령을 소개한다.

- 매일 15분씩 읽어준다(매일 꾸준히 읽어준다는 것은 생각만큼 쉽지 않다. 그렇기 때문에 잊어버리지 않도록 집 안 구석구석에 책을 잡을 수 있도록 놓아두자).
- 하루에 최소 세 가지 이야기를 읽어준다.
- 생기 있고 밝게 읽어준다(그래야 아이가 지루해하지 않고 집중해서 들을 수 있다).
- 즐겁게 읽어주며 아이와 많이 웃는다(부모와 아이가 유대감을 향상시킬 수 있다).
- 아이가 좋아하는 이야기는 몇 번이고 반복해서 읽어준다(그래야만 아이가 독서에 더욱 흥미를 갖게 된다).
- 노래, 동시 등 다양한 언어를 들려준다(다양한 언어는 어휘력을 풍부하게 하고, 노래나 동시는 아이의 머릿속에 오래도록 남는 장점이

있다).
- 반복되는 구절(라임)이 있는 책을 읽어준다(아이가 어휘를 잃어버리지 않고 기억하는 데 도움이 된다).
- 공부가 아니라 놀이임을 기억한다(아이에게 많은 지식을 주는 것이 목적이 아니라 아이가 책 읽기에 흥미를 갖도록 하는 게 중요하다. 부모의 욕심이 앞서지 않도록 조심하자).
- 읽기를 강요하지 않는다(억지로 읽기를 가르치려고 하면 독서에 흥미를 잃는 역효과를 가져온다).
- 부모도 즐거운 마음으로 책 읽어주는 시간을 기다린다(귀찮고 피곤하다고 여기면 중간에 포기하기 마련이다. 그러니 부모 자신에게도 흥미 있는 책을 골라야 한다).

'이중 언어 교육'으로
외국어 능력을 키워준다

《유대인의 자녀교육법》이라는 책을 쓴 유대인 루스 실로(73세) 여사는 히브리어, 영어, 헝가리어, 프랑스어, 이디시어(Yiddish language·중부 및 동부유럽 출신 유대인이 사용하는 독일어와 히브리어 등의 혼성어)를 할 줄 안다. 현재 이스라엘에서 잡화상을 하는 그녀의 아버지는 히브리어, 아랍어, 영어 외에 아르메니아어도 할 줄 안다. 그녀의 남편도 이디시어를 알기 때문에, 부부는 아이들이 들어서 곤란한 말을 주고받을 때는 이디시어를 썼다. 이중 언어 교육 덕택으로 여러 언어를 구사하는 유대인들은 이처럼 부부가 싸우거나 자녀가 들어서 좋지 않은 말을 할 때는 자녀가 모르는 외국어를 사용하는 경우가 흔하다.

정신분석학의 창시자 프로이트는 어려서부터 외국어를 집중적으로 공부했다. 그의 어머니는 열 살도 되지 않은 프로이트에게 라틴어의 어미 변화나 헬라어(고대 그리스어)의 문법을 벽에다 써 붙이고 익히도록 했다. 프로이트는 방 안을 빙빙 돌면서 벽을 두드리며 문법을 외웠다는 에피소드가 전한다. 그 결과 프로이트는 라틴어, 헬라어, 독일어에 전혀 불편함을 느끼지 않았고 영어, 프랑스어, 이탈리아어도 자유자재로 구사했다. 그리스어와 스페인어로 된 책도 읽을 수 있었다.

그는 문장력도 뛰어났다. 약혼녀에게 매주 두 번 이상 연애편지를 보냈는데 짧은 것은 편지지 4장, 긴 것은 27장이나 됐다. 그가 1932년 '괴테문학상'을 받은 것은 문학작품을 통해서가 아니라 탁월한 독일어 문장력이 뒷받침된 논문 덕분이었다.

2009년 10월 24일 성인 대상 공인영어시험인 토플(TOEFL)에서 만점을 받은 김현수(당시 13세·서울 대원중 1학년)양은 그 흔한 영어학원은 물론 해외여행 한 번 다녀오지 않은 '토종'이다. 그녀의 어머니 이우숙(당시 47세)씨는 선교사가 되기 위해 히브리어(이스라엘의 공용어)를 공부하던 중 유대인들의 이중 언어 교육에 관심을 갖게 됐다. 말을 배울 무렵에 우리말과 영어를 같이 배우면 영어를 모국어처럼 쓰게 된다는 것이 유대인 이중 언어 교육의 핵심이었다. 이씨는 옹알이를 시작한 딸에게 한국어와 영어를 같이 섞어서 말을 걸기 시작했다. "그래, 엄마야, 마미!" 이런 식이었다. 매 순간 우리말과 영어를 덧붙여 얘기하는 게 쉽지 않았지만, 꾸준히 반복했다. 그 결과 딸의 입에서는 자연스럽게 두 언어가 만들어져 나왔다.

유대인은 보통 두 개 이상의 언어를 자유롭게 구사한다. 대학교육을 받은 유대인이라면 3~4개 언어를 구사한다. 유대인이 외국어를 잘하는 비결은 뭘까. 우선 수천 년간 세계 각지를 떠돌며 이산생활을 지속해온 그들의 문화적 전통을 꼽을 수 있다. 고대 로마 시대부터 유대인들이 많이 거주했던 유럽은 수십 개 나라가 서로 밀집해 있어 자동차로 몇 시간만 가면 쉽게 국경을 넘나든다. 외국어를 익히기에는 천혜의 지리적 조건을 갖춘 셈이다.

예를 들어 독일 서부 라인 강변의 아헨이라는 도시는 벨기에 및 네덜란드 국경과 인접해 있다. 자동차로 5분만 가면 국경을 넘을 수 있다. 이 도시에 사는 학생들은 3~4개 외국어를 기본으로 한다. 남편과 함께 독일로 유학 와 아헨에서 두 아이를 키우고 있는 박성숙 씨는 "아들 반에는 두 개 이상의 언어를 외국어로서가 아닌 모국어처럼 사용하는 아이들이 절반을 넘는다. 우리 아이만 해도 한국어와 독일어는 물론이고 모국어처럼은 아니지만 어디에 내놔도 손색없는 영어 실력을 가졌다"고 전했다. 다양한 문화와 언어를 경험할 수 있는 생활환경 탓에 자연스럽게 외국어를 익힌다는 설명이다.

문화적 전통 외에 외국어 교육을 중시하는 가정교육의 영향도 크다. 유대인은 나치독일 치하에서 혹독한 탄압을 받았으면서도 자녀들에게 독일어를 열심히 가르쳤다. 토착민의 박해를 견디려면 그 지역 언어에 익숙해지는 게 무엇보다 중요하다고 봤기 때문이다. 각 나라에 흩어져 있는 친척들이 자주 드나들다 보니 여러 나라의 언어를 자연스럽게 접하며 외국어 학습을 하는 효과도 있었다.

이런 전통은 지금도 세계 각지에서 생활하는 유대인에게 면면히 이어져오고 있다. 해외 거주 유대인들은 자녀를 두 학교에 보낸다. 현지 학교와 유대인 교육기관이다. 일찍부터 이중 언어를 가르치기 위해서다. 이스라엘에서는 히브리어와 영어를 기본으로 가르친다.

이스라엘 외교관 아비빗 씨는 텔레비전 방송을 보며 영어를 배웠다. 이스라엘은 영어를 공용어로 쓰지는 않지만, 공중파 방송에는 영어 뉴스 방송이 있다. 수학 등 교과목을 영어로 가르치는 프로그램도 많다. 영화는 히브리어 더빙 대신 원어 방송에 자막을 띄운다. 글로벌시대에는 영어가 경쟁력인데, 영어 방송은 당연하지 않느냐는 게 유대인들의 생각이다.

외국어를 익히려면 말하기보다 듣고 이해하는 것이 먼저 이뤄져야 한다. 어렸을 때부터 음악을 듣는 것처럼 자연스럽게 외국어를 접하는 환경을 만들어줄 필요가 있다. 어렸을 때 외국 거주 경험이 있는 학생들이 커서도 어학 능력에 뛰어난 이유가 바로 여기에 있다. 유대인들은 어렸을 때부터 외국어를 익히다 보니 단일어만 쓰는 사람보다 언어 능력이 훨씬 뛰어나다. 외국어 실력은 학습과 비즈니스 경쟁력을 좌우하는 핵심 요소다. 유대인들이 정계, 금융계, 언론계, 예술계 등 모든 분야에서 두각을 나타내는 것은 뛰어난 외국어 실력이 바탕이 됐기 때문이다.

외국어를 효과적으로 배울 수 있는 방법은 무엇일까. 언어의 기본은 단어다. 미국에서 이뤄진 연구결과에 따르면 600개 상용단어만 알면 하나의 언어를 구사할 수 있다. 하루 20개의 단어만 공부하면 한 달 안에 그 나라 신문을 읽을 능력이 생기는 셈이다. 유대인들은 단어 교육을 중시한다. 매일 단어를 익히는 습관을 들이고, 일단 암기한 후에는 생활 속에서 그 단어를 직접 사용하는 훈련을 시킨다. 여러 가지 외국어를 익히기 위해서는 가능한 한 여러 방법으로 한 번 배운 단어는 완벽하게 기억되도록 노력해야 한다.

다음은 책을 많이 읽는 것이다. 유대인들은 자녀에게 매일 외국어 책을 읽어준다. 이는 서구의 일반적인 외국어 교육법이기도 하다. 뉴욕에서 연수생활을 할 때도 아이에게 책을 많이 읽어주라는 얘기를 귀에 못이 박히도록 들었다. 학교에서는 이민자나 외국인 학부모들을 수시로 불러 독서교육을 시켰다. "자녀가 영어 환경에 빨리 적응하려면 부모의 역할이 가장 중요하다. 자녀에게 매일 영어책을 읽어줘라. 부모가 영어를 읽을 줄 모르면 모국어 책이라도 읽어줘라. 모든 언어는 일맥상통하기 때문에 부모가 꾸준히 책을 읽어주면 자녀의 영어 학습에 큰 도움이 된다." 두 아이가 다니던 초등학교의 ESL(English as a Second language · 영어를 모국어로 사용하지 않는 학생들을 위한 교육 프로그램) 담당 교사의 당부도 같았다. "아이들이 영어를 얼마나 빨리 익히느냐는 부모에게 달려 있다. 매일 자녀들의 숙제를 도와주고 영어책을 읽어줘야 한다. 부모가 아이들의 학습 과정을 따라가면서 지속적으로 도움을 주는 노력이 필요하다."

세 살 미만 자녀에게 영어책을 읽어줄 때는 쉽고 재미있는 동화책을 골라 반복해서 읽어주는 게 좋다. 반복되는 문형이 담긴 영어 동화책을 지속적으로 읽어주면 아기는 자연스럽게 단어와 문장을 습득하게 된다. 책을 읽어주는 중간 중간 영어 노래를 가미하면 아이들이 즐겁게 영어를 배우는데 도움이 된다. 스토리가 있는 영어 동화책의 경우 등장인물에 따라 여러 가지 목소리로 연기하듯이 실감나게 읽어주는 게 좋다. 아이가 중간에 질문을 하면 영어로 설명을 해도 좋고, 우리말로 이해시켜도 상관없다.

발음이 좋지 않다는 이유로 영어책 읽어주기를 꺼리는 부모도 있다. 물론 원어민 발음으로 녹음된 CD를 들려주는 것도 좋지만, 가능하면 부모가 읽어주는 게 더 효과적이다. 아이들은 부모가 직접 책을 읽는 모습을 보며 흥미를 느끼게 되고, 부모가 책 읽는 것을 좋아한다고 여겨 바로 흉내를 내고 따라하기 때문이다.

부모는 아이의
토론 스파링 파트너

뛰어난 토론 능력을 무기로 대통령에 당선된 존 F. 케네디의 뒤에는 어머니 로즈 여사가 있었다. 로즈 여사의 지론은 "세계의 운명은 좋든 싫든 간에 자기의 생각을 남에게 전할 수 있는 사람들에 의해 결정된다"는 것이었다. 그래서 자녀들이 네다섯 살 때부터 책 읽기와 토론 훈련을 시작했다. 우선 매일 독서 리스트를 만들어 책을 읽게 했다. 청소년기에는 사회의 변화와 흐름을 읽는 안목을 길러주기 위해서 신문을 토론 자료로 적극 활용했다. 그녀는 매일 아침식사 전에 반드시 조간신문을 읽고 식탁에서 그날의 중요 이슈에 대해 토론을 하도록 유도했다. 자녀들의 눈에 띄기 쉬운 곳에 신문, 잡지 등에서 오린 중요한 기사를 붙여놓고, 그 기사를 화제에 올리기도 했다. 이런 토론 훈련이 케네디가 텔레비전 토론에서 닉슨을 압도, 열세였던 대선 판도를 뒤집는데 결정적 역할을 했음은 물론이다.

영국의 브라운 전 총리 시절에 외무장관과 에너지 및 기후변화 장관을 지냈던 데이비드 밀리반드(46세)와 에드 밀리반드(42세) 형제는 폴란드 출신 유대인 부모에게서 태어난 이민 2세다. 두 사람 모두 블레어·브라운 전 영국 총리의 연설문 작성을 담당하며 문장력을 인정받았다. 토론 문화를 중시하는 가정 분위기 속에서 학습의 기본인 읽기와 쓰기를 열심히 한 덕분이다. 두 형제의 아버지는 런던정경대(LSE) 교수를 지낸 좌파 지식인 랄프 밀리반드. 그는 저서 《회의적인 시대를 위한 사회주의》의 서문에서 두 아들의 유익하고 날카로운 비판에 감사한다고 썼다. 가족들이 시사적인 사건에 대해 의견을 나누고, 작문을 서로 읽고 비판해주는 유대인 가정의 분위기를 엿볼 수 있는 대목이다.

텔레비전 토론이 없었다면 존 F. 케네디가 대통령에 당선될 수 있었을까? 미국에서 대통령 후보 간 토론이 텔레비전으로 처음 중계된 것은 1960년이었다. 케네디는 감성과 이미지에 호소하는 영상문화를 이해한 최초의 미국 정치인이었다. 정치적 경륜에서 한참 앞선 닉슨이 케네디를 상대로 토론을 벌인 반면, 케네디는 모니터를 똑바로 바라보며 국민들을 상대로 토론을 했다. 케네디가 닉슨을 압도할 수 있었던 것은 단지 젊고 미남이어서가 아니었다. 토론 능력이 뛰어났고 연설의 달인이었기 때문이다.

그런 케네디를 만든 것은 어머니 로즈 여사였다. 그녀의 지론은 "세계의 운명은 좋든 싫든 간에 자기의 생각을 남에게 전할 수 있는 사람들에 의해 결정된다"는 것이었다. 그래서 자녀들이 네다섯 살 때부터 책 읽기와 토론 훈련을 시작했다. 어머니들 모임에서 추천하는 도서와 도서관 추천도서 등으로 매일 독서 리스트를 만들어 책을 읽게 했다. 그 도서 목록에는《아라비안나이트》,《보물섬》,《아서왕과 원탁의 기사들》,《천로역정》,《피터팬》 등이 포함됐다. 자녀들이 사회 문제에 관심을 가질 무렵인 청소년기에는 신문을 토론 자료로 적극 활용했다. 신문은 사회의 변화와 흐름을 읽을 수 있는 안목을 길러주기 때문이다. 케네디는 열다섯 살 때부터 지식인들의 신문인《뉴욕타임스》를 정기 구독했다. 로즈 여사는 자녀들에게 아침식사 전에 반드시 조각신문을 읽고 식탁에서 그날의 중요 이슈에 대해 토론을 하도록 유도했다.

논리적인 언어 사용과 글쓰기는 지도자가 갖춰야 할 핵심 요건이다. 유대인은 어려서부터 독서와 토론을 통해 논리적인 어법과 글쓰기 훈련을 한다. 그래서 대학에서 요구하는 각종 보고서와 논술, 에세이 등을 어렵지 않게 소화한다. 유대인들이 논리적인 사고체계와 토론 능력이 요구되는 정치인과 법조인을 유독 많이 배출하는 이유이기도 하다.

　미국의 유대인 교육심리학자 벤자민 블룸은 가정의 언어 환경 수준을 높이려면 세 가지 조건이 중요하다고 강조한다. 첫째, 가정에서 사용되는 어휘의 숫자다. 일상생활에서 흔히 쓰이는 낱말만 반복하는 가정과, 가족 간의 대화에 풍부한 어휘가 등장하는 가정과는 자녀들의 언어능력에 큰 차이가 있다.

　둘째, 일상 대화에서 어떤 개념을 사용하느냐다. 사과, 바나나, 시계, 가방 등 일상에서 흔히 접하고 눈에 보이는 사물을 나타내는 낱말과 평화, 행복, 사랑, 예술, 미래, 죽음 등의 추상명사는 개념의 수준에서 큰 차이가 난다. 아이들이 어려서 어려운 수준의 어휘를 제대로 이해하지 못하더라도, 꾸준히 사용하다 보면 어느 순간 갑자기 그 의미를 깨닫게 된다.

　자녀에게 추상적인 개념을 가르치는 것은 쉽지 않은 교육 과제다. 수학이나 과학을 어려워하는 학생들 중 상당수는 추상적 개념을 제대로 이해하지 못하는 데 원인이 있다. 유대인들이 추상적 개념에 강한 것은 눈에 보이지 않는 추상의 영역에 놓인 하나님의 존재를 떠올리는 훈련을 늘 하기 때문이다. 이처럼 일상생활에서 추상적 사고의 습관을 기르다 보면 언어능력과 논리력이 절로 키워진다.

　셋째, 표현 방식이다. 단순히 낱말을 나열하는 수준의 표현인가, 어느 정도 완벽한 문장으로 된 표현인가는 크게 다르다. 일상 대화에서 적합한 어휘를 골라 문법에 합당한 문장으로 표현하는 훈련을 받은 아이들은 커서도 뛰어난 언어능력을 보인다.

최근 대학은 물론, 특수목적고 입시에도 입학사정관제가 도입돼 구술면접의 비중이 높아지면서 발표력의 중요성이 갈수록 커지고 있다. 하지만 토론문화에 익숙하지 않은 한국 부모들은 자녀의 발표 능력을 키우는 방법에 대해 난감해하는 경우가 많다. 학교에서 적극적으로 발표하는 아이를 만들려면 어떻게 해야 할까?

전문가들은 발표와 말하기 교육에 앞서 '생각하는 기본기'를 다져주는 독서와 토론 교육이 필요하다고 말한다. 독서는 책을 읽는 과정에서 분석력, 비판력, 어휘력 등을 키워준다. 책을 읽을 때는 소리 내서 읽도록 지도하는 게 좋다. 소리 내서 책을 읽다 보면 자연스럽게 내용을 이해할 수 있고, 면접이나 발표 때도 자신감을 가질 수 있기 때문이다.

아이가 책을 읽은 뒤에는 등장인물의 성격과 책의 구성 등에 대해 얘기해보는 습관을 들이자. 책의 뒷이야기를 꾸며보는 훈련도 논리적 사고를 키우는데 도움이 된다. 자녀들과 다큐멘터리나 영화를 함께 감상한 뒤 토론해보는 것도 좋다. 가족이 함께 모이는 식사시간에 특정 주제에 대해 토론하는 생활을 습관화하는 것도 발표력 향상에 효과적이다. 토론 주제는 개인 신상이나 아이들이 흥미를 느끼는 내용도 좋지만, 간혹 국제적인 흐름을 알 수 있는 시사적인 주제를 끼워 넣는 것도 좋다. 어려운 주제를 가지고 토론하면 아이들의 말하는 태도도 의젓해진다.

유머감각 트레이닝

'모든 생물 중에서 인간만이 웃는다. 인간 중에서도 현명한 사람일수록 잘 웃는다.' 《탈무드》에 나오는 얘기다. 웃음은 암도 고치는 명약이다. 웃음을 모르면 지식이나 지혜도 보잘 것 없게 된다. 웃음은 낙관이며 또한 여유이다. 웃을 여유가 없는 사람은 궁지에 몰려서 몸이 움츠러들고 만다. 웃음은 지성을 가는 숫돌이기도 하다. 웃음을 유발하는 유머나 위트, 조크는 사물의 진면목에서 약간 벗어나서 바라봐야 창출할 수 있다. 그래서 유머를 이해하려면 재빠른 두뇌회전, 폭넓은 지식과 연상력, 그리고 끊임없는 훈련이 요구된다.

마빈 토케이어

귀도는 유대인이라는 이유로 아우슈비츠 수용소에 끌려온다. 언제 죽을지 모르는 극한 상황이지만 영문도 모른 채 끌려온 아들 조슈아가 희망을 잃지 않도록 온갖 노력을 다한다. 윽박지르는 독일군 장교 옆에서 아들에게 거짓 통역을 하는 귀도의 낙천성은 입가에 미소를 짓게 한다. 귀도는 자신들이 게임을 위해 특별히 선발된 사람이며 1천 점을 먼저 따는 사람이 1등상으로 탱크를 받는다고 아들을 안심시킨다. 하지만 어떻게 해도 죽음의 순간은 피할 수 없었다. 그는 여자 수용소에 갇혀 있는 아내 도라에게 자신이 살아 있음을 알리기 위해 목숨을 걸고 방송실에서 오펜바흐의 오페라《호프만의 이야기》중 '뱃노래'를 틀어주고, 자신을 보고 있을 아들을 위해 장난감 병정처럼 신나는 표정으로 가스실로 끌려간다. 아들을 향해 환한 미소를 지으면서.

이탈리아 영화《인생은 아름다워(Life is Beautiful)》는 제2차 세계대전 당시 유대인 수용소에 갇힌 아들을 구하기 위해 눈물겨운 사투를 벌이는 아버지의 이야기를 그렸다. 인류사 최악의 비극으로 꼽히는 아우슈비츠 유대인 대학살의 현장에서도 그는 웃음을 잃지 않으며 아내와 아들에게 '그래도 인생은 아름답다'는 희망을 보여준다.

'생물 중에서 인간만이 웃음을 안다. 인간 중에서도 현명한 자만이 웃는다.'

유대의 격언이다. 유대인에게 유머는 단순히 웃고 즐기는 조크가 아니다. 그들의 생활과 박해의 역사, 민족의 짙은 페이소스가 담겨 있기 때문이다. 히브리어나 이디시어처럼 유대인들을 하나로 결속시키는 또 하나의 언어가 바로 '유머'다. 《탈무드》를 바탕으로 만들어진 유대인들의 유머는 번뜩이는 기지와 해학의 보고일뿐더러, 역경과 고난을 극복하게 해준 원동력이다. 유대인들은 괴로울 때나 슬플 때, 고통스러울 때도 서로 유머를 나누며 자신들의 정체성을 지켜왔다.

전 세계에 흩어져 핍박 받아온 유대인들은 다른 어느 민족보다 유머를 즐긴다. 그래서 '웃음의 민족'으로도 불린다. 친구끼리는 물론, 교사와 학생, 부모와 자식 간에도 유머를 주고받는다. 교실에서의 유머는 긴장된 학생들의 마음을 풀어주고, 공부에 지친 머리에 여유를 준다. 부모와 자식이 격의 없이 나누는 유머는 굳어진 자녀들의 마음을 풀어주고 집안 분위기를 부드럽게 만들어준다.

유머는 교육적으로도 도움이 된다. 한국 사람들은 농담을 잘 하는 사람을 보면 흔히 '실없는 사람'으로 여기지만, 유대인은 그렇지 않다. 유머나 조크에 해당하는 히브리어 '호프마'는 예지, 지혜를 뜻한다. 유머를 단순한 농담으로 여기지 않고 수준 높은 지적 활동으로 간주한다.

유대인 금융재벌 로스차일드는 "나의 무기는 조크"라고 말하곤 했다. 아인슈타인은 노벨물리학상을 받는 자리에서 유머의 중요성을 이렇게 강조했다. "나를 키운 것은 유머였고, 내가 보여줄 수 있는 최고의 능력은 조크였다. 세상 사람들은 규칙을 지키는 것이 가장 중요한 가치라고 생각하지만, 나는 반대로 규칙을 뒤집었을 때 우리에게 가장 필요한 새로운 규칙이 탄생할 것이라고 믿는다."

유머 능력은 창의적 사고력과 밀접하게 연관된다. 그래서 유대인들은 부자가 되거나, 높은 자리에 오를수록 유머를 중요하게 생각한다. 유머를 인간이 가진 가장 강력한 힘 중의 하나라고 생각한다. 실제 유머만큼 폭 넓은 상상력과 순간적인 기지를 요구하는 것도 없다. 타인의 감정과 생각을 순식간에 읽은 뒤 그에 알맞은 한 마디 조크를 던져 상대방을 굴복시키는 것이 유머의 백미이다. 그만큼 유머는 연상력과 순발력, 빠른 두뇌 회전을 필요로 한다. 유머로 먹고 사는 코미디언 중에 유대인이 많은 것도 이런 배경 때문이다. 미국 코미디언의 80퍼센트 이상이 유대인이다.

유머는 권위를 깨는데도 유용하다. 비즈니스 거래 때의 딱딱한 분위기를 단번에 반전시킬 수 있는 것도 유머의 힘이다. 마빈 토케이어는 "자기 목표를 향해 달려가는 사람에게 웃음은 자동차의 가속페달과 같다. 낯설고 긴장된 자리에서 던지는 한 마디 유머는 화기애애한 분위기로 이끌 뿐만 아니라 자신의 가치와 역량을 드높이는 힘이 된다"고 말했다. 그래서 유대인은 유머가 부족한 사람을 만나면 "머리를 숫돌에 갈아야겠다"는 말을 쓴다. 칼날을 숫돌에 갈듯, 유머가 인간의 지성을 날카롭게 연마한다고 믿기 때문이다.

유머를 잘하는 사람은 두뇌가 유연하고 창조력이 있다. 그래서 새로운 상황을 재빨리 파악해 자신의 것으로 소화할 줄 안다. 열심히 공부하는 것만으로는 성공하기 어렵다. 유대인들은 성실하기만 한 사람은 성공할 확률이 낮다고 본다. 성실하고 고지식한 머릿속에는 상상력과 개성이 들어갈 자리가 없기 때문이다. 항상 웃음을 잃지 않는 여유와 유머는 유대인 성공의 원동력이다. 웃음에 인색한 한국 사람들이 배워야 할 덕목이다.

"버니, 학교 갈 시간이다. 어서 일어나렴."

버니는 담요를 당겨 머리 위로 뒤집어쓰며 말했다. "학교에 가기 싫어요."

"학교에는 꼭 가야 한단다."

"학교에 가기 싫다니까요. 선생님들도 저를 싫어하고 아이들도 모두 저를 놀린단 말이에요."

어머니는 버니가 뒤집어쓰고 있는 담요를 당기며 말했다. "버니, 선택의 여지가 없단다. 너는 무조건 학교에 가야 해."

"좋아요." 버니가 말을 이었다. "그럼 내가 학교에 가야 하는 이유를 한 가지만이라도 말씀해 보세요."

"넌 나이가 쉰두 살이고 교장이기 때문이란다."

이런 유머가 넘치는 가정에서 자라난 아이의 유머감각이 뛰어난 건 당연지사. 어른들 세계에서는 물론, 아이들 사이에서도 유머감각은 또래들의 인기를 얻는 중요한 요인이다. 유머감각이 있는 아이는 언어 능력이 뛰어나고 대인관계에서도 자신감을 얻게 된다. 엄마 아빠가 평소 아이들과 농담을 자주 하고, 웃음이 넘치는 가정을 만들도록 노력하자.

매일 아침밥상으로
두뇌를 깨워준다

아침식사를 뜻하는 영어단어 'breakfast'는 '간밤의 단식(fast)을 깨뜨린다(break)'라는 어원을 지녔다. 우리가 저녁식사 후 12시간 남짓 음식을 먹지 않은 상태로 아침을 맞으면 혈당 농도가 낮아져 연료를 필요로 한다. 우리 몸의 장기 가운데 종일 쉬지 않고 움직이는 심장의 하루 에너지 소비량은 140칼로리 정도다. 그런데 뇌가 하루에 소모하는 에너지는 심장의 3배인 400칼로리나 된다. 수천억 개의 뇌 신경세포가 움직이려면 그만큼 많은 에너지를 필요로 한다. 아침을 거르면 연료 공급이 제대로 안 돼 뇌 신경세포가 정상적인 활동을 하기 어렵다.

유대인들은 아이들의 아침식사를 절대 거르는 법이 없다. 음식은 단순히 생존을 위한 먹을거리가 아니라, 육체는 물론 정신까지도 지배한다. 음식과 지능은 서로 밀접한 관계가 있다. 아침을 먹지 않거나 늘 허기진 상태로 공부하는 아이들은 제대로 집중할 수 없다. 유대인 엄마들이 자식교육과 함께 먹을거리에 큰 관심을 가지는 이유다.

보건복지부의 '2005년도 국민건강 영양조사' 보고서에 따르면 우리나라 중·고등학생의 23퍼센트가 아침식사를 하지 않는다. 한국교원단체총연합(교총)이 초·중·고교생 1만2천여 명을 대상으로 한 조사에서도 32.9퍼센트가 '아침식사가 불규칙하거나 거의 안 먹는다'고 답했다. 이 비율은 초등학교 3학년 19.6퍼센트, 중학교 2학년 36.9퍼센트, 고등학교 2학년 43.7퍼센트 등 학년이 높아질수록 늘었다. 학년이 올라갈수록 가중되는 공부에 대한 중압감, 수면 부족, 이른 등교 등 입시 위주의 교육 여건 탓으로 분석됐다.

한국 학생들이 아침식사를 거르는 데는 이유가 있다. 우선 학습량이 과다해 밤 11시 전에 잠자리에 드는 경우가 드물다. 늦게 자는 만큼 숙면을 취하려면 다소 늦게 일어나는 게 생체리듬에 적합하지만, 등교시간이 워낙 빨라 아침밥을 제대로 먹을 시간조차 없다. 피곤한 몸을 이끌고 식탁에 앉더라도 밥맛이 없으니 숟가락을 뜨는 둥 마는 둥 일어선다. 미국 《소아-청소년 의학저널(APAM)》에 실린 논문을 보면, 고등학생의 등교시간을 30분 늦추면 아침식사를 제대로 하기 때문에 수업 집중도가 놀랄 만큼 향상되는 것으로 보고됐다.

서울대 의대 약리학과 서유헌 교수는 아침식사를 꼭 해야 하는 이유를 다음과 같이 설명한다.

- 아침식사를 거르면 체온이 떨어진다. 사람은 수면 중에 체온이 떨어지면서 뇌 활동이 둔해진다. 오전 중에 뇌 활동을 최고조로 끌어올리려면 수면 중에 떨어진 체온을 올려줘야 하는데, 그 준비 작업이 바로 아침밥이다. 아침식사를 하지 않는 학생의 70퍼센트는 체온이 35도에 불과한 것으로 조사됐다.
- 아침식사를 하지 않으면 오전 내내 뇌의 시상하부 속 식욕 중추가 흥분 상태로 있어 신체가 생리적으로 불안정해진다. 식욕중추의 흥분을 가라앉히려면 탄수화물을 섭취해 혈당을 높여야 한다.
- 에너지를 만들고 대사활동을 촉진하는 부신피질 호르몬(스테로이드)은 식사를 할 때마다 조금씩 나온다. 아침식사를 거르면 부신피질 호르몬이 분비되지 않아 신체의 리듬이 깨진다.
- 아침을 거르는 학생들은 패스트푸드, 탄산음료 등 정크푸드(junk food · 쓰레기 음식) 중심의 불균형한 식생활을 하는 비율이

높다. 정크푸드는 열량이 높고 영양소는 부족해 비만을 초래하고 학습의욕을 떨어뜨린다.

그러면 어떤 음식을 먹어야 할까. 유대인들은 자녀의 아침 식탁에 각종 비타민과 칼슘, 철분 등 뇌 건강에 좋은 영양소가 포함된 음식을 내놓는다. 자녀들의 기억력을 향상시키고 집중력을 높이는데 도움이 되는 레시틴과 콜린을 많이 함유한 콩 식품이 대표적이다. 머리를 맑게 하는 칼륨이 풍부한 사과와 바나나도 빠지지 않는다. 사람의 뇌는 신체기관 중 지방 비율이 가장 높아 활성산소의 공격을 받아 산화되기 쉽다. 유대인들은 뇌 손상을 막기 위해 항산화제인 비타민E가 다량 함유된 호두, 잣, 땅콩 등의 견과류를 즐겨 먹는다.

또한 자녀의 식생활을 지도할 때 절대로 편식을 허용하지 않는다. 만일 아이가 좋아하는 음식만 먹겠다고 고집을 부리고 밥을 먹지 않으면, 오히려 좋아하는 음식을 절대 식탁에 올리지 않는다. '골고루 음식을 먹어야 한다'는 원칙을 지키지 않으면 선택의 여지도 없음을 아이 스스로 깨닫게 만든다. 그래도 말을 듣지 않으면 아예 음식을 주지 않고 굶긴다. 편식을 하든 말든, 밥을 먹지 않는 아이가 안쓰럽다며 해달라는 음식을 무조건 해주는 한국 부모들과는 대조적이다.

유대인들이 자녀의 식생활에 엄격한 이유는 코셔(Kosher)라는 독특한 음식문화에서 기인한 것이기도 하다. 그들은 율법에 따라 먹을 것과 먹어서는 안 될 것을 철저하게 구분하는데, 이중에서 먹을 수 있는 것을 '코셔'라고 한다. 코셔는 음식의 형태라기보다는 재료를 선택하고 다루는 법에 가깝다. 가령 채소나 과일 등 식물성 음식은 무조건 코셔지만, 동물은 그렇지 않다. 소, 양, 염소, 사슴 등 되새김질을 하고 발굽이 갈라진 육류만 먹을 수 있다. 돼지는 되새김질을 하지 않아 코셔가 아니다. 어류는 지느러미와 비늘이 있는 것만 먹는다. 먹을 수 있는 동물이라도 고통 없이 도살하는 게 중요하다. 날카로운 칼로 2초 안에 목을 찔러 고통 없이 죽여야 한다. 어떤 동물이든 피는 완전히 제거해야 한다.

부모와 자식 간으로 생각될 수 있는 육류와 우유는 함께 먹지 않는다. 치즈와 고기를 함께 먹는 햄버거나 치즈버거도 금물이다. 포도주는 고대부터 제사 의례에 사용한 성스러운 음식이므로 유대인이 만든 것만 먹을 수 있다. 유대인은 이런 코셔 전통을 3,300년 이상 지켜왔다. 코셔를 철저히 지키는 유대인은 30퍼센트 정도다. 코셔는 '건강식품'의 이미지를 갖고 있어 일반인도 많이 찾는다. 미국 식품 시장에서 코셔 식품 판매는 꾸준히 늘고 있다.

탈무드식 대화법으로
답 말고 질문을 준다

서기 1세기경 인물인 랍비 조슈아가 도시를 향해 걸어가고 있었다. 랍비가 십자로 부근에 앉아 있던 소년에게 물었다. "어느 길로 가면 도시로 갈 수 있지?" 소년이 "이 길은 짧지만 시간이 오래 걸리고, 저 길은 길지만 시간이 짧게 걸립니다"라고 답했다. 랍비 조슈아는 소년이 "짧지만 시간이 오래 걸린다"고 한 길을 택했다. 그런데 도시 가까이 도달했을 때 과수원을 만나 십자로 돌아가야만 했다. 그는 소년에게 "내게 이 길이 짧다고 말하지 않았느냐?"라고 물었다. 소년이 대답했다. "제가 '시간이 오래 걸린다'고도 말하지 않았습니까?" 《탈무드》에 나오는 전형적인 유대인식 대화법이다.

1998년 실리콘밸리의 한 차고에서 '구글'을 창업한 래리 페이지와 세르게이 브린. 서른일곱 살 동갑내기인 두 사람은 토론을 즐기는 전형적인 유대인 가정에서 자랐다. 브린의 할아버지는 러시아의 수학 교수였고, 아버지 마이클과 어머니 유지니아는 수학자였다. 아버지 마이클은 브린의 수학적 재능을 격려하고 키워준 엄격한 개인교사이자, 대화 상대였다. 가족들의 식탁은 늘 격렬한 토론의 장이었다. 페이지의 가족도 독서와 논쟁을 즐겼다. 한번은 여행을 갔다가 옷 가방을 비우고 그 지역 서점에서 산 책을 가득 담아온 일도 있었다.

유대인 속담에 '말이 없는 아이는 배울 수 없다'는 말이 있다. 유대인 엄마는 아기를 키울 때 언어교육에 많은 시간을 할애하고 정성을 쏟는다. 이때 중요한 키워드가 '체벌 없는 교육'과 '대화'다. 아기가 심하게 떼를 써도 절대 손찌검을 하거나 매를 들지 않는다(물론 말이 제대로 통할 정도로 성장한 아이에겐 체벌을 가한다). 아무리 심한 억지를 써도 엄마는 대화와 설명을 통해 아기를 설득시킨다. 지켜보고 있노라면 답답해 미칠 지경이다. 하지만 이런 교육은 아기에게 논리적 사고를 할 수 있는 바탕을 키워주고, 나아가 자신의 의견을 당당히 말할 수 있는 자신감을 길러준다.

자신의 아이들을 이스라엘에서 교육시킨 건국대 류태영 명예교수(사회학과)는 유대인 엄마들의 언어교육법이 남다르다고 지적한다. "이스라엘 부모들이 일찍부터 언어교육에 심혈을 기울이는 이유는 창의성을 기르기 위해서다. 대화를 나눔으로써 자유로운 사고를 하게 만들고, 그런 유연성이 창의적인 능력과 논리성을 키워준다. 하지만 결코 따로 '언어 공부'를 시키지는 않는다. 일상생활 속에서 자연스럽게 엄마와 나누는 대화를 통해 언어교육을 한다."

아이에게 무엇이 옳고 그른지를 가르쳐주는 것은 간단하다. 하지만 아이가 왜 옳고, 무엇 때문에 그른지를 이해하는 것은 쉽지 않다. 주입식·전달식 교육은 단순히 지식을 전하는데 그치지만, 대화식 교육은 지성과 인성도 함께 전달한다. 그렇기에 시간이 많이 걸리고 학부모와 교사의 인내를 요구하는 어려운 작업이다.

《탈무드》는 대화 교육을 위한 최고의 교재다. 《탈무드》는 한 가지 주제를 놓고 랍비와 제자들이 벌이는 토론 형식으로 이뤄져 있다. 유대인 부모는 아이들과 탈무드식 대화를 즐기는데, 여기에는 단계가 있다. 우선 아이의 말을 경청해서 심리 상태를 파악한 후 부모의 의견을 제시한다. 그 다음에는 토론과 논쟁이 이어지고 합의의 과정을 거친다. 이런 체계적인 대화와 토론 훈련이 축적돼 고도의 논리력과 창의력이 키워진다.

이렇게 어릴 때부터 토론교육을 받는 유대인들은 언론계와 법조계에서 두각을 나타내고 있다. '말의 세계'인 방송계는 유대인이 장악했다고 해도 과언이 아니다. 미국의 3대 공중파 방송인 ABC, CBS, NBC는 모두 유대인이 설립했고, 말이 생명인 코미디언의 80퍼센트 이상이 유대인이다. 시사프로그램 '나이트 라인'을 20년 넘게 진행한 ABC 앵커맨 테드 커플, 역시 ABC의 간판 프로그램인 '20/20'의 앵커우먼 바바라 월터스도 유대인이다.

주요 신문사도 유대계들로 포진되어 있다. 수년 전 타계한 캐서린 그레이엄은 《워싱턴포스트》, 《뉴스위크》 등은 물론 플로리다를 비롯한 미국 여러 주의 텔레비전방송사를 소유했다. 현재는 아들 도널드 그레이엄이 《워싱턴포스트》 회장과 발행인을 맡고 있다. 《뉴욕타임스》의 아돌프 오크스도 유대계에 뿌리가 닿는다. '디어 애비'라는 이름으로 수백 개의 신문에 생활칼럼을 쓰는 앤 랜더스도 유대인이다. 미국의 대표적 언론상인 '퓰리처상'은 헝가리계 유대인 언론인 조셉 퓰리처의 이름을 땄다. 러시아의 주요 신문과 텔레비전을 장악해 푸틴 대통령의 견제를 받은 언론 제왕 블라디미르 구신스키도 유대계로 알려져 있다. 미국 주요 언론사의 기자와 칼럼리스트들도 30퍼센트 이상이 유대인이다. 진보적이며 민주당을 지지하는 《뉴욕타임스》의 목소리도, 대기업과 공화당 정책을 선호하는 《월 스트리트 저널》의 목소리도, 결국 유대인들간의 토론 경쟁이라고 보면 틀림없다.

법조계의 유대인 파워를 간접적으로 보여주는 사건이 있다. 1998년 12월 미국 대법원 정문 앞에서 시위가 벌어졌다. 대법원의 실무를 맡는 법률 서기 가운데 흑인이 1.7퍼센트, 히스패닉이 1.2퍼센트에 불과한 것은 인종차별이라는 게 시위대의 주장이었다. 실제 법률 서기의 대다수가 백인이었는데, 그중 유대인이 30퍼센트를 넘었다. 클린턴 대통령 시절에는 전체 9명의 대법관 중 2명이 유대인이었고, 오바마 행정부 들어서는 엘리나 케이건, 루스 긴스버그, 스티븐 브라이어 등 3명으로 늘었다. 1948년 설립된 유대계 '브랜다이스 대학'은 미국 역사상 최초의 유대인 대법관 루이스 브랜다이스의 이름을 따서 명명됐다.

미국 내 변호사 74만 명(1999년 기준) 중 16퍼센트가 유대인이다. 뉴욕과 워싱턴에 밀집해 있는 로펌 중 40퍼센트가 유대인과 직접적인 관련이 있다. 미국 주요 기업과 언론사들이 대부분 유대인이 경영하거나 유대 자본으로 운영되기 때문에, 유대인 변호사를 고용하지 않으면 일이 풀리지 않을 정도로 영향력이 크다. 유명대학 로스쿨 학생의 약 30퍼센트가 유대인이고, 미국 법과대학 교수의 26퍼센트가 유대이이다.

결과에 대한 칭찬보다
과정에 대한 격려에 더 신경쓴다

공부를 잘 하는 학생들에게는 뚜렷한 공통점이 있다. 왜 공부를 해야 하는지, 공부의 목적이 뚜렷하다는 점이다. 스스로 하고 싶어서 하는 공부가 아니라, 남이 시켜서 하는 공부는 뒷심을 발휘하기 어렵다. 과도한 사교육과 선행학습은 학생들의 흥미를 떨어뜨리고 학습동기를 갉아먹는 주요인이다. 자신이 설정한 역할모델이나 직업관 등 내적 동기에 의해 공부를 해야지, 외부의 강요로 떠밀려서 하는 공부는 에너지가 금세 소모될 수밖에 없다. 그렇다면 부모들의 역할은 분명해진다. 자녀에게 동기 부여를 하는 것. 이 때 동기 부여의 방법으로 '칭찬'과 '격려' 이상 가는 것이 없다.

 경제협력개발기구(OECD)는 2000년부터 3년마다 15세(고교 1학년) 학생을 대상으로 읽기, 수학, 과학 분야의 국제 학업성취도비교평가(PISA)를 하고 있다. 그 결과를 보면 북유럽에 있는 인구 520만 명의 소국(小國) 핀란드가 부동의 1위다. 우리나라도 PISA 순위는 최상위권이다(2000년 읽기 2위, 2003년 수학 3위, 2006년 읽기 1위·수학 3위).

그런데 학습시간 당 성적을 보면 한국이 최하위권이다. 학생들이 점수를 따기 위해 투자한 시간이 가장 길었다는 뜻이다. 2003년 자료를 보면, 한국 학생들의 평일 기준 전체 공부시간은 8시간 55분이다. 핀란드(4시간 22분)보다 4시간 33분, 일본(6시간 22분)보다는 2시간 33분이 많다. 1주일을 기준으로 따지면 한국 학생이 핀란드 학생보다 무려 31시간 51분을 더 공부에 투자하는 셈이다. 핀란드 학생들은 적은 시간을 공부하고도 1위를 기록한 반면, 한국 학생들은 사교육에 엄청난 돈과 시간을 투자하고서야 상위권 성적을 유지한다는 얘기다. 또 하나 차이점은 핀란드 학생들은 학습흥미와 동기가 모두 높은 반면, 한국 학생들은 OECD 41개국 중 31위(학습흥미), 38위

(동기)로 최하위권이었다(2003년 PISA 수학 부문).

한국 학생들이 상위권 성적을 유지하기 위해 핀란드 학생보다 2배 이상 많은 시간을 공부에 투자하는 현실을 어떻게 이해해야 할까. 결론적으로 공부의 질과 효율성이 떨어진다는 얘기다. 실제로 2008년 OECD 30개 회원국을 대상으로 평가한 학습효율화 지수에서 한국은 24위에 머물렀다. 많은 시간 공부를 하는데도 학생이 아닌 교사 위주의 주입식 수업방식 탓에 스스로 문제를 해결할 수 있는 능력을 키우지 못하고 있다. 한국교육평가원이 서울지역 중학교 학생 700여 명을 조사한 결과, 수업 내용을 제대로 소화하는 학생은 30퍼센트에 불과했다.

인문계 고교 1학년인 아들의 공부시간을 예로 들어보겠다. 평일의 경우 아침 7시에 등교해 1시간 자율학습을 하고 8시부터 본격적인 수업이 시작된다. 오후 5시 무렵 정규 수업이 끝나면 저녁을 먹고 다시 밤 10시까지 야간 자율학습이 이어진다. 집에 오면 밤 11시다. 평일 중 하루는 수학 과외를 받느라 새벽 1시에 귀가한다. 아무리 생각해도 수업 과잉이요, 공부 과잉이다. 머리가 소화불량에 걸려 제대로 돌아갈지 걱정이다.

아내는 "그나마 우리 집은 아이들에게 사교육을 강요하지 않아 공부 시간이 적은 편에 속한다"고 말한다. 수학 과외는 아들이 원한 것이다. 하지만 어쨌든 아들은 주말 외에는 숨 쉴 틈도 없이 교실 안에 묶여 있어야 한다. 이렇게 아이들을 종일 책상 앞에 붙들어 두면 성적이 올라가는 것인지, 남들이 하니까 어쩔 수 없이 따라가는 '공부

더 시키기 경쟁'이 효과가 있는 것인지 궁금할 따름이다. 이제 과도한 공부시간을 강요하는 교육방식의 효과, 즉 교육 생산성에 대해서도 진지한 고민과 검토가 필요하지 않을까 싶다.

과도한 시간을 공부에 투자하고도 그 효과가 떨어지는 주된 이유는 학습흥미와 동기가 약하기 때문이다. 한국 학생들의 학습흥미와 동기가 핀란드 학생들보다 낮은 이유는 무엇일까.

- 핀란드에는 고교는 물론 대학 간에도 서열이 없다. 당연히 입시 경쟁이나 사교육이 없어 학생들이 공부에 싫증을 내지 않는다.
- 핀란드는 개인간 경쟁보다 팀별 학습을 장려한다. 팀별 학습은 수준이 다양한 아이들의 학업 성취도를 고르게 높여준다.
- 핀란드는 성적이라는 하나의 잣대를 가지고 학생들을 1등부터 꼴찌까지 줄 세우지 않는다. 평가의 공정성 시비 등 득보다는 실이 많고, 동기 부여를 통해 학생 개개인의 자발성을 키우는 것이 경쟁을 통한 학습 효과보다 낫다는 판단에서다.
- 핀란드는 교과목의 특성에 따라 시간을 탄력적으로 편성하는 블록수업을 실시한다. 예를 들어 과목별로 1교시가 사회는 30분, 수학은 2시간, 체육은 3시간이 될 수 있다는 말이다. 학교에 따라 1년을 다섯 학기로 나눠 학기당 과목수를 줄이기도 한다. 학습 이해도를 높이기 위해서다.
- 교육 방식에도 차이가 있다. 예를 들어 덧셈을 가르칠 때 우리는 '2+7=□'라는 문제를 낸다. 답은 '9'다. 핀란드는 '□+□=9'

와 같은 문제가 주를 이룬다. 답은 '1과 8', '2와 7', '3과 6' 등으로 다양하다. '문제의 답은 하나뿐이다'라는 생각과 '문제의 답은 여러 개 일 수 있다'는 생각 사이에는 큰 차이가 있다.

한국교육과정평가원 홍미영 박사팀이 2009년 한국과 핀란드, 호주 등 3개국의 중학교를 방문 조사한 결과에 따르면, 한국 학생들이 '수업 중 선생님께 질문 한다'는 비율이 24퍼센트로 가장 낮았다. 반면, 한 반에 20여 명에 불과한 핀란드 학생들은 끊임없이 교사에게 질문하며 토론 위주로 수업을 했다. 바로 이런 차이가 다양성을 존중하고 창의적인 인재를 키워내는 핀란드 교육의 비결이다.

고등학교 2학년 때 핀란드에 유학 가서 1년간 생활한 경험이 있는 일본 여성 지쓰카와 마유(23세)의 경험담을 들어보자. "일본에서 나의 공부법은 딱 하나, 암기였다. 시험을 코앞에 두고 책 내용을 암기하고 시험이 끝나면 머리가 텅 비어버린다. 나의 중학교, 고등학교 시절은 이런 일의 반복이었다. 그런데 핀란드에서는 시험 전에 학교에 있으면 친구들이 두꺼운 책을 안고 왔다 갔다 했다. '무슨 과제라도 있는 거니?'하고 물어보면 '오늘 수업시간에 시험이 있어서 읽어야 하거든'이라고 대답했다. 핀란드의 시험은 거의 에세이(작문)였다. 영어, 국어는 물론이고 화학, 생물, 음악까지 에세이로 자신의 생각을 표현하는 것이 핀란드 고등학교의 일반적인 시험형식이다."
(《핀란드 공부법》중에서)

심리학자들은 자기 스스로 좋아서 하는 일과 다른 사람이 시켜서 하거나 어떤 보상을 바래서 하는 일의 효과는 천양지차라고 지적한다. 자기가 원해서 하는 일이 훨씬 지속성이 있고 집중력도 강하다. 인내와 지구력, 집념 등의 정신적 욕구는 외적 보상에 의해서 생기는 게 아니라 내적 동기에 의해 나타난다는 게 전문가들의 한결같은 얘기다.

그런데 한국 학생들은 외적 보상에 의해 공부를 하는 경향이 강하다. 공부 자체보다도 그 뒤에 오는 보상에만 관심을 기울인다. 부모가 어렸을 때부터 "이번 시험에 90점 넘으면 게임기 사줄게"라는 식으로 아이들을 움직여왔기 때문이다. 하지만 보상을 노리고 공부하는 아이에게서 스스로 몰두하면서 지속적으로 공부하는 끈기와 집중력을 기대하기는 어렵다.

동기 부여를 확실히 하는 데는 '칭찬'과 '격려'보다 더 좋은 방법이 있을 수 없다. '칭찬은 고래도 춤추게 한다'는 말이 있듯이, 아이들의 장점을 찾아내 때때로 칭찬하는 것은 성취동기를 이끌어내는 최고의 방법이다. 격려는 칭찬보다 더 중요하다. 칭찬은 일의 결과가 좋거나 어떤 성취를 이뤄냈을 때 "정말 잘했어"라고 평가를 내리는 것이고, 격려는 결과가 나쁠 때에도 부족하지만 잘했다고 용기와 자신감을 북돋워주는 말이다. "열심히 했으니 괜찮아. 용기를 잃지 마. 다음에는 더 잘할 수 있어." "최선을 다했는데 점수가 안 나와서 많이 속상하지? 열심히 하다 보면 보상을 받을 날이 올 거야." 결과보다는 아이의 노력을 더 평가하는 이런 격려의 말은 아이들이 실패하거나 좌절했을 때, 힘들어하거나 지쳐 있을 때 다시 의욕을 불어 넣는 중요한 동력이 된다.

아인슈타인은 중학교 때까지 "어떤 공부를 해도 성공할 가능성이 없다"는 교사의 냉혹한 평가를 받았지만, 어머니는 포기하지 않고 칭찬과 격려를 아끼지 않았다. 아들이 힘들어할 때마다 "너는 남과 다른 재능이 있기 때문에 훌륭한 사람이 될 거야"라는 격려의 말을 해주었고, 결국 아들은 뛰어난 수학실력을 바탕으로 20세기 최고의 물리학자로 우뚝 설 수 있었다.

요즘 우리 아이들은 과잉보호 속에 자란 탓인지 작은 일에도 쉽게 상처를 받고 절망하거나 낙담하는 경우가 많다. 정신적으로 너무 허약해 조그만 좌절에도 자포자기의 삶을 살거나 심하면 인생을 포기하는 경우까지 있다. 이런 나약한 자녀들에게 부모의 태도는 무엇보다 중요하다. 작은 실패나 결점을 꼬투리 삼아 꾸짖거나 질책을 하는 것은 아이의 올바른 성장에 결코 도움이 되지 않는다. 유대인 부모들은 아이들의 단점보다 장점을 보려 애쓴다. 꾸지람과 질책보다는 칭찬과 격려로 아이들을 키운다.

앞서 핀란드의 예를 들었지만, 미국의 유대계 학생들 역시나 백인이나 흑인보다 성적이 월등히 뛰어나다. 동기 부여가 확실하기 때문이다. 공부해야겠다는 의지가 남다르고, 가족과 집단의 유대감을 중시하는 정서 덕분에 노력과 끈기를 더 발휘한다는 게 미국의 심리학자 리처드 니스벳(미시간대) 교수의 분석이다.

우리 아이들의 성적도 이제는 동기 부여로 높여야 한다. 원하는 목표를 세우고 즐겁게 공부할 때 집중력도 좋아지고 성과도 높아지기 마련이다. 따라서 과외를 하나라도 더 시키려고 하지 말고, 왜 공부해야 하는지부터 제대로 인식시키는 게 중요하다. 원하는 목표를 달성하기 위해 반드시 거쳐야 하는 삶의 과정으로 깨닫게 해야 한다는 말이다.

이를 위해 자녀의 능력과 개성에 맞는 구체적인 목표를 세우도록 유도할 필요가 있다. '나도 이런 사람이 되고 싶다'는 생각이 들도록 국내외 위인들의 전기와 자서전을 읽게 하고, 필요하면 관련 분야의 전문가를 만나는 기회도 만들어주는 게 좋다. 내가 원하는 목표가 세워졌으면 단기, 중기, 장기 플랜을 구체적으로 짜보도록 유도한다. 이때 실행 플랜을 가족들에게 공개적으로 말하거나 종이에 적어 놓고 날마다 확인하면 도움이 된다.

충분한 놀이로 창의력의 핵심인
우뇌를 키워준다

'노는 아이가 머리도 좋다'는 것은 과학적으로 입증된다. 우뇌는 창의력, 직관력 등 감성적인 기능을 담당하고, 좌뇌는 언어능력, 분석능력 등 이성적인 기능과 밀접한 연관이 있다. 그런데 좌뇌와 우뇌는 발달 시기에 차이가 있다. 만7세까지는 우뇌의 발달이 이뤄지고, 그 이후 좌뇌가 발달하기 시작한다. 당연히 어린이들의 뇌 발달 단계에 맞춰 뇌를 균형 있게 계발시켜주는 게 중요하다. 그런데 한국의 젊은 부부들은 우뇌를 발달시켜야 할 서너 살 아이에게 과학 학습도구를 안기는가 하면, 수의 개념을 알려주고 계산력을 키워주는 학습지에 매달리게 한다. 우뇌를 발달시켜야 할 만7세 이전에 과학 도구와 수학 학습지를 던져주면 창의력과 직관력을 키울 소중한 기회를 잃게 된다.

이스라엘 외교관 아비빗 씨는 '어릴 때는 마음껏 놀게 하는 게 최고의 공부'라는 말을 믿는다. 그래서 아이들이 유치원에서 기본적인 글쓰기와 읽기 공부를 마치면 나머지 시간은 철저히 놀이 위주로 이끈다. 아이들은 집 부근 놀이터에서 옷이 더러워질 때까지 흙을 만지며 놀고, 집에 와서는 요리를 하거나 인형놀이를 한다. 요리나 진흙놀이는 아이들의 창의력을 키워주는 가장 훌륭한 교재다. 음식을 맛있게 만들고 모래성을 훌륭하게 만드는 것은 중요하지 않다. 같은 재료로 얼마나 자신만의 개성을 담은 작품을 만드느냐가 관건이다.

유대인들은 조기교육을 중시한다. 하지만 한국 부모들처럼 말도 조리 있게 못하는 아이들에게 수학 학습지를 안기는 식이 아니라, 독서와 놀이 중심이다. 뇌 생리학자들에 따르면 인간의 뇌는 만3세 때까지 70~80퍼센트가 발달한다. 이 시기는 아이를 유치원에 보내기 전으로, 전적으로 부모에 의해 교육이 이뤄지는 기간이다.

놀이교육도 두뇌 발달 단계에 맞춰 대략의 체계가 있다. 퍼즐이나 그림 맞추기, 블록놀이, 찰흙놀이, 그림 그리기, 만들기 등은 유대인 엄마가 거의 매일 아이들과 함께 즐기는 대표적인 놀이다. 아이들은 엄마와 끊임없이 대화하고 놀이를 함으로써 새로운 것을 배운다. 유대인 엄마들은 수학, 과학 등 기능적인 교육은 절대 만3세 이전에 시키지 않는다. 이제 걸음마 뗀 아이들에게 피아노나 바이올린 레슨을 시키는 대신, 다양한 음악을 들려준다. 숫자의 개념과 사칙연산을 알려주는 학습지를 안기는 대신, 그림과 놀이를 통해 수의 개념을 익히도록 돕는다.

놀이를 중요시하는 만큼 장난감에 신경을 많이 쓴다. 학습능력 키우기가 유일한 목표인 기능적인 장난감은 피한다. 오히려 거울이나 병, 박스 등의 하찮은 소품들을 정서적, 지적 자극을 줄 수 있는 최고의 장난감으로 본다. 유대인 가정에서 한국처럼 소꿉놀이 세트나 무선조작 장치를 이용한 자동차, 기차 등 고급 장난감을 발견하기는 쉽지 않다. 유대인들은 과학기술 교육을 중시해 컴퓨터 게임기 등은 일찍 사주는 편이다. 건전한 게임을 즐기면서 일찍부터 컴퓨터에 친숙해지도록 유도하되 엄격하게 시간 제한을 두는 것은 물론이다.

어렸을 때부터 좌뇌 교육에 집중한다고 해서 학습능력이 향상되는 것은 결코 아니다. 막상 학교에 들어가 좌뇌를 본격적으로 계발해야 할 시기에 오히려 공부에 대한 흥미를 잃어버리기 쉽다. 따라서 우뇌가 집중적으로 계발되는 만7세 이전까지는 아이들이 놀이와 체험활동 등을 통해 마음껏 뛰어 놀면서 창의력과 직관력을 키울 수 있도록 도와줘야 한다.

영국 국립과학학습센터(NSLC) 미란다 스티븐슨 박사는 한국 학생들이 국제 학업성취도비교평가(PISA) 수학·과학 과목에서 좋은 성적을 거두면서도 창의력이 떨어지는 이유를 "놀이 시간이 절대적으로 부족하기 때문"이라고 말한다. 새벽부터 밤늦게까지 학교와 학원에 붙잡혀 점수 경쟁에 매달리다 보니, 상상력을 키울 환경이 안 된다는 지적이다.

놀이는 지식을 변형시키고 새로운 이해를 가능하게 하는 힘이기도 하다. 페니실린을 발견한 노벨상 수상자 알렉산더 플레밍은 과학자로 살면서도 사격, 골프, 당구, 포커, 탁구 등 온갖 스포츠와 게임을 즐겼다. 그는 게임을 어렵게 하는 데서 즐거움을 찾았다. 예를 들면 골프를 칠 때 클럽 한 개만으로 18홀을 마치거나, 퍼팅을 할 때 클럽을 당구채처럼 쥐고 사용하는 식이었다. 일할 때도 마찬가지였다.

"나는 미생물을 가지고 논다네. 이 놀이에는 아주 많은 규칙이 있지. 그런데 어느 정도 이 놀이에 익숙해지면 그 규칙을 깨뜨리는 것이 아주 재미있다네. 그렇게 되면 다른 사람들은 생각조차 못해본 것을 알아낼 수 있게 되지."

플레밍은 일하면서 놀았고, 놀면서 일했다. 미생물을 염색하기도 하고 오래 두기도 하는 '놀이'를 통해 페니실린을 발견했다. 놀이나 게임처럼 즐겁게 연구하는 그의 방식이 놀라운 과학적 성취를 가져다 준 것이다.

미국의 전기기술자 엘머 스페리는 아이들 장난감을 갖고 놀면서 '자이로컴퍼스'(선박이나 항공기의 자세제어 유지에 사용하는 기구)를 발명했다.

"처음에 나는 자이로스코프에 관해 알아보려고 도서관을 들락거렸다. 그런데 거의 예외 없이 관련된 책과 팸플릿에는 고등수학이 넘쳐났다. 내게 별로 도움이 되지 않는 것들이었다. 그러나 내게는 고맙게도 세 아이가 있었다. 나는 그때까지 우리 아이들에게 회전운동을 하는 여러 가지 장난감을 사주었는데, 정작 그 장난감들을 통해 아이들보다 더 많은 것을 배울 수 있었다. 장난감들은 내가 이미 알고 있던 회전운동의 반작용 크기를 계산하는데 도움을 주었다."

유대인들은 놀이의 중요성을 알고 있는 민족이다. 율법에 얽매인 규범 속에서 생활하는 유대인 어린이들이 정서적으로 매우 안정돼 있는 것은 어릴 때 공부를 강요당하지 않고 마음껏 뛰어 놀기 때문이다. 어린이들은 놀이를 통해 평소 엄격한 규제 탓에 억눌렸던 감정을 분출시키고, 친구들과 어울려 놀면서 사회성을 기르고 자신의 의사를 표현하는 방법도 익히게 된다. 한국 학부모들처럼 어릴 때 지나치게 공부를 강요하는 것은 올바른 인격 형성에 장애가 된다. 어린이들은 놀이를 통해 그 시기에 배워야 할 중요한 공부를 하는 셈이다.

공부는 마라톤,
부모는 페이스메이커

《탈무드》에는 '한 번에 바다를 만들려고 해서는 안 된다. 먼저 시냇물부터 만들어야 하는 것이다'라는 말이 있다. 세상에는 어쩌다가 행운을 타고 한 번에 바다를 만드는 사람이 없는 것도 아니다. 그러나 이런 행운을 원하는 것은, 마치 자동차나 비행기 사고를 두려워 한 나머지 목을 매는 것과 다를 것이 없다. 사람은 단번에 바다를 만들 수 없다. 많은 시냇물이 모여 출렁이는 바다가 되는 것이다.

마빈 토케이어

2010년 하버드 로스쿨(HLS) 졸업생은 총 589명이다. 이 중 상위 1퍼센트인 6명에게 최우수 졸업의 영예인 '수마 쿰 라우데(summa cum laude)'가 주어진다. 한국인 최초로 라이언 박(28세·한국명 박영진)이 이 상을 받았다. 그 비결은 무엇일까. 한국 학생들처럼 초등학교 때부터 하버드 로스쿨을 목표로 열심히 공부했기 때문일까. 또한 모든 과목에서 뛰어난 성취를 보였던 것일까. 그의 말은 우리 예상과는 한참 동떨어진다.

"각각의 개인은 서로 다른 능력을 타고 난다. 내겐 법률이 가장 쉽고 자연스럽게 다가왔지만 다른 건 그렇지 않았다. 언어엔 별로 재능이 없는 것 같다. 공부를 오래 하면 성적이 좋아진다고 믿는 것 자체가 실수다. 학업이란 마라톤과 같다. 마라토너들이 저지르는 실수는 적게 뛰는 것이 아니다. 오히려 너무 열심히, 너무 빨리, 너무 오래 뛰는 것이다. 결국 정신적인 마라톤을 뛰어야 할 때는 쓰러지고 말 거다. 내가 다닌 앰허스트 칼리지에서 아트, 생물학, 철학, 수학 등의 다양한 과목을 탐험하듯 마음대로 듣고 생각의 지평을 넓힌 게 로스쿨에서 큰 도움이 됐다."

한국 학생들의 성적은 세계적으로 비교해도 우수한 편이다. 그런데 대학만 가면 학습 경쟁력이 곤두박질한다. 재미동포 김승기 박사의 미 콜럼비아대 박사 논문(한인 명문대생 연구)에 따르면, 미국 명문대에 입학한 한국인 학생 가운데 44퍼센트가 중도 탈락한다. 김 박사가 같은 기간 미국의 경제전문지 《포춘》이 선정한 500대 기업에 재직하는 한국계 간부 현황을 조사한 결과에서도, 한인은 전체의 0.3퍼센트인데 비해 유대인은 41.5퍼센트나 된다. 미국 유학생 중 한국인 비율이 세계 1, 2위를 다툴 정도로 많지만, 미국 기업에 취직해 역량을 인정받는 비율은 터무니없이 낮다는 것을 보여준다.

김 박사는 한국 학생들이 지나친 입시 위주의 교육에 매달려 인격적인 수양이나 창의적인 사고체계를 갖추지 못했기 때문이라고 설명했다. 대학에 들어가는 데만 노력을 기울이지, 들어간 다음에 어떻게 공부해야 하는지는 잘 모른다는 분석이다. 대학이나 대학원의 공부 환경은 철저히 자기주도 학습을 요구한다. 그런데 타율에 의한 학습에 익숙한 한국 학생들이 부모와 교사의 강요에 의한 공부에서 해방되는 순간, 공부의 동력을 잃어버리는 것이다.

중·고교 과정의 입시 경쟁이 너무 치열하다 보니 뇌가 혹사당하는 측면도 있다. 사람이 지속적으로 정신적 긴장감을 유지하기는 쉽지 않다. 재충전 없는 전력질주는 오래가지 못한다. 고등학교 때까지 열심히 하던 한국 학생이 대학에 들어가서 주저앉는 이유다.

학습 컨설턴트인 박재원 비상교육공부연구소장은 공부는 장기 레이스인 만큼, 무한질주에 매달리면 완주하지 못할 가능성이 매우 높다고 경고한다. "공부를 단기전으로 몰아가면 성공 가능성은 크게 준다. 반드시 장기 레이스로 생각해야 한다. 개인별 차이, 과목별 차이, 시기별 차이를 존중해 무리하지 않고 자기 페이스대로 갈 수 있도록 배려하는 것이 최선이다."

유대인 중·고생들의 국제 학업성취도나 올림피아드 성적은 한국, 싱가포르, 중국, 베트남 등 아시아권 학생들에 비하면 신통치 않은 편이다. 그런데 대학이나 대학원에서의 성취도는 눈부시다. 대학 졸업 후 연구 성과는 더욱 향상된다. 과학·의학 분야의 한국인 노벨상 수상자는 한 명도 없지만, 유대인은 이 분야 노벨상의 3분의 1을 거머쥐었다. 그 이유는 공부를 평생에 걸친 장기 레이스로 보고 오버페이스를 경계하는데 있다.

유대인에게 교육은 삶 자체다. 공부란 학교에서만 하는 것이 아니라 평생을 통해 이어지는 마라톤 경주이다. 따라서 처음에 너무 빨리 달리면 금방 지쳐서 중도에 기권하게 된다. 유대인 문화에 헌 책방이 존재하지 않는 것도 책은 평생 함께 하는 소중한 자산이고, 내 후손들에게 물려줘야 한다는 생각이 강하기 때문이다. 더욱이 유대인들은 어렸을 때부터 자기가 좋아하는 것을 찾아 스스로 공부하는 방법을 체계적으로 익혔다. 미국 명문대의 교육방식이 대화와 토론 위주로 진행되는 것도 유대인들이 높은 학업 성취도를 보이는 배경이다.

유대인의 교육 생산성이 뒤늦게 빛을 발하는 가장 중요한 이유는 자녀의 성적에 집착하지 않기 때문이다. 유대인들은 개성을 존중한다. 당장의 성적에 연연해 아이들을 다그치거나 무리한 공부를 강요하는 법이 없다. 성적보다는 배움의 가치를 소중히 여기고, 공부에 대해 흥미와 자신감을 갖도록 유도한다. 한국 부모들처럼 한번 경쟁에서 뒤지면 평생 낙오할까 두려워 성적에 집착하기보다는, 아이의 성장단계에 맞춰 잠재력과 가능성을 키워주는 데 주력한다. 개성을 잘 살려주면서 자기 페이스대로 꾸준히 공부하도록 유도하는 게 성공확률이 가장 높다는 말이다.

기대감은 전달하고
기대치는 전달하지 않는다

루소의 《에밀》에 이런 말이 나온다. "자식을 불행하게 만드는 가장 확실한 방법은 언제나 무엇이든지 손에 다 넣어주는 일이야." 자녀를 진정으로 사랑하는 부모라면 마음 깊이 새겨들어야 할 구절이다. 부모 뜻대로 자녀의 진로를 정하고 거기에 필요한 공부를 강요하는 것은 자녀를 불행하게 만드는 지름길이다. 아이의 개성을 찾아서 진로계획을 구체화하도록 이끌어주는 게 아이의 행복과 성공을 위한 최선이라는 것을 잊지 말자.

다국적기업 한국대표들의 1주일은 분, 초 단위로 스케줄을 짤 정도로 바쁘다. 주말에도 거래처 사람들과 어울려 골프를 치거나 해외 출장 등으로 가족과 함께 할 시간이 턱 없이 부족하다. 하지만 구글코리아 이원진(43세) 사장의 주말은 두 딸에게 온전히 봉사하는 시간이다. "주말에는 골프를 절대 치지 않고, 가정에 '올인' 합니다."

그의 교육철학은 아이들에게 어른의 기대치를 절대 강요하지 않는 것이다. 두 딸이 열정을 갖고 있는 일이라면, 돈을 많이 벌지 못해도 적극적으로 밀어준다는 생각이다. '내가 원하는 일'에 대한 열정을 키워주는 게 아이를 행복하게 하는 길이라고 믿기 때문이다. 초등학교 4학년 둘째 아이의 꿈은 요리사다. 그래서 주말이면 요리 관련 텔레비전프로그램을 함께 시청한다. 아이의 미래 설계에 보탬이 될 수 있도록 프랑스의 유명 요리학교들도 알아봐줄 생각이다. "네가 원하는 요리를 배우려면 프랑스 유학을 가는 게 좋은데, 그러려면 프랑스어 공부를 해야 한다"고도 일러줬다.

그의 이런 생각은 경험에서 우러났다. 남들은 IT 분야의 다국적기업이 일이 많아서 힘들 것이라고 걱정했지만, 본인은 그저 즐거웠다고 한다. 좋아하는 일을 하다 보면 아무리 일이 많아도 지치지 않는다는 게 그의 믿음이다.

한국인 최초로 하버드 로스쿨을 최우등(상위 1퍼센트) 졸업한 재미동포 라이언 박도 "자신의 흥미, 능력에 맞춰 진정으로 하고 싶은 일을 하라"고 강조한다.

"어머니는 자식들에 대한 기대가 매우 컸지만, 뭔가를 내게 강요하진 않으셨다. 한 번도 이런 학과를 가라, 저런 대학을 가라고 말한 적이 없다. 그런데 뭔가를 시작하면 중간에 하다 마는 것은 있을 수 없었다. 선택은 내가 하지만 끝까지 다 하게 했다. 부모가 시켜서 하는 게 아니라 내 선택이기 때문에 해야 한다는 것을 느끼게 해줬다. 자녀가 성공하길 바란다면 절대로 부모가 원하는 진로를 강요해선 안 된다. 진정 하고 싶다는 마음이 안 생기는 공부나 일을 하면서 성공하길 바라는 것은 욕심이다."

아이가 하고 싶은 것을 시키는 것보다 더 중요한 것은, 잘할 수 있는 걸 시키는 것이다. 제2차 세계대전의 영웅인 영국의 윈스턴 처칠 수상은 학창 시절에 별 두각을 나타내지 못했다. 아버지가 일찍 세상을 떠나 불우한 어린 시절을 보낸 영향이 컸다. 어머니도 온전히 제 역할을 하지 못했다. 영국의 역사학자 제프리 베스트는 처칠의 전기 《절대 포기하지 않겠다》에서 처칠의 어머니 제니에 대해 다음과 같이 묘사한다. "미망인이 된 제니는 줄곧 금전적 어려움에 시달렸고,

상류사회가 용인한 몇 번의 연애를 했으며, 연하의 남자와 두 번 재혼했다가 이혼했다." 처칠이 이런 어머니 밑에서 제대로 학업에 정진했을 리 없다. 게다가 처칠은 말을 더듬고 발음이 약간 부정확해서 괴롭힘의 대상이었다. 영국 최고의 사립 고등학교인 이튼(Eton)스쿨을 포기하고 대신 들어간 해로(Harrow)스쿨에서는 3년 내내 낙제를 거듭했다. 3수 끝에 샌드허스트 육군사관학교에 진학했으나 역시 성적이 좋지 않아 보병대 대신 기병대를 선택해야 했다.

하지만 처칠에게는 한 가지 뚜렷한 능력이 있었다. 바로 글쓰기다. 그는 영문을 자유자재로 요리해 원하는 걸 만들어내는 능력이 있었다. 1941년 처칠이 해로스쿨 졸업식에서 했던 다음 연설문은 아직껏 회자될 정도로 유명하다.

"Never give in. Never give in. Never, never, never-in nothing, great or small, large or petty-never give in, except to convictions of honor and good sense.(절대 포기하지 마라. 절대 포기하지 마라. 절대, 절대, 절대-명예로움과 분별의 확신이 있을 때를 제외하고는. 대단하건 하찮건 작건 크건 - 절대 포기하지 마라.)"

장교로 임관한 처칠은 1895~1899년 쿠바와 인도, 남아공 등 전쟁터에서 싸우면서도 자신의 장기를 살려 일간지에 르포 기사를 썼다. 신문에 썼던 기사를 바탕으로 책도 여러 권 냈다. 그의 주특기인 글쓰기는 처칠을 대중들에게 확실히 각인시켜 정치인으로 성장하는 데 밑거름이 됐다. 처칠에게 노벨상을 안겨준 것은 제2차 세계대전을 승리로 이끈 정치적 역량(평화상)이 아니라 《제2차 세계대전》이라는 책(문학상)이었다.

　개인의 타고난 능력을 무시한 채 모든 과목에서 무조건 1등 하기를 강요받는 한국이었다면 어땠을까? 모두가 제도 교육의 틀에 맞춰 1등부터 꼴등까지 줄 세우기에 여념이 없다. 부모들도 그에 맞춰서 내 자녀가 무조건 남보다 뛰어나기만을 바란다. 세계는 빠른 속도로 다양화·전문화 하는데, 한국 사회는 붕어빵처럼 획일적인 인재를 찍어내고 있다.

　한국 부모들은 자신의 아이가 남보다 뛰어나고 성공하기를 바란다. 이를 위해 사교육을 시키고 특목고에 보내려 안달이다. 더 빠른 성공과 출세의 지름길이라고 믿기 때문이다. 이 과정에서 자녀의 자율성이나 독립성은 존재하지 않는다. 부모가 시키는 대로 공부하고 스펙을 쌓아온 아이가 성인이 돼서 스스로 판단하고 독립적인 결정을 내릴 수 있을 지는 의문이다. 자녀의 성공을 바란다면 절대 부모의 가치관으로 특정 직업이나 진로를 강요해서는 안 된다. 자신이 하고 싶지 않은 공부나 일을 하면서 성공하기란 거의 불가능하다.

　유대인들은 자녀의 선택과 판단을 존중한다. 그리고 자녀가 자기주도적인 삶을 만들어갈 수 있도록 인내심을 갖고 지켜본다. 자녀가 잘할 수 있는 일이 무엇인지를 관찰해 끊임없이 격려하고 자극을 주는 노력도 게을리 하지 않는다. 다만, 자녀의 진로에 대해 조언할 때는 세심한 주의가 필요하다. '~해야 한다'라는 식의 강요는 금물이다. 자녀가 스스로를 돌아보고 생각할 수 있는 여지를 주도록 '아빠(엄마)는 ~라고 생각하는데, 네 생각은 어떠니?'와 같은 식의 대화가 돼야 한다.

　세계 최고의 남성의류 브랜드 중 하나인 '에르메네질도 제냐'는 4대째 가족 경영을 해 온 이탈리아 기업이다. 2009년 매출이 우리돈으로 약 1조2천억 원에 달하는 글로벌 기업인데, 4촌 관계인 5명이 그룹의 핵심부를 장악하고 있다. 하지만 자녀들의 그룹 경영 참여는 철저히 아이들의 선택에 맡긴다.

　그룹 총괄회장의 사촌동생으로 이미지·스토어 디렉터를 맡고 있는 안나 제냐는 이렇게 말한다. "회사 일을 하는 것은 스스로 재미있어야 하고, 열정을 가지고 즐길 수 있어야 합니다. 본인이 즐겁지 않은데 회사 일을 한다면 그것처럼 불행한 일은 없지요. 철학자 칼릴 지브란은 '일은 개인의 목표, 인생은 진정한 선물'이라고 했습니다. 부모가 활시위를 팽팽히 당겨주면, 어느 과녁 안으로 들어갈지 결정하는 것은 아이들의 몫이지요."

창의력

창의력은 성공의 씨앗
아이의 질문을 최대한 끌어낸다

인내심을 가지고 아이의 질문 릴레이에 동참한다
'남들처럼' 잘하는 것보다 '남과 다르게' 하도록 격려한다
"공부하다가 따분해지면 일어서도 좋다"고 가르친다
창의적인 아이는 모난 돌일 수밖에 없다
'노란색 목소리'가 암기력의 비밀이다
지식은 '예술'이라는 한쪽 날개를 달아야 날 수 있다
미래는 통섭형 인재의 시대, 관심 분야를 넓혀준다

인내심을 가지고
아이의 질문 릴레이에 동참한다

유대인은 항상 호기심으로 불타고 있기 때문에 사물을 모든 각도에서 보려고 노력한다. '히브리'라는 말에는 '또 다른 한 편에 선다'라는 뜻도 있다. 유대인은 질문을 많이 한다. 유대인에게 어떤 질문을 하면 또다른 질문이 되어서 돌아오는 경우가 많다. 참을성 있게 인내심을 갖고 꼬치꼬치 캐묻지 않고서는 성공하지 못한다.

마빈 토케이어

질문은 아이의 생각하는 힘을 키워주는 지름길이다. 누구나 질문을 받으면 생각을 하게 되기 때문이다. 한 사고력 전문가가 유치원 어린이에게 이렇게 물었다.

"저렇게 큰 산이 작은 내 눈 속에 어떻게 들어올 수 있을까?"

그러자 어린이가 이렇게 답했다.

"내 눈이 마법을 부렸어요."

사고의 범위를 제한하지 않는 어린이이기에 나올 수 있는 멋진 답변이다. 그런데 만약 이때 "그게 아니라 원근법이라는 게……"라면서 아이의 사고를 제한하면 어떻게 되겠는가?

아이에게 질문을 할 때는 단순한 지식이나 고정관념에서 벗어나 "왜 그럴까?" 하는 의문을 품을 수 있도록 생각의 폭을 넓혀주는 내용으로 하는 게 좋다. 정답 맞히기식 질문이 아니라 합당한 이유와 근거를 댈 수 있는 질문이 돼야 한다. 예컨대 "위험에 빠진 친구를 구하기 위해 거짓말을 하는 것은 괜찮을까?", "누군가 물에 빠져 익사하기 직전인데 수영을 전혀 하지 못한다면 어찌 해야 하지?"와 같이 생각거리를 던져주는 질문들이다.

그런데 이때 명심해야 할 점은, 질문을 받은 아이가 곧바로 정답을 내놓지 않는다는 사실이다. 아이들은 대개 부모의 질문에 엉뚱한 질문으로 되받기 일쑤다. 그리고 아이에게 더 많은 것을 '가르쳐주고' 싶은 의욕적인 부모일수록 이 순간을 참지 못하고 화를 내게 된다. "장난치지 말고 똑바로 대답 못 해?"

《탈무드》는 "가르침을 무턱대고 받아들이는 사람은 권력과 자기 자신을 부패하게 한다"고 했다. 유대인은 가르침, 통념, 권위, 관습 따위를 무턱대고 받아들이지 않는다. 백지에 그림을 그리듯이, 사고의 범위를 무한대로 열어 놓고 따져 묻는다. '과연 옳은 생각인가?' '더 좋은 방향은 없는가?' 유대인 중에 개혁적인 사상가가 많이 나온 것도 기존 질서와 권위를 의심하고 다시 따져 보는 사고방식과 밀접한 연관이 있다. 사람들이 일반적으로 믿는 것과는 완전히 다른, 기존 권위를 부정하는 엉뚱한 발상에서 혁신적인 개발이나 발명이 가능하다. 사고의 범위를 제한하지 않고, 타인의 생각에 얽매이지 않는 자유로운 사고가 유대인들에게 최고의 성공을 가져온 것이다.

컴퓨터 중앙처리장치(CPU) 제조업체 인텔을 세계적인 기업으로 키워낸 유대계 미국인 경영자 앤드루 그로브는 "카산드라의 말에 귀를 기울이라"는 말을 자주 했다. 카산드라는 그리스 신화에 나오는 여자 예언자로 '닥쳐올 불행을 예언하는 사람'을 뜻한다. 누구보다 빨리 변화의 기미를 알아차리고 목청 높여 경고하는 사람이다. 그로브는 광부들이 갱에 들어갈 때 유독 물질에 민감하게 반응하는 새 카나리아를 앞장세우듯이, 조직원들에게 위기를 인식시켜 주는 카산드라가 내부에 있어야 한다고 믿었다.

그 카산드라는 누구라도 될 수 있다. 다만 구성원들이 자유롭게 사고하고 의견을 개진할 수 있는 풍토가 관건인 셈이다. 그래서 그로브는 아무리 나쁜 뉴스라도 조직 구성원들이 자신의 생각을 자유롭게 전달하고 토의할 수 있는 건설적 대립(constructive confrontation) 문화를 만들었다. 구성원 모두가 옳은 방향이라고 믿는 전략도 끊임없이 의심해보고, 누군가 어이없는 주장을 하더라도 열린 사고로 그 말을 귀담아들어야 한다는 경영철학을 토대로 인텔을 세계 최고의 기업으로 키웠다.

탈무드식 토론에는 분명한 원칙이 있다. "여러 가지 다른 의견을 들을 것, 여러 가지 다른 의견을 말할 것, 모두가 일제히 말할 것". 유대인들이 남의 말을 진지하게 경청하고, 남과 생각이 다를 때는 언제든지 자기 의견을 강하게 내세우는 것은 바로 이런 전통에 근거한다. 자유로운 사고와 토론 문화는 집단사고에 매몰되지 않고 합리적인 결정을 내릴 수 있는 원동력이다.

'남들처럼' 잘하는 것보다
'남과 다르게' 하도록 격려한다

캘빈 클라인은 1942년 뉴욕 브롱스의 빈민가에서 태어났다. 헝가리계 유대인인 아버지는 식료품 가게를 했고, 어머니는 평범한 주부였다. 그는 재봉사였던 할머니의 영향으로 다섯 살 때부터 의상 스케치를 시작했고, 누이의 인형 옷을 즐겨 만들었다. 또래 남자 아이들과는 전혀 다른 모습이었다. "다섯 살이 되었을 때 나는 디자이너가 되고 싶어 한다는 걸 깨달았다. 그때 이미 종이에 의상을 스케치했는데, 모델은 어머니였다. 어머니는 항상 흰색 옷을 입고 있었다. 내가 지금까지 흰색에 집착하는 것도 그 영향이다." 고등학생이 돼서도 여성의 옷을 만드는 캘빈 클라인의 취미는 바뀌지 않았다. 캘빈 클라인의 부모는 걱정하는 대신, 아들이 맨해튼의 디자인학교에 입학할 수 있도록 이끌었다.

세계적인 영화감독 스티븐 스필버그는 어린 시절 눈에 띄는 똑똑한 아이가 아니었다. 하지만 자연과 사물에 대한 호기심만은 일등이었다. 그의 어머니는 스필버그를 유대인 거주 지역에서 편협하게 키우지 않고, 기독교도들이 사는 지역에서 자유롭게 어울리도록 했다. 아이가 학교에 가기 싫다고 하면 아프다는 거짓 편지를 학교에 보내기도 했고, 스필버그가 어렸을 때 찍은 영화에 기꺼이 배우로도 출연했다. 일단 아이들 이야기를 들어본 뒤 옳다고 생각하면 만사 오케이였다. 자녀가 호기심과 열의를 느낄 수 있는 일에 부모도 관심을 갖고 참여해야 하며, 학업 성적에 연연하기보다는 자녀가 몰두하며 평생 잘 할 수 있고 행복해할 수 있는 분야를 찾아줘야 한다는 게 그녀의 생각이었다.

"솔직히 나는 단 한 번도 전형(典型)적인 어머니였던 적이 없어요. 아들이 원하면 들어줘야 한다고 생각했을 뿐이에요. 그것이 아이의 독창성을 살리는 길이라고 믿었습니다."

전형을 벗어난 특이한 어머니였지만, 남과 다른 아들의 개성을 인정하고 아들이 원하는 것을 마음껏 누릴 수 있게 해준 교육 방식이

스필버그의 창의성을 키운 것만은 분명하다. 스필버그는 한 인터뷰에서 "내 이야기를 가장 재미있게 들어주고 늘 대화를 충분히 나누며 옆에 있을 수 있는 사람은 어머니뿐이라고 생각한다"고 말했다.

아버지도 자녀교육에 관한 한 별반 다르지 않았다. 그는 어느 날 저녁 유성이 쏟아질 것이라는 기상청 예보를 접한 뒤 열세 살 아들을 데리고 사막으로 차를 몰았다. 사막에 담요를 깔고 아들과 함께 눕자 하늘에서 거대한 유성이 쏟아져 내렸다. 그날의 경험은 5년 뒤 스필버그의 첫 영화 《불꽃》으로 탄생했고, SF영화 《미지와의 조우》의 토대가 되기도 했다. 아버지는 내심 아들을 엔지니어로 키우고 싶었지만, 8mm 무비 카메라에 열광하는 아들의 재능을 꺾지는 않았다. 한국 부모들처럼 자식의 개성을 살려주기보다 안정적 직업을 갖도록 윽박질렀다면 세계적인 영화감독은 탄생하지 못했을 것이다.

2001년 6월부터 1년 동안 미국 뉴욕에서 가족과 함께 생활할 기회가 있었다. 주말이면 동네 쇼핑몰에 들러 피자나 아이스크림을 사먹을 때가 있는데, 주문하기가 무척 까다로웠다. 매장 점원이 어떤 피자를 원하느냐고 묻는데, 한국에서처럼 야채피자나 불고기피자 따위를 묻는 게 아니었다. 피자 빵의 두께와 크기, 피자에 얹는 토핑 종류를 구체적으로 물었다. 아이스크림도 마찬가지다. 레스토랑에서도 전채 요리부터 후식까지 개인별 주문 내용이 천차만별이다.

한국 사람들은 가족끼리 외식을 하거나 직장에서 회식을 할 때 음식 종류를 통일하는 경우가 많다. 동류의식을 느낄 수 있고 음식이

빨리 나오는 장점도 있기 때문이다. 술이나 음료수도 마찬가지다. 직장 동료들과 점심을 먹기 위해 중국집에 가서도 자장면, 짬뽕 등으로 통일하는 경우가 흔하다. 한마디로 획일적이고 몰개성적이다. 남이 하니까 나도 한다는 식이다. 텔레비전 드라마에서 유명 연예인이 입고 나온 옷이나 액세서리가 금세 유행하고, 음식이나 책까지도 트렌드를 따른다. 문제는 이런 몰개성적인 문화가 독창적이고 창조적인 능력을 죽인다는 것이다.

유대인 가정은 아이들의 개성을 최대한 존중하고 키워주기 위해 노력한다. "다른 학생과의 경쟁에서 이기라"고 강요하기보다는 "남과 다르게 되라"고 가르친다. 아이들은 모두 다르다. 형제자매라고 해도 성격이나 관심 분야에 큰 차이를 보이기 마련이다. 이에 따라 아이를 올바르게 키우기 위한 유대인 부모의 제1원칙은 '유연성'이다. 부모가 아이의 개성을 잘 파악해 그에 맞게 반응하고 가르치는 게 무엇보다 중요하다고 여기는 것이다. 우리 아이가 남과 다르게 잘 할 수 있는 것, 우리 아이만의 장점을 찾아 키워주려고 노력하는 이유다. 그래서 자녀를 영어나 수학 학원에 보내는 게 아니라 예체능, 천문학, 웅변, 로봇 등 다양한 분야에서 경험을 쌓도록 도와준다.

청소년 문제 전문가인 미국 버몬트 대학 심리학과 토마스 아켄바흐 교수는 "한국 아이들은 학원에 많이 다니고 공부 압박이 심한 반면, 부모 등 가족과의 교감은 적은 편이다. 부모 자식 간의 문제, 그리고 아이들의 정서나 행동에서 발생하는 많은 문제가 '공부'라는 한가지 잣대로만 아이들을 평가하는 한국 부모들의 잘못 때문"이라고 지적한다.

자기가 좋아하고 잘 하는 과목이 있기 마련이고, 그런 과목에는 흥미를 느끼고 열심히 하는 게 일반적이다. 그런데 한국 부모들은 자녀가 모든 과목에서 1등 하기를 바라면서 학교 성적에 일희일비 한다. 성적이 나쁘면 화를 내고 자녀를 윽박지른다. 다른 형제나 친구들과의 비교도 서슴지 않는다. 그 결과 아이들은 자존심에 큰 상처를 입고 자신감도 잃게 된다. 갈수록 위축돼 성적은 더욱 떨어지는 악순환에 빠진다. 자녀가 영어는 잘 해도 수학은 못할 수 있다는 평범한 사실을 인정해야 한다. 그래야 자녀의 미래가 보인다.

'형제의 머리를 비교하면 양쪽을 다 죽이지만, 형제의 개성을 비교하면 양쪽을 다 살릴 수 있다'라는 유대 격언이 있다. 사람은 얼굴도, 성격도, 지적 능력도 모두 다르다. 나름대로의 개성을 지닌 존재이다. 그 개성을 최대한 살려주는 것, 그게 유대인 자녀교육의 핵심이다. 세상을 이끌어가는 위대한 인물들은 바로 개성을 정확히 파악하고 그 개성을 살려주기 위해 노력한 교육의 결과물이다.

천재적인 아이는 학습을 잘 하는 아이가 아니라 남과 다른 아이다. 한국의 학부모들은 바로 이 점을 간과하고 있다. 그래서 자기 자녀를 남의 자녀와 끊임없이 비교한다. 비교 기준은 오로지 성적이다. 그것도 모든 과목에서 뛰어나기를 원한다. 아이들의 호기심이 창의성의 원천이라는 점을 인정하지 않는다. 순응하고 말 잘 듣는 착한 모범생을 원할 뿐이다.

이제부터는 내 아이가 어떤 개성이 있는지, 어떤 것을 좋아하는지 관찰부터 시작하자. 가능한 한 아이와 함께 많은 시간을 보내면서 음악, 미술, 스포츠, 외국어 등 다양한 경험을 하도록 유도하자. 여행을 가거나 미술관이나 박물관, 음악회 등을 함께 돌아보는 것도 아이의 개성을 파악하는 데 도움이 된다.

"공부하다가 따분해지면
일어서도 좋다"고 가르친다

《탈무드》는 '교사는 혼자만 알고 떠들어서는 안 된다. 만약 아이가 듣기만 한다면 가르치는 것이 아니라 앵무새를 키우는 것일 뿐이다. 교사가 이야기를 하면 학생은 거기에 대한 질문을 해야 한다. 그래서 교사와 학생이 주고받는 말이 활발하면 할수록 교육효과는 상승한다'고 말한다. 기존 권위와 통념에 끊임없이 의문을 제기하고 질문을 던지면서 스스로 깨우치는 학습 자세가 세계적인 발명과 발견을 가져온 원동력이다.

 유대인은 자녀를 신의 축복으로 여겨 피임을 하지 않기 때문에 아이들을 많이 낳는다(유대인 율법에 따르면 남녀는 최소한 두 명의 자녀를 키울 의무가 있다. 물론 산모나 태아의 건강에 문제가 있을 경우엔 예외여서 입양도 가능하다). 국내 텔레비전에 소개된 미카엘 카노흐(44세), 드보라 레아(40세)씨 부부는 자녀가 10명이다. 요즘 우리나라에선 찾아보기 힘든 대가족이다. 아이가 둘만 돼도 서로 싸우는 소리, 울음소리에 부모의 고함소리가 뒤섞여 왁자지껄한 게 일반적인 풍경인데, 이 집은 오히려 질서 정연한 느낌마저 준다. 그렇다고 어머니 레아가 자녀들에게 무섭게 소리를 지르거나 "안 돼!"라고 통제하지도 않는다. 다만 질문을 끊임없이 던지면서 아이들 스스로 할 일을 찾아가도록 유도할 뿐이다.

"왜 형한테 고함을 질렀니? 형이 깜짝 놀라지 않았을까?"

"방을 이렇게 어지럽히면 먼지가 많아져 건강에도 해롭지 않겠니?"

뉴욕 연수시절, 초등학교 1학년 아들의 담임교사와 면담을 한 적이 있다. 이름이 산티모로(Santimauro)인 40대 중반의 여교사는 "한국 학생들은 학습지 위주의 페이퍼 워크(paper work)를 열심히 하기 때문인지, 테스트(시험)에는 강한 것 같다. 문제지에서 해답을 찾아내는 능력이 뛰어나다는 말이다. 하지만 미국의 수업방식은 조금 다르다. 토론 위주의 창의적인(creative) 교육을 중시한다"고 했다. 아들이 내성적이며 질문을 하지 않아 답답하다는 것이었다. 모르는 문제가 생기면 질문을 하고 토론을 통해 스스로 해답을 찾아나가는 과정에서 창의력이 길러지는 법인데, 종일 듣고만 있으니 시험 성적만 좋으면 뭐 하겠느냐는 비아냥조의 얘기였다.

어린이는 태어나서 만3세까지는 부모의 말과 행동을 모방하면서 학습한다. 주어지는 정보를 받아들여 반복적으로 익히는 수동적인 방식의 학습이다. 하지만 4세가 넘어가면서부터 "이게 뭐에요?" "왜 이렇지요?" "이렇게 하면 안 되나요?"와 같은 질문을 끝없이 던지는 등 능동적인 태도를 보인다. 아이들의 이런 지적 호기심을 제대로 충족시켜주는 것은 매우 중요하다. 부모의 대응 방식에 따라 아이가 지적으로 한 단계 성숙하는 계기가 될 수 있는 반면, 주입되는 정보만 받아들이는 수동적인 아이로 굳어질 수도 있기 때문이다. 아이들의 호기심을 억누르면 그만큼 지능 발달이 뒤쳐진다.

연세대에서 영어를 가르친 경험이 있는 한 이스라엘 외교관도 한국과 이스라엘 교실의 가장 큰 차이점은 '질문을 하는 태도'에 있다고 말한다. "유대인 학생들은 수업 때 수없이 질문을 던져요. 여러 가지 질문을 던지고 교사와 토론을 한 후에 스스로 답을 얻는 거죠.

하지만 대부분의 한국 학생들은 조용히 수업을 경청합니다."

한국 부모들은 자녀를 수동적인 학생으로 키우는 데 선수다. 질문을 자주 하도록 유도하기는커녕 아이들이 자발적으로 던지는 질문에 답변하는 것조차 귀찮아한다. 나름대로 이유는 있다. 대한민국의 30대, 40대는 피곤하다. 치열한 경쟁사회가 주는 스트레스 탓이다. 퇴근해 집에 돌아가면 만사가 귀찮으니 소파에 벌렁 드러누워 리모컨을 이리저리 돌리다 잠에 곯아떨어지기 십상이다. 그러니 한창 세상에 대한 호기심으로 이것저것 물어오는 아이에게 오히려 짜증을 낼 수밖에.

"아빠, 자동차는 왜 자전거보다 빨리 달려?"

"자동차는 원래 빠른 거야."

"원숭이 엉덩이는 왜 빨개?"

"귀찮게 그런 건 왜 물어보니?"

유대인 부모들은 어떨까. 어렸을 때부터 자녀들에게 질문의 기회를 줄 뿐만 아니라, 더욱 적극적으로 질문을 하도록 격려한다. 예를 들어 돌이 지난 자녀에게 잠자리에서 동화책을 읽어줄 때도 절대 책 읽기에서 그치는 법이 없다. 알아듣기 쉬운 말투와 어조로 아기들에게 질문을 던진다.

"공주님이 왜 왕자님을 사랑하게 됐을까?"

"마녀가 공주님을 싫어하는 이유가 뭐지?"

아기는 처음에는 무슨 뜻인지 잘 이해를 못 하지만, 시간이 지나면서 조금씩 엄마 아빠의 질문을 이해하게 된다. 그리곤 서툴게나마 자기 생각을 조금씩 말하기 시작한다. 질문을 통해 아이의 사고력과 분석력을 키워주는 것이다.

질문을 중시하는 교육은 학교에서도 그대로 이어진다. 교사들이 가장 강조하는 게 '적극적으로 질문하라'는 것이다. 한국의 엄마들은 등교하는 아이들에게 흔히 이렇게 얘기한다. "학교에 가서 선생님 말씀 잘 들어야 한다. 딴짓 하지 말고 선생님이 시키는 대로 해야 해." 유대인 엄마들의 당부는 영 딴판이다. "학교에 가면 훌륭한 선생님이 계시니까 모르는 게 있으면 꼭 물어봐야 한다. 선생님은 모르는 게 없는 훌륭한 분이시니 이것저것 질문을 많이 하렴."

이스라엘의 예시바(종교학교)에서는 "공부하다 따분해지면 일어서라"고 가르친다. 똑같은 내용이라도 일어선 상태에서 손짓 발짓을 섞어가며 격렬하게 논쟁하면 학습에 더 효과적이라는 게 유대인들의 믿음이다. 친구와 질문하고 답하는 '대화법'을 권하는 것도 종교학교의 특징이다. 옆 친구와 질문하고 대화를 이어가다 보면 아무리 지루한 과목도 흥미가 지속돼 문제해결 능력을 키워준다. 끊임없이 질문하고 답하는 과정을 통해 즉각적인 피드백을 주고받으면 어떤 문제에 대해 더욱 관심을 갖게 되고, 이런 관심은 집중력으로 이어지기 마련이다.

사람들이 비이성적 행동을 하는 심리적 이유를 분석한 《스웨이》의 저자인 유대인 롬 브래프먼도 질문이 최고의 학습법이라고 강조한다. "학생은 질문을 통해 수업에 적극적으로 참여한다. 대부분의 학생은 수업시간에 선생님 말씀을 노트에 받아쓰는 것이 공부의 전부라고 생각하지만, 이것은 수동적인 공부이다. 중요한 것은 배운 내용을 노트에 적어놓는 것이 아니라 학생의 머릿속에 기억해 두고 언제든 설명할 수 있는 것이다. 그래야 진정으로 '안다'고 할 수 있다. 공부에 흥미를 잃지 않는 중요한 방법이 바로 질문이다. 수업시간에 공개적으로 질문하는 것이 쑥스러우면 수업이 끝나고 선생님을 찾아가서 질문해라."

기억력 천재로 유명한 유대인 에란 카츠(45세)의 설명도 비슷하다. "유대인 학생들은 재미가 없으면 자리에서 벌떡 일어나 세상에서 가장 중요한 문제에 대해 이야기하는 것처럼 선생님과 동료들에게 질문을 던지고 논쟁을 벌인다. 호기심을 갖고 질문을 하는 자세를 가져야 한다. '계속 질문하기'가 어린이들이 지식을 얻는데 가장 좋은 방법이다." 눈으로 책을 읽으면서 얻은 지식은 쉽게 잊히지만, 질문하고 토론해서 얻은 지식은 머릿속에서 잘 지워지지 않는다. 대화와 토론에 적극적인 사람들의 기억력이 훨씬 뛰어난 이유다.

아이들은 "이건 왜 그래?", "저건 뭐야?"와 같이 끊임없이 질문을 던져 부모를 당황하게 만든다. 이때 답변을 회피하거나 구렁이 담 넘어가듯이 대충 알려주고 넘어가는 태도는 부모에 대한 신뢰감을 떨어뜨리기 쉽다. 부모가 건성으로 답변하면 아이들은 자신의 감정이나 호기심이 무시당하는 것처럼 느낀다. 아이가 질문이 많다는 건 호기심이 왕성하다는 뜻이다. 아이다운 상상력과 호기심을 잘 키워줘야 창의력과 자신감을 갖게 된다. 따라서 부모가 알고 있는 범위 안에서 성의껏 적극적으로 답변하는 게 좋다. 그 과정에서 부모와 자녀 간의 신뢰가 싹트고 아이도 배움의 즐거움을 느낄 수 있다.

아이의 질문에 귀 기울이고 성의껏 답변하는 데서 한 걸음 더 나아가, 아이에게 질문을 던져보자. "왜 그런 생각을 했니?" "이런 생각을 하면 나쁜 사람일까?" 이런 질문에 대해 아이가 엉뚱한 대답을 하더라도, 좋은 생각을 갖고 있다는 점을 칭찬해주자. 그래야 자신감을 갖고 다양한 관점에서 사물을 보며 사고의 폭을 무한대로 넓혀갈 수 있다.

창의적인 아이는
모난 돌일 수밖에 없다

'이상한 기술을 찾는다면 이스라엘에 가라'는 말이 생겼을 정도로 기발한 창의력을 가진 인재들이 많은 나라가 이스라엘이다. 1990년대 중반 히브리대학 유전공학연구실에서 방울토마토가 처음 태어났고, 인터넷 메신저 프로그램을 개발해 수억 달러를 벌어들인 것도 이스라엘 벤처기업이다. 사막 한가운데 바닷물을 끌어들여 김을 양식하기도 한다. 학교 자체 기술로 연구용 인공위성 테크샛(TECHSAT)을 쏘아 올린 테크니온 공대는 이스라엘 핵심 이공계 인력의 70퍼센트를 배출해온 창의적 인재의 산실이다. 이 대학 나노광학연구소 에레즈 하스만 교수는 "가장 중요한 미래의 덕목은 창의력이다. 이세 틀에 막힌 사고방식으로 세계적인 기술 개발을 꿈꾸는 선 어림도 없다"고 강조한다.

 구글의 공동설립자 세르게이 브린과 래리 페이지는 공통점이 많다. 우선 서른일곱 살 동갑내기 유대인이다. 두 사람 모두 아버지는 대학교수, 어머니는 과학자였다. 또 둘 다 몬테소리 초등학교에 다녔다. 교사가 수업을 주도하는 게 아니라, 아이들 스스로 교구를 다루면서 학습을 이끌어나가는 게 몬테소리 교육의 특징이다. "누구도 어떻게 하라고 명령하지 않아요. 스스로 자기 길을 그려나가야 하죠. 몬테소리는 '모든 것에 의문을 던지라'고 가르쳐 주었어요." 두 사람은 몬테소리에서 원하는 것을 공부할 자유를 마음껏 누렸다.

두 사람은 또한 논쟁을 즐겼다. 가족의 식탁은 늘 격렬한 토론의 장이었다. 창의적 인재들이 흔히 그렇듯이, 두 사람은 고집불통에 기인이었다. 브린은 스스로를 '괴짜'로 여겼고, 실제 거들먹거리는 태도로 짓궂은 장난을 즐겼다. 열세 살 때 부모와 같이 소련을 방문했을 때는 길거리의 경찰관에게 돌을 던져 문제가 되기도 했다. 페이지도 혼자 지내기를 좋아하고 어른이 돼서도 수줍음 많고 사교성이 떨어지는 '별종'이긴 마찬가지였다.

두 사람은 공립 고등학교를 거쳐 나란히 스탠퍼드 대학에 진학했다. 미국의 칼럼니스트 켄 올레타가 쓴 《구글드(Googled!)》에 따르면 스탠퍼드 대학에서 두 사람의 멘토 역할을 했던 라지브 모트와니 교수는 두 사람의 특징을 '왜(Why)?'라는 한 글자의 의문문으로 표현했다. 구글의 동료 직원은 "두 사람은 체계가 별로 없었어요. 그저 자기들이 원하는 걸 해야 직성이 풀렸지요. 권위에 의문을 던지고 스스로 생각하도록 교육을 받았고요. 자기가 그림 그리고 싶을 때 그림 그리는 몬테소리 키드 같죠"라고 설명한다.

이들은 기존 질서와 권위, 통념을 거부하고 모든 것에 의문을 던지는 창조적 인간이었다. 구글이 특유의 면접시험으로 뽑는 임직원도 늘 반역을 꿈꾸는 괴짜들이다. 브린이 계약담당 변호사를 뽑을 때 제시한 문제는 '악마에게 내 영혼을 파는 것'을 주제로 30분 안에 계약서를 만들라는 것이었다. 대학캠퍼스처럼 꾸며진 실리콘밸리의 구글 본사는 '남들이 생각해보지 않은 세상'을 꿈꾸는 구글러(Googler)들의 연구 열기로 24시간 활기가 넘친다

창조는 모방이나 개선과는 차원이 다르다. 기존 틀과 통념을 무너뜨리는 일종의 파괴 행위다. 그런 만큼 보통 사람들이 창조적 사고를 하기란 쉽지 않다. 미국의 뇌 과학자 그레고리 번스는 《상식파괴자(Iconoclast)》라는 책에서 그 이유를 세 가지로 정리했다. 우선 인간의 뇌는 익숙한 걸 좋아하고 낯선 것을 싫어한다. 사람들은 또한 자기 아이디어가 조롱 받을 수도 있다는 생각에 지레 두려움을 느낀다. 설

령 성공적인 아이디어가 있어도 다른 사람들을 설득해 현실화하는 능력이 떨어진다.

하지만 브린과 페이지는 익숙한 것을 거부하고 늘 새롭고 낯선 것을 추구한 반항아였다. 권위와 규칙을 무시하고 상식적인 사고방식에 의문을 던짐으로써 창의적 혁신을 일궈낸 것이다. 아인슈타인이 노벨물리학상을 받는 자리에서 "세상 사람들은 규칙을 지키는 것이 가장 중요한 가치라고 생각하지만, 나는 반대로 규칙을 뒤집었을 때 우리에게 가장 필요한 새로운 규칙이 탄생할 것이라고 믿는다"고 했던 것도 비슷한 맥락이다.

아이폰과 아이패드로 IT의 역사를 새로 쓰고 있는 애플의 최고경영자 스티브 잡스(56세) 또한 새로운 아이디어를 대중에게 설득할 수 있는 능력을 지닌 상식파괴자다. 잡스는 2010년 6월 미국 LA에서 열린 '아이폰4' 출시행사에서 "애플은 단순한 기술기업이 아니다"라고 선언했다. 애플이 전통적인 공급자 관점에서 벗어나 '사람' 중심의 창의적인 제품을 선보일 수 있었던 것은 인문학적 성찰을 바탕으로 기술을 접목했기 때문이라는 설명이다.

유대인들은 어렸을 때부터 여호와라는 추상적인 존재를 그리는 상상력을 통해 창의력을 키운다. '어린이의 생각은 하늘의 구름처럼 떠다녀야 한다'는 게 유대인들의 오랜 믿음이다. '유대인 두 명이 모이면 세 가지 의견이 나온다'는 말이 있다. 그만큼 유대인들은 논쟁과 토론을 통해 다양한 해결 방안을 찾는다. 히브리식 교육이란 바로 논쟁과 토론을 중시하는 것에 다름 아니다.

창의력은 기존 사고의 틀을 깨는 자유롭고 독창적인 생각을 말한다. 창의력을 키우기 위해서는 눈에 보이지 않는 추상적인 것을 생각하고 상상해보는 훈련이 중요하다. 어렸을 때부터 독서와 토론, 자유로운 사고와 왕성한 지적 호기심을 통해 상상의 나래를 마음껏 펴는 유대인들이 뛰어난 창의력을 보이는 것은 당연하다.

반면에 한국의 학부모는 자녀들이 정해진 틀 안에서 생각하고 학습하기를 강요한다. 그 틀을 벗어나는 아이는 가정에서든 학교에서든, 일탈로 간주돼 제재와 벌을 받는다. 미국의 경제학자 에릭 하누셰크 교수(스탠퍼드대)는 권위와 위계질서를 존중하는 한국의 문화가 창의성을 옥죄고 있다고 분석한다.

"창의력은 학교에서 가르치는 게 아니다. 권위와 위계질서를 극복할 수 있는 문화기반을 만들어야 창의력도 꽃필 수 있다. 내가 가르쳐본 한국 학생들은 너무 예의가 발라 내가 엉뚱한 소리를 해도 이를 지적하지 않는다. 이런 위계질서를 중시하는 문화가 훗날 직장에서도 창의성을 발휘하지 못하게 한다."

창의력은 공부만 해서는 절대 길러지지 않는다. '여유'와 '놀이'가 필요하다. 2002년 노벨화학상 수상자 쿠르트 뷔트리히 박사(73세)는 한국 학생들의 창의력이 떨어지는 이유를 공부만 강요하는 입시제도 때문이라고 지적한다.

"한국의 중·고교 학생들은 밤낮 없이 너무 열심히 공부만 한다. 대학에 진학하기 위해 공부만 해야 하는 환경에서 학생들이 창의적이 되긴 힘들다. 어린 학생들은 놀아야 한다. 재미있는 일을 해봐야 한다. 그래야만 창의적이 된다. 한국의 고교생들은 낮에는 학교에서 수업을 하고 밤에는 과외를 한다. 밤에도 공부하는 탓에 낮에는 학교에서 잠을 잔다. 너무 피곤해서 놓친 학교 수업을 따라가기 위해 또 과외를 받아야 한다. 이런 학생들이 대학에 진학하면 진지하게 학업에 열중할 힘을 잃은 상태가 된다. 고등학교 때 너무 힘을 쏟은 나머지, 대학에서의 학업은 그다지 중요한 일이 아니게 된다."

요즘 기업들은 학점이 좋거나 토익 성적이 높은 사람이 아니라, 문제를 제대로 발견하고 창의적으로 해결할 줄 아는 인재를 선호한다. 문제를 스스로 찾아내 주도적으로 해결하는 '해결사형 인재'야말로 기업들이 바라는 진짜 인재다. 창조경영을 하려면 당연히 창의적으로 사고하는 인재들이 필요하다.

문제는 우리 교육시스템이 이런 인재들을 길러내지 못한다는 데 있다. 고등학교 때부터 문과와 이과를 분리하고, 오로지 대학입시를 목표로 점수경쟁에만 매달리는 풍토에서 창의적 인재가 나오기는 어렵다. 지금의 우리 교육제도로는 자연과학과 인문학, 예술이 자유롭게 소통하는 융·복합형 인재를 키우는 게 거의 불가능하다.

기업문화도 바꿔야 한다. 최근 들어 많은 기업들이 위에서 목표를 만들어 실행하는 '톱다운' 대신 아래의 다양한 의견을 수렴하는 '바텀업' 방식을 장려하고 있는 것은 사실이다. 하지만 한국 기업들은 여전히 창의적이면서도 조직과 잘 융화할 수 있는 성실한 인재를 선호한다. 조직에 대한 충성심과 결속력, 경영진의 상명하달식 관리와 독려가 중시되는 문화 탓에 튀는 사람을 용납하지 않는다.

그러나 창의적이면서 성실한 사람을 찾기는 거의 불가능하다. 창의적 인재들은 대체로 고집불통이고 기인이다. 스스로 '괴짜'라 여겼던 브린은 어른이 돼서도 떼쓰는 10대 아이같이 짓궂은 장난을 즐겼고, 중요한 미팅에도 롤러블레이드를 타고 뒤늦게 도착하곤 했다. 수도승처럼 은둔형 천재인 페이지는 비즈니스를 논하는 자리에서 공공연히 PDA를 들여다봤고, 권위자들과 토론할 때 존경하는 '척'도 하지 않았다. 스티브 잡스 또한 변덕스럽고 공격적이며 까다로운 성격이다.

사석에서 만난 한 대기업 임원은 창의적 인재가 발붙이기 어려운 국내 기업의 풍토를 이렇게 설명한다. "창의적 인재들은 보통 사람과 다르다. 성격이 모질거나 괴팍한 경우가 많다. 그런데 대다수 기업은 창의적이면서도 성격도 좋은 사람을 원한다."

구글 직원들은 마사지와 이발, 치과 진료 등이 제공되는 사무실에서 근무한다. 당구대가 있는 휴게실, 유기농 식사와 커피 등 간식이 무제한 제공된다. 업무시간의 20퍼센트는 자기가 하고 싶은 일에 쓸 수 있다. 국내 IT 대기업들도 구글과 같이 자유롭고 개방적인 작업 환경을 만들 수는 있을 것이다. 하지만 한국기업의 경영진이 기존 질서와 권위를 부정하고 끝없이 의문을 제기하는 창의적 인재들과 소통하는 조직문화를 만들어낼 수 있을지는 의문이다.

'노란색 목소리'가
암기력의 비밀이다

러시아계 유대인 솔로몬 셰라셰프스키는 아무 연관도 없는 수백 개의 단어를 한 번만 듣고도 순서대로 기억하는 '무한대 기억력'을 가졌다. 그의 기억력의 비밀은 상상력이다. 그는 이어지는 숫자와 단어들의 발음을 구체적인 이미지와 연결시키고, 숫자와 물체들의 소리를 색과 맛으로 변환시킨다. 그는 오감을 최대한 살려 단어를 들음으로써 색과 맛을 떠올리고, 심지어 단어를 통해 고통까지 경험한다. 사람들의 목소리를 들을 때도 마찬가지다. "당신 목소리는 금방 부서질 것 같은 노란색이군요." "섬유가 삐죽삐죽 튀어나온 듯한 불꽃이 나를 향해 곧바로 다가오네요." 딱 한 번 가본 길도 그는 언제나 특별하게 경험했다. "(그 길에 있던) 담의 맛은 아주 짜고 거칠고 날카로워서 꿰뚫는 듯한 소리가 나지요."

 환상적 사실주의로 유명한 아르헨티나 작가 호르헤 루이스 보르헤스의 소설 가운데 《기억의 명수 푸네스》라는 작품이 있다. 주인공 푸네스는 '절대적이고 완전한 기억'을 할 수 있는 소년이다. 그는 한 번 보고, 듣고, 느낀 것을 결코 잊어버리지 않는다. 포도덩굴에 있는 모든 싹과 가지와 열매들을 감지할 수 있고, 오래 전 남쪽 하늘에 떠 있던 구름의 모양을 기억하며, 단 한 번 본 책의 줄무늬 디자인과 강의 물거품과 과거 구름의 모양을 비교할 수도 있다. 영어, 프랑스어, 포르투갈어, 라틴어도 힘들이지 않고 배운다.

러시아계 유대인 솔로몬 셰라셰프스키는 푸네스의 환생과도 같은 실존 인물이다. 그는 아무 연관도 없는 수백 개의 단어를 한 번만 듣고도 순서대로 기억하는 '무한대 기억력'으로 유명했다. 단어와 숫자, 글자 등이 포함된 아무리 길고 다양한 목록도 단번에 외워버렸다. 비결은 자유로운 상상력을 기초로 한 연상기법이다. 단어를 들으면 오감을 동원한 구체적인 이미지로 연결시켜서 기억하는 것이다. 숫자와 색상을, 발음과 맛을, 형태와 소리를 연결하는 식이다.

"당신 목소리는 금방 부서질 것 같은 노란색이군요."

"섬유가 삐죽삐죽 튀어나와 있는 불꽃이 나를 향해 곧바로 다가오네요."

"(딱 한 번 가본 그 길의) 담은 맛이 아주 짜고 거칠고 날카로워서 꿰뚫는 듯한 소리가 났지요."

에란 카츠도 500자리 숫자를 한 번 듣고서 정확히 외워 기억력 부분 세계 기네스북에 오른 유대인이다. 그는 "두뇌는 훈련하기 나름"이라고 말한다. 인간의 두뇌 속 세포는 근육과도 같아서, 근육을 단련하듯 훈련하면 누구나 발달된 성과를 얻을 수 있다는 설명이다. 에란 카츠 역시 기억력을 증진하기 위해 상상력을 이용한다.

에란 카츠는 '기마트리아(Gimatria)'라고 부르는 유대인 고유의 기억력 비법을 사용한다. 1부터 20까지 해당 숫자에 기억하기 쉬운 상징물을 부여한 뒤 각 상징물에 기억하고자 하는 단어를 결합하는 방법이다. 숫자 대신 알파벳 등 글자로 바꿔서 기억하는 식이다. 숫자 두 개를 묶어서 하나의 단어를 만들면, 40개의 숫자는 20개의 단어가 되고, 20개의 단어는 40개의 숫자보다 훨씬 외우기 쉬워진다.

"지식보다 중요한 것은 상상력이다." (알베르트 아인슈타인)

"상상력은 인간의 근원적인 능력의 하나다. 상상에 의해 우리는 현실의 여러 질곡을 떠나 의식 세계에서 무한한 자유를 누리게 된다." (토마스 모어)

"마이크로소프트의 유일한 공장 자산은 인간의 상상력이다." (빌

게이츠)

상상력이란 '기존의 경험으로 얻어진 심상을 새로운 형태로 재구성하는 정신작용이나 이미지 활동, 즉 어떤 것을 마음속에 그리는 능력'을 말한다. '새로운 생각이나 의견을 떠올리는 능력'인 창의력은 상상력을 통해 개발된다.

유대 격언에 '비논리적인 것이 상상력의 도움으로 논리적이 될 수 있다'라는 말이 있다. 중세 시대에 어떤 사람이 "언젠가 인간이 달나라에 갈 수 있을 것"이라고 말했다면 비논리적이라는 평가를 받았을 게 분명하다. 하지만 오늘날 인간은 로켓을 발명했고 달나라에 발을 디뎠다. 인간이 새처럼 날고 싶다는 상상이 있었기에 비행기가 만들어졌고, 물고기처럼 바닷속을 유영하는 상상이 있었기에 잠수함이 탄생했다. 3D 영화 《아바타》도, 애플의 '아이팟'과 '아이폰'도 상상력의 결실이다. 상상해야 현실이 된다

유대인인 《뉴욕타임스》 칼럼니스트 토머스 프리드먼은 상상력의 중요성을 이렇게 설명한다 "요즘같이 인터넷으로 거미줄처럼 연결된 세상에서 가장 중요한 경제적 경쟁요소는 더 이상 국가 간이나 회사 간 경쟁이 아니다. 어떤 개인과 그 사람이 갖는 상상력이 가장 중요한 경쟁 요소다. 요즘 아이들이 뭔가를 상상하면 이전에는 상상할 수 없을 정도로 빠르고, 싸게 실행할 수 있다. 오늘날 모든 것이 일용품화 되어 가는 세상에서 쉽게 얻을 수 없는 단 한 가지가 바로 상상력이다."

유대인들이 자기계발을 위해 상상력을 키우는 전통을 갖게 된 것은 기본적으로 '보이지 않는 신'이라는 개념을 갖고 있기 때문이다. 다른 민족들이 우상을 숭배하던 때에 유대인들은 보이지 않는 초자연적 존재가 있다는 생각을 했다. 즉, 상상의 힘으로 신에 대해 생각했고, 상상을 현실 속에 도입한 것이다.

경험은 상상력에 영향을 미친다. 눈을 감고 해변의 일몰 풍경을 떠올려보자. 개인적으로 체험한 해변 풍경이든, 영화에서 보았던 하와이 진주만의 일몰 풍경이든, 과거의 경험을 통해 학습된 경우가 많다. 하지만 자신이 경험하지 못한 장소의 일몰을 떠올리면 상식적인 이미지와는 다른 풍경이 떠오를 수 있다. 창조적으로 상상하려면 경험 의존적인 범주에서 빠져 나와야 한다. 한 번도 본 적이 없는 사람과 사물, 장소를 떠올리고 새로운 경험을 해보는 것, 이것이 창조적 상상을 자아내는 가장 확실한 방법이다. 이런 상상력의 토대 위에서 연상 작용을 통해 꼬리에 꼬리를 무는 식으로 이어나가는 게 유대인의 기억력 증진 비법이다.

학습이란 모르는 것을 배우고 익혀서 개념과 사고력을 기르는 것이다. 따라서 기억력은 학습의 목적이기도 하다. 뇌 과학자들은 특정 단백질에 의해 회로가 형성되면서 단기기억 중 일부가 장기기억으로 전환된다고 설명한다. 기억 단백질을 만들기 위한 과정이 학습인 셈이다. 유대인들은 상상력을 활용한 기억력 비법을 활용해 학습의 결과물을 의미 있는 기억으로 연결시킨다. 그들이 학계 등 여러 분야에서 높은 성취를 이루는 비결이기도 하다.

반면 한국 학생들은 조기교육, 선행학습 등 공부에 '과잉' 투자한다. 대개는 물량 경쟁이고, 빨리빨리 경쟁이다. 국제중학교, 특목고 등을 겨냥해 초등학교 때 방정식을 미리 배우고, 중학교 때 함수와 미적분을 배우는 식이다. 양적으로 공부는 많이 했는데 머리에 남는 건 없다. 진도 경쟁에만 열을 올렸을 뿐 머릿속에 분명한 기억으로 남기지 못한 탓이다.

지식은 '예술'이라는
한쪽 날개를 달아야 날 수 있다

"모든 과학은 예술에 닿아 있다. 모든 예술에는 과학적인 측면이 있다. 최악의 과학자는 예술가가 아닌 과학자이며, 최악의 예술가는 과학자가 아닌 예술가이다.(프랑스의 물리학자 아르망 트루소)" 유대인들은 외국어나 수학, 과학 못지않게 예술 과목을 중시한다. 어려서부터 음악 교육을 받기 때문에 악기 하나 정도는 능숙하게 다룰 줄 안다. 예술에서 활용하는 상상의 도구들은 인문학은 물론 과학에서도 중요한 역할을 한다. 교육의 목적은 모든 학생들이 화가이자 과학자, 음악가이자 수학자, 무용수이자 발명가로 사고하도록 도와주는데 있으며, 자신의 분야 밖에서 소통할 수 없는 전문가를 양성하는 교양과목과 과학과목은 아무런 의미가 없다는 게 유대인들의 일반적인 생각이다.

"과학자로 키우고 싶으면 예술을 가르쳐라, 예술가로 키우고 싶으면 과학을 가르쳐라."

천재들의 생각 방식을 분석한 베스트셀러 《생각의 탄생》으로 세계적인 명성을 얻은 루트번스타인 부부의 말이다. 남편 로버트 루트번스타인(57세)은 과학자(미국 미시간 주립대 생리학과 교수)이고, 동갑인 아내 미셸은 역사학자(미시간대 겸임교수)다. 이들은 수백 명의 과학자, 수학자, 예술가들이 어떻게 생각하는지를 분석, 예술 관련 취미가 있어야 창조적인 사람이 된다는 결론을 내렸다.

《생각의 탄생》이라는 책도 예술 관련 취미가 있는 학자 부부의 합작품이다. 로버트는 10년 이상 첼로를 연주해왔고 사진, 미술창작, 모형제작 등의 취미도 갖고 있다. "모자이크 관찰이나 플라스틱 모형 만들기 같은 취미는 단백질이 어떻게 형성되는지, 세포가 어떻게 진화하는지를 연구하는 데 도움을 준다. 슈퍼컴퓨터를 쓰는 과학자보다 더 빨리 모델을 상상할 수 있다. 음악도 창조성을 이해하고 책을 쓰는 데 큰 도움이 됐다."

미셸도 남편 의견에 동의한다. "아인슈타인과 같은 뛰어난 학자는 예술 등의 취미가 있고 이런 취미를 통해 자기 분야에서 성공했다." 그녀는 역사학도 상상력이 없으면 좋은 연구결과를 기대하기 어렵다고 말한다. "역사학도 주어진 팩트 안에서 가능한 세상을 상상해야 상황을 종합할 수 있다." 그래서 이들 부부가 자녀들을 키우면서 가장 신경을 쓴 점은 다양한 예술 수업을 듣도록 하는 것이었다.

루트번스타인 부부는 과학 분야의 노벨상 수상자 510명과 보통 과학자(영국왕립협회·미국국립과학원 회원 등)를 비교한 결과, 노벨상 수상자가 보통 과학자보다 음악가가 될 가능성은 4배 이상, 소설가나 시인이 될 가능성은 25배 이상 높다는 사실을 알아냈다. 실제로 아인슈타인은 음악이 뒤에서 밀어준 덕분에 상대성이론을 구축할 수 있었다고 밝힌 바 있다. "부모님은 내가 여섯 살 때부터 바이올린을 배우도록 했다. 내 발견은 음악적 지각의 결과물이다."

"음악을 하면서, 변호사로서 클라이언트(의뢰인)의 입장을 한 번 더 돌아볼 수 있는 감수성을 키울 수 있었어요." 2009년 9월 2집 앨범 《리하트》를 낸 변호사 가수 이은민(32세·예명)은 음악을 취미가 아니라 또 하나의 직업으로 삼은 경우다. 그녀는 어려서부터 음악을 하지 않는 삶을 상상해본 적이 없다. 그래서 대학 입학 후 노래동아리의 보컬로 활동했고, 사법시험 공부를 하면서도 기획사를 찾아가 오디션을 봤다. "온전히 내 음악, 내 목소리로 인정받고 싶다"는 이 당돌한 아가씨가 가수의 꿈을 포기하지 않으면서도 국제중재 분야를 담당한 대형 로펌의 4년차 변호사 역할을 야무지게 수행하는 비결은 무엇일까. 그의 말마따나 음악적 감수성이 바탕이 됐기에 가능했으리라.

2010년 초 경기 용인외고를 졸업한 권희원(19세)양은 미 육군사관학교를 비롯해 미국 대학 여섯 곳에서 합격통지를 받았다. 권양은 1학년 때 농구동아리에서 활동했고, 방과 후 수업에서 태권도를 꾸준히 배워 고3 때 2단을 땄다. 고3 1학기까지 교내 라크로스(하키와 비슷한 구기운동) 동아리에서 활동하며 경기에도 나갔다. 주변에서 "체대에 갈 것도 아닌데 무슨 운동을 그렇게 열심히 하느냐"는 말도 했지만, 운동으로 스트레스를 푸니 공부 집중력이 높아졌다는 게 권양의 설명이다. 소극적인 성격이었는데 운동을 하면서 자신감이 높아진 것도 수확이다.

다양한 체육활동은 대학 진학에도 큰 도움이 됐다. 대입 원서에 각종 체육활동 포트폴리오를 기록했고, 자기소개서에도 운동으로 얻은 경험들을 구체적으로 적어 좋은 평가를 받았다. 미국 대학들은 오래 전부터 음악, 미술, 체육 등 다방면에 소질이 있는 예체능형 인재를 선호해 왔다. 이런 학생들이 창의력과 리더십, 네트워킹 능력이 더 우수하다고 보기 때문이다. 미 하버드대를 졸업한 뒤 유엔난민기구에서 활동하는 성소라(25세)씨도 어릴 때부터 쌓은 음악 미술 관련 포트폴리오를 입시에 적극 활용한 사례다. 성씨는 하버드대 지원 당시 피아노와 바이올린을 연주한 CD와 고등학교 때 그린 동양화 작품을 영문 작품해설과 함께 포트폴리오로 만들어 제출해 높은 평가를 받았다.

미래는 통섭형 인재의 시대,
관심 분야를 넓혀준다

유대계 미국인 토머스 프리드먼은 《세계는 평평하다》, 《렉서스와 올리브나무》, 《베이루트에서 예루살렘까지》 등 세계적인 베스트셀러를 썼고, 퓰리처상을 세 번이나 받는 등 세계적인 언론인이다. 그는 미국 브랜다이스 대학에서 지중해학을 전공하고, 영국 옥스포드 대학에서 중동학 석사 학위를 받았다. 그 후 베이루트 특파원으로 오랫동안 일했고, 월 스트리트 금융가도 경험했다. 그가 '세계화'에 관한 빼어난 통찰을 보여준 책을 여러 권 낼 수 있었던 것은 중동의 역사에 대한 지식과 중동 특파원의 경험이 월 스트리트의 경험과 맞물리면서 큰 힘을 발휘했기 때문이다. 특정 분야에서 쌓은 지식과 경험을 다른 지식과 연결해 새로운 가치를 창조하는 '통섭'의 힘이다.

'원자폭탄의 아버지'로 불리는 독일계 유대인 로버트 오펜하이머는 어렸을 때 아이들과 잘 어울리지 못했다. 친구들이 붙여준 별명은 '넋 빠진 놈'이었다. 행동이 굼뜬데다 무슨 일이 생기면 얼굴을 붉히고 내면으로만 빠져들었다. 하지만 그의 부모는 아들의 재능을 믿고 다양한 체험을 하도록 적극적으로 지원했다. 미국에서 가장 진보적인 학교로 꼽히는 뉴욕 센트럴파크 서쪽의 에티컬 컬처 스쿨(Ethical Culture School)에 아들을 보낸 것도 관심 영역을 넓혀주기 위한 노력이었다. 이 학교는 학생들에게 '자신이 세상을 바꿀 주인공이라는 강한 자부심'을 심어주었다.

초·중·고교를 다니면서 그의 관심은 광물 표본의 수집, 물리학, 화학, 그리고 문학으로 발전해갔다. 그는 어린 시절에 열정적으로 암석을 수집했고, 열두 살 때 뉴욕의 지리학자들과 함께 센트럴파크에서 관찰한 암석의 형성을 연구해 뉴욕지질학회의 초청을 받기도 했다. 그는 어학에도 관심이 많았다. 독일 괴팅겐 대학 유학 시절 단테의 《신곡》을 원문으로 읽기 위해 이태리어를 배웠고, UC버클리에서는 인도 철학에 대한 관심 때문에 산스크리트어(인도의 옛 언어)를 배였다. 고교 시절에는 호메로스나 플라톤의 작품을 읽고 싶어 희랍어를 배우기도 했다.

그가 죽기 1년 전인 1966년 프린스턴 대학이 수여한 명예박사 학위의 학위기에는 '물리학자로서 뱃사람이고, 철학자, 마술가(馬術家), 언어학자, 요리사이며 좋은 와인과 시의 애호가'라고 쓰여 있다. 실험 경험이 전무한 이론물리학자가 수천 명의 과학기술자들을 지휘해 원자폭탄 개발에 성공한 것은 인문학과 자연과학을 넘나드는 다양한 학문적 경험을 통해 학제 간 연구의 중요성을 인식한 덕분이었다.

"아주 어렸을 때부터 나는 열정적으로 시를 사랑했습니다. 시의 형식과 리듬은 나를 설레게 했지요. 나는 내 마음을 빼앗아간 러시아 시인들의 시구를 게걸스럽게 삼켰습니다. 고백하자면, 시가 높이 날수록 더 좋았어요. 시어의 운율에 너무도 깊이 매혹되었기 때문에 나는 다섯 살 때부터 시를 쓰기 시작했습니다. 열두 살이 되면서는 장차 내가 시인이 되리라는 것을 추호도 의심하지 않게 되었습니다."

커서 시인이 될 것이라고 확신했던 이 소녀는 유럽에서 여성 최초로 대학교수가 됐던 러시아 수학자 소피아 코발레프스카야다. 그녀는 자서전에서 이렇게 고백했다. "사람들은 내가 문학과 수학을 동시에 연구한 것을 보면 놀랄 것이다. 수학을 제대로 배울 기회가 없었던 많은 사람들은 수학을 산수와 혼동해 아주 무미건조하고 재미없는 과학으로 치부해 버린다. 그러나 수학이야말로 최대한의 상상력을 요구하는 과학이다. 어느 위대한 수학자는 '영혼의 시인이 되지 않고서 수학자가 될 수 없다'고 말했다. 시인은 다른 사람들이 보지 못하는 것을 보아야 하며 다른 사람들보다 더 깊이 보아야 한다. 그것은 수학자도 마찬가지다."

작곡가 슈만의 생각도 비슷하다. "교양 있는 음악가라면 라파엘로의 마돈나 그림을 연구해야 하며, 화가라면 모차르트의 교향곡을 공부해야 한다. 그럼으로써 서로 똑같은 이점을 얻게 된다. 더 나아가서 배우가 조각을 공부하면 동작의 틀이 잡힐 것이고, 조각가가 연극에 대해 탐구하다 보면 그의 작품은 배우와 같은 생명을 갖게 될 것이다. 화가는 시를 그림으로 바꾸고 음악가는 그림에 음악성을 부여한다."

2005년 4월 미국 하버드대 에드워드 윌슨 석좌교수의 저서 《지식의 통합》이 번역돼 나오면서 '통섭'이라는 말이 우리 사회의 화두가 됐다. 윌슨 교수는 인문학, 사회과학, 예술 등이 모두 인간에 대한 학문이기 때문에 유전학, 진화학, 뇌과학을 기반으로 재해석하고 통합하는 것이 가능하리라는 전망을 내놓았다.

이 책을 번역한 이화여대 최재천 석좌교수는 '우물을 깊게 파기 위해 넓게 파는 것이 통섭'이라고 말한다. 최 교수는 지금까지 여러 학문의 비약적 발전은 통섭의 순간 이루어졌다고 설명한다. 물리학이나 화학을 연구한 사람들이 생물학에 뛰어들어 분자생물학을 탄생시킨 게 대표적이다. 과거 생물학자들은 전체를 보는 데만 익숙했다. 하지만 물리학자와 화학자들은 쪼개서 분석하는 능력이 뛰어났고,

이들이 생물학에 관심을 보이면서 새로운 영역을 개척했다는 설명이다.

미국 하버드대에는 1933년 설립된 'Society of Fellows'라는 연구기관이 있다. 철학, 수학, 생물학 등 다양한 분야의 권위자들이 모여 토론하는 모임으로, 지금까지 노벨상 수상자 17명과 퓰리처상 수상자 20명을 배출했다. 미시간 대학에도 비슷한 토론 모임이 있다. 이 모임에서 3년간 대략 150개 정도의 주제를 갖고 토론한 경험이 있는 최 교수는 "얘기하고 토론하는 과정에서 새로운 학문, 새로운 진리 탐구가 생겨난다"고 말한다.

학문의 기본은 진리를 탐구하는 것이다. 코끼리 다리만 만질 게 아니라 코끼리 전체의 모습을 제대로 봐야 진리에 다가갈 수 있다. 하지만 현대 학문은 전문성이라는 이름 아래 그 범위가 점점 더 쪼개지고 갈라지는 등 세분화·다양화하고 있다. 각박한 경쟁사회가 삶의 여유를 빼앗아 갔듯이, 학문의 영역에서도 미시적으로 깊게 파고드는 경향이 강해지고 있다. 다양한 분야의 지식을 익히기보다는 자기 분야에만 매몰돼 있다.

그렇지만 그 한계를 통섭을 통해 뛰어넘을 때에야 비로소 인류 역사에 남을 위대한 성취를 이룰 수 있다.

자녀에게 통섭 능력을 키워주려면 어떻게 해야 할까. 의사, 컴퓨터바이러스 전문가, 벤처회사 CEO, 베스트셀러 저자를 거쳐 지금은 카이스트 경영대학원 교수로 있는 안철수 박사(48세)는 미래는 융합의 시대인 만큼 통섭형 인간이 돼야 한다고 강조한다.

안 박사가 가장 강조하는 것은 글로벌 마인드다. 그러다 보니 외국어가 기본이다. 세계화 시대를 맞아 다문화권 사람들과 협업이 늘어나고 있는 만큼, 지식과 정보의 연결통로인 영어의 중요성은 아무리 강조해도 지나침이 없다. 하지만 단순히 어학능력이 뛰어나다고 글로벌 마인드가 절로 길러지는 것은 아니다. 부모가 자녀와 함께 다양한 책을 읽고 고민하는 과정에서 글로벌 마인드를 자연스럽게 키울 수 있다. 단, 이때 세계가 구체적으로 어떻게 움직이는지에 대한 판단은 자녀 스스로 내리게 해야 효과적이다.

글로벌 융합시대에 리더가 되려면 남들이 만들어 놓은 방법의 틀을 깨고 창의적인 문제해결 능력을 키워야 한다. 이를 위해 자신의 전공 지식은 물론 주변에 대한 상식을 넓혀나가는 것도 중요하다. 애플의 아이팟은 동그라미 하나로 모든 것을 작동할 수 있다. 디자인뿐만 아니라 전자공학에 대한 폭넓은 지식을 갖춘 디자이너들이 있었기에 가능한 일이었다.

설득력 있는 커뮤니케이션 능력도 필요하다. 현대 사회는 아무리 많은 지식을 보유하고 있더라도 이를 다른 사람에게 효과적으로 전달하는 능력이 없으면 무용지물이다. 안 박사는 "전공에 대한 깊은 지식(Expertise), 다양한 분야에 관한 넓은 상식(Broad-mindedness), 그리고 커뮤니케이션(Communication) 능력이 골고루 조화된 인재가 돼야 한다"고 조언한다.

인성교육
역사라는 씨줄과 사회라는 날줄
공동체 의식을 가르친다

《탈무드》보다 더 좋은 '우리 집 고전'을 정한다
역할모델을 찾게 도와준다
13세의 성년식, 이른 독립을 준비시킨다
조상과 전통의 소중함을 알게 한다
지식보다 지혜를 먼저 알려준다
기부의 가치를 알고 실천하게 한다
경제교육은 빠를수록 좋다
좋은 친구를 찾아 깊은 우정을 배우게 한다
최초의 라이벌인 형제자매, 우애를 배우게 한다
정직이 최고의 무기임을 알려준다
항상 감사하는 습관을 길러준다
오늘(시간)의 소중함을 알게 한다
검소한 삶이 아름답다는 것을 알려준다
매사에 균형 잡힌 생활태도를 가지게 한다
양보하고 사과할 줄 아는 '사회성'을 키워준다
실패했다면 격려하고, 같은 실패를 반복했다면 꾸짖는다
충분히 듣고 생각해서 말실수를 하지 않게 한다
함부로 약속하지 않고, 약속했다면 반드시 지키게 한다
질서의식과 예의범절을 가르친다

《탈무드》보다 더 좋은
'우리 집 고전'을 정한다

《토라》가 이스라엘에서 절대 잊히지 않게 하기 위해 나, 랍비 히야가 한 일은 무엇인가? 나는 아마씨를 뿌렸고, 그것으로 새끼를 꼬아 그물을 만들었다. 그 그물로 사슴을 잡아, 고기는 고아들에게 주고 껍질은 두루마리로 만들었다. 그 두루마리에 모세5경을 기록하여 선생이 없는 마을로 갔다. 그곳에서 다섯 아이들에게는 모세5경을, 여섯 아이들에게는 미슈나(Mishna·《탈무드》의 일부를 구성하는 유대 구전법)의 여섯 계율을 가르쳤다. 아이들 개개인이 토라와 미슈나 모두를 익힐 때까지 가르쳤다.

《탈무드》

 하늘에서 내려온 여호와가 이스라엘 사람들에게 말씀하셨다.

"이 세상에서 가장 값진 선물을 주러 왔노라!"

당시 유대인 지도자 모세는 이 말을 듣고 몹시 기뻐하면서도, 그냥 받을 수는 없어 지도자들과 의논했다. 한 현자가 이렇게 제안했다.

"우리가 가진 것 중에서 가장 값진 것을 바치자. 그것이 무엇일까? 바로 우리의 미래이다. 우리의 미래를 형태로 나타내면, 우리의 자녀들이다."

"그 말이 옳다. 우리의 자녀를 여호와께 모두 바치자."

이 말을 듣고 여호와는 기뻐하셨다.

"자녀들을 내게 바친 너희들에게 이 세상에서 가장 귀한 선물인 성서를 주고 아이들을 맡길 터이니, 열심히 성서를 가르쳐 훌륭한 사람이 될 수 있도록 하라."

그 성서가 바로 《토라》이다. 그래서 유대민족은 자녀교육을 신에 대한 의무로 알고 최선을 다한다. 《토라》를 이용한 전통교육은 현재까지도 계승되어, 모든 지식과 지혜와 통찰력의 원천으로 여겨진다.

유대인들의 일상생활 또한 철저히 《토라》의 율법에 따라 이뤄진다. 부모를 공경하라, 네 이웃을 네 자신처럼 사랑하라, 정의를 추구하라 등 많은 율법들이 《토라》에서 나왔다. 안식일에는 텔레비전 시청이나 운전을 하지 않고 철저히 무노동의 시간을 보내기, 코셔 음식 먹기, 로시 하샤나(유대달력으로 새해 첫날)에는 소파(양의 뿔로 만든 나팔)를 불기, '욤키푸르 데이'라는 명절에는 닭을 이용한 속죄 퍼포먼스 하기 등 세세한 내용들이 포함되어 있다.

《탈무드》역시 오천년에 걸친 유대인 현인들의 가르침과 지혜가 농축돼 있는 생활의 지침서이자 필독서이다. 《탈무드》는 5~7세기 무렵 랍비들이 토론을 통해 법적·윤리적·정신적·역사적인 통찰을 기록한 63권, 1만2천 쪽 분량의 방대한 책이다. 구약시대 이후부터 유대인들의 백과사전 역할을 하며 전통교육의 핵심 교재로 사용돼 왔다. 행복과 사랑, 인간의 존엄성 등 랍비들의 경험담과 지혜가 오롯이 담겨 있다. 오천년 유대민족의 생활규범과 삶의 지혜가 들어 있는 산 교재인 셈이다. 수세기에 걸쳐 유대인 학교의 교과서로 쓰였고, 현재도 정통 보수 랍비 훈련의 가장 중요한 교재로 활용된다.
본래 '탈무드'는 '배움'이라는 뜻이지만, 요즘은 유대인 교육법을 지칭하는 말로 더 자주 쓰인다. 유대인들은 글을 읽기 시작할 때부터 노안으로 책을 읽을 수 없어질 때까지, 그야말로 일평생 《탈무드》를 공부한다. 처음에 부모와 함께 하루 2쪽, 장장 7년 반에 걸쳐 일독을 한 후에는, 평생 반복 학습을 한다. 법률, 경제, 지리, 역사, 의학, 과학 등 모든 지식이 담겨 있는 《탈무드》는 통합적 사고력이 요구되는 시기에 더없이 좋은 교과서이다. 수천 개의 질문과 답변을 반복하는 과정에서 논리적 사고력과 창의력을 자연스럽게 키울 수 있다.

《탈무드》는 유대인의 생활교범이기도 하다. 유대인들은 '규율에 따라 살고 규율에 따라 죽는다'고 할 정도로 일상생활에서 《탈무드》에 적힌 규율을 엄격하게 지킨다. 탈무드의 계율에 따라 아기를 낳고, 탈무드의 지침대로 장례를 치르며, 탈무드의 가르침에 따라 아이를 교육시키고, 탈무드의 관례에 따라 이웃과 더불어 살아간다. 이처럼 유대인 성공의 배경에는 오천년 동안 일관되게 이어져 온 《토라》와 《탈무드》를 통한 이념교육이 자리 잡고 있다.

역할모델을
찾게 도와준다

랍비 메이어에게 한 학생이 물었다. "선생님, 왜 자녀에게 일하는 것의 귀중함을 가르치지 않는 아버지는 자식을 도둑으로 만드는 아버지와 같다는 것일까요?" 랍비가 대답했다. "자녀에게 일하는 것의 신성함을 가르치는 아버지는 자식에게 포도밭을 남겨주는 것과 같다. 포도밭은 반드시 울타리로 둘러쳐져 있어 소나 여우가 그 안으로 들어갈 수가 없다. 이것은 나쁜 생각이 아들의 마음속으로 들어가지 못하는 것과 같은 것이다." 어린이들을 올바른 길로 인도하는 가장 좋은 방법은 부모가 모범을 보이고 자녀의 훌륭한 역할모델이 되는 것이다.

《탈무드》

러시아계 유대인인 세르게이 브린은 자라면서 음악 감상이나 텔레비전 시청 따위에는 전혀 흥미가 없었다. 공부에 대한 관심도 희박했다. 그런데 노벨상 수상자인 천재 물리학자 리처드 파인만의 삶에는 광적으로 매료됐다. 브린은 '자기 분야에서 큰 공로를 세웠을 뿐 아니라 레오나르도 다빈치처럼 과학자에 그치지 않고 예술가가 되려던' 파인만을 역할모델(자신이 닮고 싶은 인물상)로 삼아 노력한 결과, 세계 최대의 검색엔진 구글의 설립자가 되었다. 구글을 설립해 본격적인 비즈니스 세계에 들어선 이후에는 애플의 CEO 스티브 잡스와 투자의 귀재 워런 버핏을 역할모델로 삼았다.

구글의 공동설립자인 유대인 래리 페이지는 열두 살 때 니콜라 테슬라(1856~1943)의 전기(傳記)를 읽고 발명의 매력에 흠뻑 빠져들었다. 테슬라가 발명한 교류발전기는 전기, 전력망, X선, 무선통신으로 이어지며 현대 전기문명의 근간이 됐다. 테슬라는 비범하지만 칭송 받지 못한 과학자로 '돈과 명예를 얻지 못한 에디슨'으로 불렸다. 그는 수많은 놀라운 발명에도 불구하고 평생 독신으로 궁핍하게 살다가 뉴욕의 한 호텔에서 쓸쓸히 숨을 거뒀다. 페이지는 테슬라에게서 무엇을 배웠던 걸까.

"그것이 아무리 세계 최고라 해도, 그저 발명하는 것만으로는 큰 성과를 거둘 수 없다는 겁니다. 참 슬프더군요. 테슬라가 사업이나 사람 다루는데 조금만 재주가 있었어도, 훨씬 큰일을 해냈을 겁니다."

페이지는 테슬라라는 역할모델을 통해 '반짝이는 아이디어만으로는 부족하다. 타이밍, 지속성, 자원 조달 등도 똑같이 중요하다'는 것을 깨달았다.

유대인 부모들은 자녀가 어렸을 때부터 역할모델을 정해준다. 가족이 저녁시간에 한자리에 모이면 자연스럽게 유대민족을 빛낸 위인들에 관한 이야기가 화제에 오른다. 정치, 경제, 사회, 문화, 과학 등 각 분야에서 세계적으로 이름을 떨친 유대인은 부지기수다.

문학에 관심이 있는 자녀에겐 《닥터 지바고》로 노벨상을 받은 보리스 파스테르나크나, 역시 노벨상 수상작가로 《마의 산》, 《파우스트 박사》 등을 쓴 토마스 만, 낭만주의 시인 하이네, 실존주의 문학의 선구자인 《변신》의 카프카 등을 역할모델로 제시할 수 있을 것이다. 음악에 소질이 있는 자녀에겐 음악가 멘델스존이나 지휘자 레너드 번스타인을, 위대한 사업가를 꿈꾸는 아이라면 금융자본가 로스차일드나 석유재벌 록펠러, 헤지펀드의 대부 조지 소로스 등을 역할모델로 제시할 수 있다.

세계 최고의 부자 빌 게이츠는 자신이 닮고 싶은 역할모델로 부모를 꼽았다. 그는 어렸을 때부터 부모의 독서 지도를 통해 가족의 전통을 소중히 여기는 법을 배웠다. 그가 500억 달러가 넘는 천문학적인 돈을 사회에 환원한 것도 자선단체 회장을 지낸 어머니의 영향이었다.

유대인들은 평소 자녀들과 대화하거나 잠자리에 든 아이에게 위인전을 읽어줄 때, 반드시 유대의 전통을 빛낸 인물을 모델로 제시한다. 자신의 관심 분야에서 뛰어난 성취를 이룬 유대인 위인의 이야기를 전해들은 어린이들은 이들을 동경하고 선망하면서 자신의 꿈을 키워나간다. 이른바 '동일시 작용'이다.

어린이가 어떤 인물을 자신의 역할모델로 삼느냐는 교육적으로 매우 중요하다. 어린이들은 사회화 과정에서 동일시 작용을 통해 자신이 좋아하고 숭배하는 인물을 닮으려 노력한다. 인물의 태도나 가치관은 물론, 말씨 등 외모까지 받아들이고 내면화하려는 경향이 있다. 유대민족 가운데 위대한 인물의 행동과 가치관을 내면화함으로써 민족에 대한 긍지를 느끼는 효과도 있다. 어린이가 존경하고 배울 수 있는 적절한 역할모델의 제시는 아이의 미래에 큰 영향을 미친다. 진로의 방향을 잡는 역할도 한다.

자녀에게 어떤 역할모델을 찾아주는 게 좋을까? 우리나라 초등학생들에게 존경하는 인물을 물으면 십중팔구는 운동선수나 연예인이라고 대답한다. 위인을 꼽더라도 나폴레옹, 알렉산더 대왕, 슈바이처, 퀴리 부인, 빌 게이츠 등 외국 인물을 대는 경우가 많다. 부모들이 한국 위인에 대해 관심이 적은데다, 국내 출판시장에 해외 인물을 다룬 위인전이 압도적으로 많이 나와 있는 영향이 크다.

하지만 우리 아이들이 나폴레옹이나 퀴리 부인을 자신과 동일시하기는 쉽지 않다. 정서적, 문화적인 차이가 상당하기 때문이다. 따라서 우리 역사 속의 훌륭한 인물들을 역할모델로 제시하는 게 바람직하다. 을지문덕 장군, 강감찬 장군, 해상왕 장보고, 세종대왕, 이순신 장군, 백범 김구 선생, 안중근 의사, 씨 없는 수박을 개발한 육종학의 권위자 우장춘 박사 등 적지 않은 인물을 역할모델로 제시할 수 있을 것이다.

이때 주의할 점은 역사 속 인물이 특수한 능력자로 태어난 '영웅'이 아니라는 점을 알려주는 것이다. 우리가 범접하기 어려운 거대한 영웅이 아니라 때로는 실패와 좌절도 맛보는 평범한 인간이며, 많은 사람들의 도움과 협력을 통해 역경을 이겨냈다는 점을 강조할 필요가 있다. 그래야 역할모델로서의 현실성이 확보된다.

역할모델로 동시대에 같이 호흡하는 인물을 소개할 수도 있다. 의사 출신 벤처기업인 안철수 씨나 구호활동가 한비야 씨 등 현재 활동 중인 친근한 인물의 도전과 성공기, 역경을 이겨온 삶의 자세 등은 자녀에게 큰 감동을 줄 수 있다.

13세의 성년식,
이른 독립을 준비시킨다

부모는 아이들에게 거짓말을 해서는 안 되며, 약속한 것을 반드시 지켜야 한다. 그렇지 않으면 아이가 거짓말을 배우기 때문이다. 아이를 위협하거나 아이에게 공포심을 조장하는 언행도 일삼아서는 안 된다. 부모는 또한 자녀들 중 한 아이에게만 각별한 대우를 하지 말아야 한다. 야곱이 열두 아들 중 가장 좋아한 요셉에게만 좋은 비단옷을 주었기 때문에 형제들이 요셉을 시기하게 되었고, 이것이 화를 초래해 우리 선조들이 결국 이집트에서 종살이를 하게 되었다. 아이들을 그 자체로 존중하는 게 중요하다.

랍비 조셉 텔루슈킨

 유대 사회에서는 자녀가 13세가 되면 성년의식을 치른다. 남자의 성년식은 '바 미쯔바(Bar Mitzbah · 계명의 아들)', 여자 성년식은 '뱃 미쯔바(Bat Mitzvah · 계명의 딸)'라고 불린다(일부 교파에선 여자의 경우 신체 성숙이 빠르다는 이유로 12세에 성년식을 하기도 한다). 성인식을 마치면 종교적으로 책임 있는 사람, 즉 완전한 성인이 된다. 성년식은 유대교 회당인 시너고그에서 지역사회의 행사로 거행된다. 결혼식처럼 일가친지와 친구 등 많은 사람이 모여 축하를 해준다. 이 자리에서 13세 아이는 자기가 지금까지 공부한 내용을 참석자들 앞에서 발표한다. 1년 전부터 정성을 다해 준비해온 발표문이다.

성년식을 마치면 연회장이나 대형 식당을 빌려 결혼식 피로연과 비슷한 축하모임을 갖는다. 이때 참석자들은 현금으로 부조한다. 뉴욕의 직장인이라면 대개 200달러 정도 낸다. 축하객 100명이 왔다면 2만 달러의 거금이 모이는 셈이다. 부모는 이날 들어온 돈을 예금하거나 채권을 사서 묻어뒀다가 사회생활을 시작하는 자녀에게 준다. 이처럼 유대인 청년들은 쌈짓돈을 갖고 사회생활을 시작하기 때

문에 당장 먹고 살기 위해 돈을 벌어야 하는 중압감에서 벗어나 창업 등 다양한 진로를 모색할 수 있다.

서양인은 동양인에 비해 자주성, 독립성이 강하다. 반면, 동양인은 서양인에 비해 독립성이 떨어지고 의존적인 편이다. 이런 성격의 차이는 선천적인 것이 아니라, 교육에 의해 결정된다. 서양 사람들은 어려서부터 자녀의 독립성과 자주성을 키워주기 위한 훈련을 한다. 가령 아이가 어느 정도 자라면 독방에서 혼자 자도록 훈련시킨다. 아이가 운다고 당장 방에 뛰어 들어가 달래주지 않고, 방문 밖에서 "엄마 여기 있으니 안심해"라고 얘기하며 기다린다. 성격이 형성되는 어린 시절에 자립심과 개척정신, 독립성을 키워주기 위해서다. 심리적 이유(離乳)를 빨리 시작하는 셈이다.

동양인, 특히 우리나라 사람들은 부모와 자식 간의 정에 얽매여 심리적 이유를 두려워하는 경향이 있다. 부모 자식 간에 돈독한 관계를 형성한다는 이점은 있겠지만, 자녀가 나이가 들어서도 독립된 인격체로 성장하는 것을 방해하는 문제가 있다. 학교를 졸업해 자립할 나이가 되었는데도 취직을 하지 않거나, 취직을 해도 독립적으로 생활하지 않고 부모에게 경제적으로 의존하는 '캥거루족'이 대표적이다. 우리나라 20~30대 직장인 5명 중 1명은 취업 후에도 부모의 경제적 도움을 받는 캥거루족이라는 조사 결과도 있다.

대부분의 국가는 20세에 성년식을 치른다. 우리나라의 전통적인 성년식은 양반 남자의 경우 관례를 올려서 관을 쓰고 붓과 벼루를 하사 받아 문필로 세상을 살아갈 대우를 받는다. 여자들은 계례를 올린다. 주로 결혼 직전에 혼례식과 함께 올리는 것이 보편적이다. 요즘은 1985년부터 5월 셋째 월요일을 '성년의 날'로 정해 만20세가 된 젊은이들을 축하해주고 있다.

그러니까 유대인의 성년식은 다른 민족에 비해 7~8년이 빠르다. 유대인이 성년식을 빨리 치르는 이유는 일찍부터 독립심을 키우기 위해서다. 유대인은 중학교에 들어갈 나이가 되면 모든 것을 독립적으로 결정하고 행동한다. 이 시기는 심리적으로 부모의 지배나 가정의 구속에서 벗어나고 싶어 하는 '청년 전기(前期)'에 해당한다. 바로 이 시기에 자주적이고 독립적인 인격체로서의 책임의식을 느끼도록 성년의식을 치르는 것이다. 술 마시고 담배 피우는 등 어른의 행동을 허용한다는 것이 아니라, 유대 율법과 전통에 대한 책임을 지며 유대 공동체 생활의 모든 영역에 참여할 수 있는 특권을 부여한다.

우리나라를 비롯해 대개의 성년의식은 어른이 성년이 되는 젊은이들을 훈계하고 축하하는 방식이지만, 유대의 성년식은 당사자인 젊은이가 직접 공부하고 준비한 의견을 발표함으로써 자주성과 독립심을 키우는 것이 특징이다.

조상과 전통의
소중함을 알게 한다

《탈무드》에는 '노인을 존중하지 않는 청년에게 행복한 노후란 없다'라는 말이 있다. 노인이 존중받는 사회는 안정감이 있다. 노인은 젊은이들에게 선행을 권유한다. 이미 자신이 나쁜 짓을 할 힘이 없기 때문이기도 하지만, 그래도 악행을 할 수 없는 사람들을 존경하는 사회는 좋은 사회임이 분명하다. 젊을 때부터 노인을 진정으로 존중해온 사람만이 자기가 나이가 들었을 때 자존감을 가질 수 있다. 또한 《탈무드》에는 '아무리 길고 훌륭한 쇠사슬이라도 한 개만 부러지면 무용지물이 된다'는 말도 있다. 하나하나의 세대가 쇠사슬의 고리로 이어져 있다는 뜻이다. 유대인은 모두가 한 가족이며, 전 세계에 뿔뿔이 흩어져 있어도 유대인이라는 대가족으로 뭉쳐져 있다는 의미도 내포돼 있다. 우리가 수천 년 전의 조상처럼 살 수 있는 것은 이런 가르침 덕분이다.

마빈 토케이어

"이스라엘의 기적은 우리 역사와 전통의 힘입니다. 우리는 항상 약소민족이었어요. 항상 반대파가 있었죠. 항상 불만족스러운 상황에서 살아왔어요. 모세시대 이래 항상 더 나은 것을 위해 투쟁하는 게 우리 유대인들의 DNA입니다. 모세의 십계명은 일종의 현대문명의 기초가 됐습니다. 아인슈타인이 상대성원리라는 개선되는 가치를 발견했다면, 모세는 변치 않는 가치를 주창한 겁니다. 둘 다 유대인으로 같은 전통을 공유하고 있어요. 과학자는 지식만 가져서는 안 됩니다. 과학자는 관습에 맞서 싸우는 혁명가입니다. 그리고 그 혁명은 마음으로 일으켜야 합니다. 우리 유대인도 항상 관습에 맞서 싸워왔습니다. 우상 숭배에 맞섰고, 노예제도에 불복했습니다."(시몬 페레스 이스라엘 대통령)

유대인처럼 역사와 전통을 중시하는 민족도 흔치 않다. 자녀들이 할아버지 할머니 등 조상에 대한 공경심을 갖도록 하는데도 각별히 신경을 쓴다. 가족이 모이면 조상의 얘기를 들려줌으로써 조상에 대한 자긍심과 함께 뿌리를 잊지 않도록 한다. 유대인 부모는 자녀들에게 매주 기도 제목을 정해주는데, 이때 부모와 조부모의 건강, 조상에 대한 감사 등을 주제로 주면서 자연스럽게 효(孝)에 대한 개념을 심어준다.

할아버지 할머니에 대한 존경심은 부모에 대한 존경심으로 이어지고, 가족이라는 일체감을 형성하는 데 큰 도움이 된다. 집안에 위기가 닥치거나 큰일이 생겼을 때 혼연일체가 돼 극복할 수 있는 원동력이 되는 것은 물론이다. 이처럼 어렸을 때부터 조상과 전통의 소중함을 배웠기 때문인지, 집안에 무슨 일이 생기면 남의 일이 아닌 내 일이라 여겨 참여의식이 대단하다. 아버지와 아들이 땀을 흘리며 정원을 손질하고, 어머니와 딸이 정겨운 대화를 나누며 집안 청소와 음식을 하는 경우를 유대인 가정에서는 흔히 볼 수 있다.

나치독일 치하에서 학살당한 유대인은 600만 명에 달한다. 당시 전 세계 유대인의 절반에 육박하는 숫자다. 유대인 가운데 가족이나 친척 한두 명이 피해를 입지 않은 경우는 찾아보기 어렵다. 유대인은 어려서부터 자녀들에게 유대민족이 걸어온 형극의 역사를 들려준다. 조상들이 겪은 박해와 고난의 역사는 유대 어린이들을 전율하게 하지만, 그런 고통스런 감정은 민족적 정체감과 자긍심을 더욱 굳게 해주는 계기가 된다.

1967년 이스라엘과 아랍 국가들 사이에 전쟁이 일어났을 때 미국의 주요 국제공항은 이스라엘행 비행기를 타려는 유대인 젊은이들로 장사진을 이뤘다. 비록 미국에서 태어난 미국 시민권자이지만, 풍전등화의 위기에 놓인 조국을 외면할 수 없다는 애국심의 발로였다. 어떤 역경 속에서도 유대민족의 전통을 잃어버리지 않도록 가르쳐

온 교육의 힘이었다.

하지만 유대인 부모는 억압과 박해의 역사를 결코 잊지 말라고 가르치면서도 "그러나 용서하라"는 말을 잊지 않는다. "네가 더 열심히 공부하고 훌륭한 사람이 되면 그런 치욕의 역사는 반복되지 않을 것"이라는 긍정적 사고로 연결시킨다.

한국인도 가정교육을 통해 조상의 뿌리를 알려주지만, 유대인의 교육과는 상당한 차이가 있다. 내 아버지는 어려서부터 2남2녀 자녀들을 모아놓고 우리 가계가 왕손(王孫)이라는 점을 강조하셨다. 탐라국(제주도) 왕 고자견(高自堅)의 태자로 고려에 입조(入朝)한 중시조 고말로(高末老) 할아버지의 자손이라는 것이다. 친구들 아버지도 크게 다르지 않다. 조상이 왕족이거나 양반 출신이었다는 등 신분과 가문을 강조하는 가정교육은 많이 하지만, 우리 민족의 정체성을 강조하는 교육을 하는 부모는 별로 없다.

임진왜란이나 한국전쟁 같은 민족의 비극을 알려주는 경우에도 복수와 증오의 감정을 키우는 경우가 많다. '내 원수를 반드시 갚아 달라'는 식이다. 이런 사고방식은 박두진 작사, 김동진 작곡의 《6.25의 노래》에서도 엿보인다. '아, 아, 잊으랴! 어찌 우리 이 날을 조국을 원수들이 짓밟아 오던 날을 / 맨 주먹 붉은 피로 원수를 막아내어 발을 굴러 땅을 치며 울분에 떤 날을 / 이제야 갚으리 그날의 원수를 쫓기는 적의 무리 쫓고 또 쫓아 / 원수의 하나까지 쳐서 무찔러 이제야 빛내리 이 나라 이 겨레.'

우리나라는 유교 문화의 전통이 뿌리 깊다. 동방예의지국으로 불릴 정도로 충효(忠孝) 사상을 강조해왔다. 그런데 경쟁과 효율을 중시하는 신자유주의가 유입되면서 장유유서의 질서가 무너지고, 돈이 모든 것을 좌우하는 물신주의 사회가 돼버렸다. 부모 자식 간의 끈끈한 연대감이 사라지고 개인주의만 남은 게 오늘날 대한민국 가정의 모습이라고 한다면 지나친 것일까.

지식보다 지혜를
먼저 알려준다

한 랍비가 배를 타고 여행 중이었는데, 승객들이 하나같이 큰 부자였다. 이들은 재산을 비교하며 경쟁적으로 자랑했다. 부자 한 사람이 랍비에게 "당신 재산은 얼마나 되느냐?"고 물었다. 랍비는 "내가 제일 부자라고 생각하지만 지금 당신들에게 보여줄 수가 없군요"라고 답했다. 그때 해적들이 배를 습격해 부자들이 지니고 있던 금은보석 등을 모두 빼앗았다. 배는 간신히 어떤 미지의 항구에 닿았다. 랍비는 높은 교양과 학식을 인정받아 항구의 학교에서 학생들을 가르쳤다. 얼마 뒤 배를 함께 탔던 부자들을 만났는데, 모두 가난뱅이가 돼 있었다. 그들은 랍비를 보고 말했다. "당신 말이 옳았어요. 교양과 지식이 있는 사람은 모든 것을 갖고 있는 것과 같군요."

《탈무드》

사람은 지식과 지혜를 모두 갖추어야 한다. 지식과 지혜는 비슷한 것 같으면서도 크게 다르다. 지식은 사물과 세상에 대한 정보이다. 지혜는 현명하고 슬기로운 판단력이다. 만약 지식만 풍부하면 아는 것이 많아도 매번 어리석은 결정을 할 것이다. 지식과 지혜를 모두 갖추어야 박식하고 슬기로울 수 있다.

"교육방법은 영원하지 않고 항상 변화합니다. 중요한 건 아이들에게 지식을 주는 게 아니라 그들의 성격을 개발해주고 호기심을 일깨워주고, 카리스마를 길러주고, 배우는 방법을 가르치는 거지요. 지금은 주머니 속의 돈이 아니라 머리가 밥을 먹여주는 시대입니다."(시몬 페레스 이스라엘 대통령)

21세기는 지식정보화 사회다. 지난 세기까지만 해도 정보를 접할 수 있는 계층은 극히 한정돼 있었지만 지금은 정보 독점구조가 해체되면서 인터넷, 모바일 기기 등을 통해 누구나 쉽게 각종 정보에 접근할 수 있다. 국가지도자나 기업인 치고 지식이 모자라 어려움을 겪는 경우는 별로 없다. 하지만 지혜가 부족한 지도자나 기업인은 여전히 많다. 국가지도자나 대기업의 CEO가 잘못된 판단을 하면 개인의 삶은 물론 자신이 이끄는 조직 자체가 순식간에 무너질 수도 있다. 지혜는 지식 습득 이전에 갖춰야 할 기본적인 소양인 셈이다.

한국의 자녀교육은 오로지 지식 향상에 집중되어 있다. 지식의 양을 늘리기 위해서라면 빚을 내서라도 사교육을 시키고, 이사나 이민도 마다하지 않는다. 학교에서도 지식을 더 많이 주입하는 데만 급급하다. 과중한 정보량에 버거워하는 아이들을 붙잡고 어떻게든 지식을 습득해 대학에 합격하도록 강요하는 게 가정은 물론 학교교육의 전부가 돼버렸다.

문제는 이렇게 강요된 지식은 자신의 것이 되기 어렵다는 점이다. 이해하고 응용할 수 있어야만 진짜 지식이다. 억지로 외움으로써 알게 된 지식은 결코 오래가지 못한다. 《생각의 탄생》이라는 책을 쓴 루트번스타인 부부의 표현을 빌리자면 "실로 허약하며 쓸모없고, 교육적 실패의 결과물에 불과하고, 겉만 번지르르한 학문적 성취의 외장"일 뿐이다.

지식은 인생을 살아가는데 있어서 필요한 여러 조건 중 하나일 뿐이다. 어떻게 살 것인가, 지식을 자신의 삶에 어떻게 적용할 것인가를 결정하는 것은 바로 지혜이다. 유대인들은 지식에 앞서 지혜를 가르친다. 지혜로워야 지식도 제대로 활용할 수 있다고 보기 때문이다.

물고기를 주어라, 한 끼를 먹을 것이다. 물고기 잡는 법을 가르쳐 주어라, 평생을 먹을 것이다.

《탈무드》에 나오는 말이다. 지식은 물고기와 같은 것이다. 부모가 자녀에게 자신이 잡은 물고기를 주는 것은 기존 지식이나 재산을 물려주는 셈이다. 물론 어떤 문제에 부딪쳤을 때 지식의 깊이나 양은 중요하다. 하지만 지식을 어떻게 활용하고 쓰느냐가 더 중요하다. 아무리 많은 재산과 지식을 물려받아도, 이를 제대로 활용하지 못하면 무용지물이다. 지혜는 지식을 올바로 활용함으로써 평생을 지탱하게 해주는 힘의 원천이다. 지식은 있으나 지혜롭지 못한 사람은 개인의 이익을 위해 자기가 속한 공동체에 피해를 줄 수도 있다. 지혜는 누구도 빼앗아가지 못하는 가장 귀중한 자신만의 재산이다.

지식 위주의 교육이 '지식이 풍부한 사람'을 만드는 것도 아니다. 미국 화장품 브랜드 바비 브라운의 아시아태평양 대표를 맡고 있는 장재영 씨는 뉴욕 본사 임원들과 대화를 할 때마다 그들의 박식함에 깜짝 놀란다.

"식사 자리에서 피카소를 놓고 두 시간가량 대화가 오간 적이 있어요. 대표작 몇 개 아는 걸로는 낄 수도 없어요. 미술 전공자는 한 명도 없었지만 모두 피카소의 탄생부터 작품 세계, 사랑 이야기, 최근 경매 가격까지 꿰고 있더군요. 한번은 레스토랑 창문 밖으로 개기일식이 진행 중이었는데, 그날은 개기일식과 월식 같은 주제가 천문학 강의를 방불케 했죠." 심지어는 아시아가 화제가 될 때도 서양 임원들의 수준은 상상을 초월했다. "서양인들이 아시아에 대해 얼마나 알까 싶었는데, 만리장성의 건축배경과 기법, 수치까지 역사책 같은 대화를 그들이 주도하더군요."

지식 교육 일변도인데다 획일적이고 강요된 지식을 주입 받는 한국인의 지식 경쟁력이 사상누각에 불과하다는 것을 여실히 보여주는 사례이다. 글로벌 리더가 되려면 깊이 있는 지식은 물론, 뛰어난 판단력과 인간 및 사회에 대한 이해력, 예술적 감성을 고루 갖춰야 한다.

부모가 잡은 물고기를 억지로 입에 떠밀어 넣는 한국식 교육과 물고기를 낚는 지혜를 가르치는 유대인 교육이 어떤 결과를 가져올지는 자명하다. 다양한 독서와 토론을 통해 평생 삶의 지혜를 터득한 유대인과 오로지 대학입시를 위해 인생의 황금기를 지식 축적에만 보낸 한국인. 오늘날 유대인이 이룬 성취는 지식보다 지혜를 앞세운 교육의 힘을 보여주는 분명한 증거다.

기부의 가치를 알고
실천하게 한다

여우 한 마리가 포도밭 둘레를 돌며 입맛을 다셨으나, 울타리가 있어서 들어갈 수 없었다. 여우는 사흘을 굶어 몸을 홀쭉하게 만든 뒤 울타리 틈을 뚫고 들어가는 데 성공했다. 맛있는 포도를 마음껏 따먹고 포도밭에서 나가려 했지만, 이제 배가 불러 울타리를 빠져나갈 수 없었다. 다시 사흘을 굶어 몸을 홀쭉하게 만든 뒤에야 포도밭을 벗어난 여우는 이렇게 푸념했다. '배가 고프기는 들어갈 때나 나올 때나 마찬가지로군.' 인생도 이와 마찬가지다. 사람은 누구나 벌거숭이로 태어나 결국 벌거숭이로 돌아간다. 사람은 죽어서 가족과 부귀와 선행, 이 세 가지를 세상에 남긴다. 그러나 선행 이외의 것은 그리 대단한 것이 못 된다.

《탈무드》

랍비 시몬이 어느 날 천국에서 자기 자리가 어디쯤 위치할지 궁금해 하나님께 알려달라고 기도했다. 하나님은 시몬의 자리가 어느 백정의 옆 자리라고 가르쳐줬다. 그는 의아한 생각이 들어 그 백정의 집을 찾아가 손님으로 여러 날 머물며 얘기를 나눴다. 시몬은 백정에게 "당신이 지금까지 어떤 좋은 일을 해왔는지 알려 달라"고 청했다. 백정은 특별히 내세울 얘기는 없다고 했다. "죄 많은 사람이라 성서는 한 번도 읽어본 적이 없습니다. 오랫동안 백정 일을 하면서 돈은 좀 벌었지요. 주일마다 가난한 사람들에게 고기를 나눠주고, 헌금도 자주 하는 편입니다."

이 정도 선행으로 내 옆자리에 올 리가 없다고 여긴 시몬은 "궁금해서 그러니 그밖에 무슨 선행을 했는지 들려 달라"고 계속 요청했다. 백정은 과거 세무원으로 잠깐 일했을 때 겪었던 일을 들려줬다.

"어느 날 배가 입항해 세금을 받고 돌아가려는데 선장이 부르더니 '아주 멋진 물건이 있는데, 꼭 당신한테 팔고 싶다'고 하더군요. '무엇인지 알아야 사지 않겠느냐?'고 해도 '돈을 내기 전에는 가르쳐줄 수 없다'는 거예요. 가격을 물으니 1만 냥에서 시작해 4만 냥까지 올

리더군요. 무조건 '돈을 먼저 내면 물건을 넘겨주겠다'고 억지를 부려, 뭔지는 모르지만 아주 귀한 물건일 것으로 여겨 물건을 사기로 했지요. 돈을 받은 선장은 배 밑 창고에서 유대인 포로 200명을 끌고 와 넘겨줬어요. '당신이 사지 않았다면, 모두 바닷물에 빠져 물고기 밥이 됐을 거'라면서요.

저는 그들을 집에 데려가 먹여주고 옷도 주었지요. 젊은이들끼리는 결혼도 시켜주었어요. 그런데 그들 중 눈이 번쩍 뜨일 만큼 아름다운 처녀가 있어서 제 아들과 결혼을 시키려 했지요. 결혼식 날이 됐는데, 많은 사람의 기쁜 얼굴 속에서 유달리 슬픈 얼굴을 한 젊은이가 마음에 걸리더군요. 밖으로 조용히 불러내 이유를 물었습니다.

'오늘 아드님과 결혼할 처녀는 제 아내가 될 여자였습니다. 포로로 잡히던 날이 우리 결혼식 날이었죠.' 그 말을 듣고 저는 은 200냥을 내놓으며 물었어요. '처녀를 잊을 수 없겠느냐?' '저는 그녀를 이 세상의 무엇보다도 사랑합니다. 하지만 당신은 내 은인이자 주인입니다. 그녀를 며느리로 삼고 싶다면 그렇게 하십시오. 돈은 필요 없습니다.' 저는 아들에게 젊은이의 얘기를 들려줬습니다. 아들은 자신이 양보하겠다고 하더군요. 그래서 저는 그 젊은이와 처녀를 결혼시켜 주었습니다."

이 얘기를 들은 랍비 시몬이 말했다.

"천국에서 당신의 이웃이 되는 게 너무 기쁩니다."《탈무드》

미국의 초등학교에는 '학부모 교사 협의회(PTA)'라는 조직이 있다. 자녀의 교육을 함께 책임진다는 의미일 뿐, 교사들의 입김과는 무관한 자율적인 모임이다. 몇몇 엄마들의 치맛바람으로 유지되는 게 아니라, 거의 모든 학부모들이 자발적으로 참여해 교사들과 아이들의 교육 문제를 협의한다.

뉴욕 연수 시절, 우리 부부도 한 달에 한 번씩 학교 식당에서 열리는 PTA 전체회의에 빠짐없이 참석했다. 식당을 가득 메운 학부모들은 교장, 교감을 앞에 불러놓고 학교 발전 방안에 대해 까다로운 질문도 던지고 학부모의 역할에 대해 진지한 토론도 벌인다. 기부금을 모으는 것도 PTA의 주요 활동 중 하나다. 우리나라처럼 학생회 간부의 부모들이 울며 겨자 먹기 식으로 돈을 내는 게 아니라 폐품 수집, 바자회 등 투명한 수익활동을 통해 기금을 모은다.

10월 중순에 진행되는 '사탕 판매(Candy Sale)'는 기부금을 모으는 가장 큰 연례행사이다. 말이 사탕 판매지, 실제는 초콜릿, 젤리, 꿀땅콩, 양초 등 다양한 제품을 판매한다. PTA는 '학부모들이 사탕을 한 봉지씩만 구입하면 학교 운영에 큰 도움이 된다'는 편지를 보내 기금 마련에 동참해줄 것을 호소한다. 학생들은 PTA에서 사탕이나 양초를 구입, 친구나 친척, 동네 사람들에게 되판다. 학생들의 판매 경쟁은 치열하다. 가장 많이 판 학생(전체 1등)에게 500달러, 2등 250달러, 3등 175달러의 현금이 상금으로 주어진다.

학년별 1등에겐 장난감 백화점 '토이저러스(ToysRus)'의 20달러짜리 상품권을, 사탕을 가장 많이 판매한 학급에겐 '피자 파티'를 열어준다. 한국 같으면 사행심을 조장한다는 비난 여론이 비등하겠지만,

이곳 학부모들은 학생들이 재미있게 즐길 수 있는 이벤트 정도로 가볍게 여기는 듯하다. 물론 판매 수익금 전액은 아이들의 교육 활동에 투자된다.

PTA는 집이나 사무실의 팩시밀리, 프린터, 복사기 등에서 사용한 토너, 레이저, 잉크젯 카트리지 등을 수거하는 활동도 한다. 환경 보호에 도움이 될뿐더러, 수집상에게 넘기면 하나에 1달러씩 받을 수 있다. 등교하는 학생들이 로비에 설치된 상자에 카트리지 등을 집어넣으면 PTA 회원이 수거해 간다. '제너럴 밀즈(General Mills)'라는 식품회사의 박스톱(Box Top · 포장지 위쪽의 네모 모양 문양으로, 고객이 박스톱을 오려 오면 일정 액수를 환불해주는 마케팅 방법)도 장 당 10센트를 받을 수 있다며 보내달라고 요청했다. 이런 식으로 언제 기금을 모으랴 싶지만, 그들의 인식은 단순 명료하다. "우리가 매달 몇 장씩의 박스톱을 꾸준히 수집하면, 자녀들의 교육환경 개선에 큰 도움이 된다."

영국 도버해협에 맞닿아 있는 프랑스 북부에 칼레(Calais)라는 소도시가 있다. 영국과 프랑스가 14세기 중반 왕위계승 문제로 충돌했던 백년전쟁(1337~1453) 초기인 1345년. 영국의 에드워드 3세가 노르망디에 상륙해 파죽지세로 프랑스군을 밀어붙였다. 승리를 눈앞에 둔 듯했으나, 칼레에서 프랑스군의 완강한 저항에 부닥쳤다. 칼레 시민들은 한마음으로 똘똘 뭉쳐 영국군의 공세를 11개월이나 막아냈다. 영국군의 작전에 적잖은 차질이 생겼음은 물론이다. 에드워드

3세는 간신히 항복 선언을 받아낸 뒤 대학살로 보복하려다가, 마음을 바꿔 도시 대표자 여섯 명만 처형하기로 했다. 대신 시민들 스스로 처형 대상자를 고르게 했다.

시민들은 누구를 희생양으로 삼을지를 놓고 혼란에 빠졌고, 선뜻 나서는 이도 없었다. 그때 한 사람이 손을 들었다. "내가 처형 대상자가 되겠소." 칼레 최고의 재력가 외스타슈 드 생피에르였다. 이어 칼레 시장과 법률가 등 귀족계급 다섯 명이 차례로 손을 들었다. 이들 여섯 명은 다음날 목에 밧줄을 감고 맨발로 영국군 진지를 찾아갔다. 그런데 처형 직전, 임신한 왕비의 간청을 받아들인 에드워드 3세의 지시로 기적처럼 생명을 구한다. 그후 칼레 지도층 여섯 명의 용기와 희생정신은 '노블레스 오블리주'의 상징이 됐다.

노블레스 오블리주는 본래 초기 로마시대에 왕과 귀족들이 보여준 투철한 도덕의식과 솔선수범 하는 공공정신을 지칭했다. 지금은 '높은 신분에 상응하는 도덕적 의무'라는 뜻으로 쓰인다. 서구의 지도층 인사들은 나라가 위기에 처했을 때 노블레스 오블리주를 앞장서서 실천하는 전통을 지켜왔다. 그중에서도 유대인들의 역사적, 사회적 책임의식은 대단하다. 유대인들의 노블레스 오블리주를 단적으로 보여주는 사례는 기부의 일상화이다. 가난한 사람조차 자신보다 더 어려운 사람을 돕는 기부 행위에 스스럼없이 나설 정도다.

선행은 타고난 것일까. 그렇지 않다. 자선과 기부도 교육의 힘이다. 마이크로소프트(MS)사의 설립자 빌 게이츠는 시애틀의 이름난

은행가와 변호사 집안에서 태어났다. 하지만 빌 게이츠의 부모는 아들에게 큰돈을 물려주지 않았다. 유산을 많이 물려주면 창의적인 사람이 되지 못한다고 여겼기 때문이다. 그 대신 스스로 아들의 역할모델이 돼 부자의 도덕적 의무와 책임을 다하는 모습을 보여주었다.

빌 게이츠가 성공한 뒤 그의 부모는 "빌에게 많은 재산을 물려주었다면 마이크로소프트를 세우지 못했을 것"이라고 말했다. 빌 게이츠는 MS의 경영에서 손을 뗀 뒤 가진 자의 도덕적 의무를 강조하는 집안 전통에 따라 부인 멜란다와 함께 '빌&멜란다 재단'을 만들어 자선사업을 벌이고 있다. 그가 지금까지 재단에 출연한 금액만 280억 달러에 달한다.

'한국 가요계의 살아 있는 역사'로 불리는 가수 하춘화 씨는 1974년 첫 리사이틀 수익금 500만 원을 안양의 나환자 자녀들에게 기부한 이래 꾸준히 기부 활동을 하고 있다. 2011년의 데뷔 50주년 행사도 사회봉사 공연으로 계획 중이다. 그녀는 자신의 기부 활동은 아버지의 영향이라고 말한다. "아버지 가르침이 엄격했어요. 본격적으로 인기를 얻은 16세 때부터 기부를 시작한 것도 그래요. 아버지는 대중의 사랑만 훔치는 '딴따라'가 아니라, 그걸 사회에 돌려주는 '문화예술인'이 되라고 늘 강조하셨죠."

동양 사회도 예로부터 선행을 강조해왔다. 중국 속담에도 '한 시간 행복하려면 낮잠을 자고, 하루 행복하려면 낚시를 하고, 한 달 행복하려면 결혼을 하고, 일 년 행복하려면 유산을 받아라. 그리고 평생 행복하려면 네 주위의 가난한 사람을 도우라'는 말이 있다. 하지만 오늘날 한국 사회에서 하춘화 씨처럼 기부에 적극적인 사람을 찾아보기란 쉽지 않다. 삼성경제연구소가 2010년 5월 경제협력개발기구(OECD) 30개 회원국을 조사해 '한국의 선진화 수준'이라는 제목의 보고서를 냈다. 그런데 기부 등 사회지도층의 경제정의 실천에 대한 기여를 측정한 '노블레스 오블리주' 항목은 조사대상 국가 중 꼴찌였다. 우리나라가 물질적으로는 풍요로워졌지만, 치열한 경쟁 탓에 타인에 대한 배려나 베푸는 삶을 사는 사람이 거의 없다는 의미다.

반면에 유대인들은 부자나 가난한 사람을 가리지 않고 기부가 생활화돼 있다. 미국 기부금의 45퍼센트가 유대인에게서 나온다는 통계도 있다. 최근 미국에서 '재산 절반 기부 운동'을 주도하는 인사들 중에도 유대인이 많다. 마이크로소프트의 창업자인 빌 게이츠와 세계적 투자자인 워런 버핏은 2009년 5월 뉴욕에서 열린 미국 억만장자들과의 비공개 만찬 모임에서 '기부서약(Giving Pledge)'이라는 이름으로 재산의 절반을 기부하자는 운동을 시작했다. 이 모임은 유대인 억만장자인 록펠러 가문의 좌장 데이비드 록펠러가 주최했고, 역시 유대인인 마이클 블룸버그 뉴욕 시장과 소로스 펀드 회장인 유대인 조지 소로스 등이 참석했다.

이들은 10억 달러(약 1조2천억 원) 이상 재산을 가진 미국의 400대 부자를 대상으로 재산의 최소 50퍼센트를 자선단체에 기부하겠다는 서약을 받고 있다. 이미 57억 달러의 재산을 가진 부동산 재벌 엘리 브로드 부부가 재산의 75퍼센트를 생전 또는 사후에 기부하겠다고 약속하는 등 기부 서약이 잇따르고 있다. 2010년 8월 현재 워런 버핏(재산의 99퍼센트 기부 서약)을 비롯해 40명의 억만장자가 1천5백억 달러(약 175조원)를 기부하겠다고 약속했다.

"부자로 죽는 것은 부끄러운 일'이라는 카네기의 지혜에 공감한다. 기부는 믿을 수 없을 정도로 보상을 해준다."(엘리 브로드 부부)

"일정 규모 이상의 재산이 있는 사람이라면 모든 돈을 다 쓸 수는 없다. 가장 좋은 방법은 그 돈을 자손들에게 물려주는 게 아니라 자손들을 위해 더 좋은 세상을 만드는데 쓰는 것이다."(마이클 블룸버그 뉴욕시장)

"기업인들과 금융인들은 지나치게 자기 이익만을 좇는다는 잘못된 인식이 퍼져 있다. 하지만 기업인들은 자신과 가족을 위해 땀을 흘릴 뿐 아니라 자신이 소속된 사회에 대한 책임의식을 갖고 있다." (토머스 스테이어 헤지펀드 투자자)

"우리 가문은 국가경제 덕에 얻은 이익을 다시 사회에 환원해야 할 의무가 있다는 데 오래 전부터 공감해왔다."(데이비드 록펠러)

기부의 생활화는 학생 선발에서도 강조된다. 미국 보스턴의 명문 기숙사형 사립학교 '필립스 아카데미 앤도버'는 조시 부시 전 미국 대통령 등 명문가의 자녀들이 많이 다니는 학교로 유명하다. 이 학교에서 가장 강조하는 것은 '사회공헌'이다. 학생을 선발할 때 봉사활동이 중요한 기준이 된다. 이 학교의 입학처 관계자는 이렇게 강조한다. "시험 성적이 좋은 '똑똑이'를 찾는 건 쉬운 일이다. 그러나 우리는 자신의 능력을 어떻게 승화시켜 다른 사람에게 도움을 줬는지에 주목한다. 리더는 사회에 봉사하는 사람이어야 한다."

유대인에게 자선과 기부는 결코 남에게 내세울 만한 자랑거리가 아니라 당연히 해야 할 일이다. 타인에게 친절을 베푸는 것은 도덕 이전에 하느님의 명령이기 때문이다. 유대인들은 인간이 현세에서 갖고 있는 것은 기실 신의 것이지 인간의 것이 아니라고 본다. 살아 있는 짧은 생애 동안 인간의 손을 거쳐 가는 것일 뿐이라는 믿음이다. 《토라》 역시 '형제들 중에서 분명 필요한 사람이 있다면, 그가 필요한 만큼 주어야 한다'고 규정해 자선을 강조하고 있다. 히브리어로 '자선(charity)'과 가장 비슷한 뜻의 단어는 '체다카(Tzedakah)'인데, 이는 '해야 할 당연한 행위'라는 뜻이다. 유대인에게 자선은 선택이 아니라 의무이다.

중세의 저명한 랍비이자 의사였던 스페인 출신 마이모니데스(1135~1204)는 유대교의 구전 율법을 정리한 《미쉬나 토라》에서 자선의 방법을 여덟 단계로 구분했다.

- 1단계 : 가장 숭고한 자선 행위는 상대가 스스로를 지탱할 수 있도록 도와주는 일이다. 돈을 주거나 공동으로 사업을 하는 일, 일자리를 마련해주는 일 등이 여기에 해당한다.
- 2단계 : 누가 베푸는지, 누가 받는지 서로 모르게 하는 선행이다.
- 3단계 : 베푸는 사람은 누가 받는지 알지만, 받는 사람은 누구의 도움을 받는지 모르는 선행이다.
- 4단계 : 받는 사람은 누구에게 도움을 받는지 알지만, 주는 사람은 누가 받는지 모르는 선행이다.

- 5단계 : 부탁 받기 전에 가난한 사람에게 직접적으로 도움을 주는 선행이다.
- 6단계 : 부탁을 받은 뒤에 가난한 사람에게 직접적으로 도움을 주는 선행이다.
- 7단계 : 필요한 금액보다 적은 금액을, 하지만 기쁜 마음으로 주는 선행이다.
- 8단계 : 싫은데 억지로 하는 선행이다. 마지못해, 그것도 증인이 보는 앞에서 선행을 하고, 감사 인사를 기다리는 사람이다.

마이모니데스는 "비록 8단계에 해당하는 선행이라도 아무 것도 하지 않는 것보다는 낫다"고 했다. 서울 이태원에서 해천(海川)이라는 전복요리집을 하는 요리사 채성태 씨는 주말에 '사랑의 밥차'라는 봉사모임 회원들과 함께 소외계층을 찾아간다. 외식 한 번 제대로 못하는 가난한 이들에게 돈가스, 통닭, 전복죽 등을 해주기 위해서다. 그는 봉사활동에 나선 동기를 이렇게 설명한다 "솔직히 처음엔 착한 척하려고 시작했다. 그런데 하다 보니까 내가 진짜로 착해지는 것이었다."

유대인들은 남들이 모르게 하는 자선을 가장 높이 평가한다. 자선은 되도록 익명으로 해야 하고, 자신이 도움을 준 사람이 스스로 자립해 남을 도울 수 있는 위치에 오르는 것을 최선의 자선행위로 꼽는다. 고기를 주는 것보다 고기를 낚는 법을 가르치라는 말이다.

환자에게 문병을 가면, 그 환자의 60분의 1쯤은 병세가 호전된다. 하지만 60명이 한꺼번에 문병을 간다고 해서 환자의 병이 단숨에 완쾌되지는 않는다. 죽은 사람의 무덤을 찾아가 돌보는 것은 가장 고상한 행동이다. 병문안은 환자가 나으면 감사의 인사를 받을 수 있지만, 죽은 사람에게서는 아무런 인사도 받을 수 없기 때문이다. 그러므로 감사를 바라지 않고 베푸는 자선이야말로 가장 아름다운 행동이다. (《탈무드》)

어느 날 따뜻한 마음을 가진 사람이 굶주린 소년을 발견해 집으로 데리고 갔다. 따뜻한 음식과 옷을 주고, 학교에도 보내주었다. 소년이 성장하자 일자리를 알선해주고 살 집까지 마련해줬다. 어엿한 청년이 된 소년은 열심히 일해 큰 부자가 됐다. 그런데 젊은이를 키워준 사람은 재산을 잃고 가난뱅이가 됐다. 그는 젊은이를 찾아가 도움을 청했다. 오랫동안 애써서 키워준 젊은이에게 도움을 청하면 기꺼이 도와줄 것이라고 믿었다. 어렵게 말문을 열어 "전 재산을 잃고 끼니도 제대로 잇지 못하는 신세"라고 하소연했다. 젊은이는 은인을 위로하며 생각했다. "이 분이 부끄러워하지 않도록 도와드릴 수 있는 방법이 있을까?" 젊은이는 "저도 요즘 형편이 어려워 도와드릴 수 없습니다"라며 은인을 빈손으로 돌려보냈다.

그리고는 하인을 불러 값비싼 진주를 준 뒤 은인의 집으로 보냈다. 하인이 "훌륭한 진주를 싼값에 팔겠다"며 손에 든 진주를 보여주자, 은인은 되팔면 돈이 남을 것이라는 생각에 수중에 있던 돈을 다 털어

1데나리온을 주고 진주를 샀다. 젊은이는 며칠 뒤 다른 하인을 은인의 집으로 보냈다. 이 하인은 "저는 고급 진주를 사러 다니는 사람입니다. 영감님이 훌륭한 진주를 갖고 있다는 소문을 듣고 왔는데, 제게 팔지 않겠습니까?"라고 물었다. 은인은 며칠 전 1데나리온을 주고 산 진주를 꺼내 사나이에게 보여줬다. 하인은 "바로 제가 찾던 진주"라면서 1,000데나리온을 줄 테니 팔라고 했고, 은인은 기꺼이 진주를 팔았다. 거금을 손에 넣은 은인은 젊은이를 찾아와 "이제 나를 도와주지 않아도 괜찮네"라며 함께 기쁨을 나눴다. (《탈무드》)

유대교회도 자선에 열성적이다. 헌금이 많이 들어오면 기도를 위한 성전을 신축하기보다는 가난하고 어려운 사람들을 돕는데 우선 사용한다. 유대교 회당인 시너고그에는 항상 헌금함이 놓여 있다. 가난한 유대인이라면 누구나 2주간의 생활비를 꺼내갈 수 있다. '동족을 도우라'는 율법에 따른 것이다. 그런데 한국교회는 거꾸로다. 화려한 성전을 짓는 게 우선이다. 극심한 양극화로 서민경제가 무너지면서 빈곤층이 늘고 있지만, 교회 규모 키우기 경쟁은 끝이 없다.

기부는 학습을 통해 길러지는 습관이다. 어릴 때부터 기부문화를 접하면, 평생 남을 돕고 배려하는 마음 따뜻한 사람이 될 것이다. 아름다운재단 상임이사인 박원순 변호사는 어릴 때부터 나눔을 습관화하는 게 중요하다고 강조한다. 서울대 법대 안경환 교수의 두 자녀는 네 살 때부터 돼지저금통이 차면 아름다운재단에 기부했는데, 이런 습관은 학교에 들어간 후에도 이어지고 있다고 한다.

아이에게 기부 습관을 들이려면 부모부터 기부에 적극 동참해야 한다. 아이가 서너 살 때부터 기부 대상을 정해주고 즐겁게 참여하도록 격려하자. 기부 후에는 그 돈이 어떻게 쓰이는지도 관심 있게 지켜보도록 하자. 부모가 자녀와 함께 자원봉사 활동에 참여하는 것도 더불어 살아가는 태도를 길러주는데 도움이 된다.

경제교육은
빠를수록 좋다

제자들이 랍비에게 물었다. "부자와 현인 중에 누가 더 위대합니까?" 랍비가 "당연히 현명한 사람이지"라고 말했다. 그러자 제자 한 사람이 다시 랍비에게 물었다. "그런데 부자의 집에는 학자나 현인들이 출입하는데, 현인의 집에는 왜 부자가 출입하지 않을까요?" 랍비가 대답했다. "현인은 현명하여 돈이란 게 필요하다는 사실을 잘 알고 있지. 하지만 부자는 그저 돈만 많이 갖고 있을 뿐, 현인에게서 지혜를 배워야 한다는 걸 모르기 때문이야."

《탈무드》

 유대인들의 경제교육은 일찍 시작된다. 그래서 돈을 지나치게 숭배하지도 않지만 그렇다고 경시하지도 않는, 균형잡힌 경제감각이 길러진다.

- 성공한 사람처럼 행동하라. 그러면 나도 모르는 사이에 성공한다.
- 안 되는 것을 남의 탓으로 돌리지 말라. 그것은 노예가 되는 지름길이다.
- 정보가 곧 돈이다. 정보의 안테나를 높이 세워라.
- 인맥이 힘이다. 인맥 네트워크를 형성하라.
- 남을 위하라. 그래야 남도 나를 위한다.
- 위기가 기회다. 불황에서 돈 벌 확률이 평상시보다 10배는 높다.
- 팀워크처럼 중요한 것도 없다. 조직의 단결에 최선을 다하라.
- 교육비에 과감히 투자하라.
- 성공한 사람과 교분을 가져라. 놀라운 파워가 공유된다.
- 길이 아니면 가지를 마라.

거부의 대명사처럼 불리는 '로스차일드' 가문의 열 가지 경제교육 원칙이다. 랍비 마빈 토케이어도 "'돈은 무자비한 주인이기는 하지만, 또한 유익한 심부름꾼이 되기도 한다'라는 유대 격언이 있다. 유대인들은 돈을 찬양하지 않지만 멸시하지도 않는다. 돈은 더러운 것도 아름다운 것도 아니며, 그저 유용한 도구이므로 가능하면 많이 갖고 있는 편이 좋다. 그렇다고 돈을 숭배해서는 안 된다. 돈을 숭배하는 자가 우습게 보이는 것은, 그가 물질을 숭배하고 있기 때문이다. 돈의 선악은 돈의 주인인 인간이 결정하는 것이다"라고 말한다.

이러한 경제교육의 힘은 실제적인 수치로 나타난다. 미국 전체 인구 중 유대인의 비율은 2퍼센트를 약간 웃도는 800만 명 정도이지만, 미국 국내총생산(GDP)의 20퍼센트가 유대인들 몫이다. 미국 내 다른 민족보다 10배나 많다.

유대인들은 어려서부터 부모가 돈의 중요성과 개념을 알려주는 등 조기 경제교육을 실시한다. 아버지가 사업을 할 경우 자녀를 직접 일하는 현장에 데려가서 고객을 대하는 태도나 사업하는 자세, 자금을 관리하는 방법 등에 대해 교육을 한다. 아버지가 무슨 일을 하고 돈은 어떻게 버는지, 수입은 얼마나 되는지를 자세히 알려준다. 아이들은 사업 현장에서 직접 부모가 얼마나 어렵게 돈을 모으는지 보기 때문에 용돈을 헤프게 쓰는 법이 없다.

유교의 청빈(淸貧)사상이 뿌리 깊은 동양은 물론, 서양의 기독교 문화에서도 돈은 더러운 것이라며 천시하는 경향이 있다. 하지만 유대인은 결코 돈을 천시하지 않는다. 돈은 유용한 것이기 때문에 적극적으로 추구해야 하다고 가르친다. 상당히 현실적이다. 그래서인지 유대 격언 중에는 돈이 삶을 풍요롭게 하고 다양한 기회를 줄 수 있다는 내용이 많다.

'돈은 기회를 제공한다.'

'돈은 저주받아야 할 악의 씨가 아니다. 그것은 인간을 축복하는 것이다.'

'재산이 많으면 그만큼 근심이 늘어나지만, 재산이 전혀 없으면 근심은 더욱 많아진다.'

'가난은 수치가 아니다. 그러나 명예라고 생각하지도 말아라.'

'돈이 만사를 좋게 만들지는 못한다. 그렇다고 돈이 모든 것을 썩게 하지도 않는다.'

동시에 돈만을 추구하는 황금만능주의의 병폐에 대해서도 경고를 잊지 않는다.

'돈은 선한 사람에게 좋은 선물을 주고, 악한 사람에게 나쁜 선물을 준다.'

'돈을 벌기는 쉽지만, 쓰기는 정말 어려운 일이다.'

'돈은 인간에 대해 옷이 인간에게 할 수 있는 정도밖에 못 한다.'

'부자에게는 자녀가 없다. 상속인이 있을 뿐이다.'

돈이 살아가는데 유용한 기회를 제공해준다는 실례로 유대인 부모들이 자녀에게 들려주는 얘기가 있다. 돈을 주고 이름을 사야 했던 조상들의 가슴 아픈 사연이다. 유대인은 18세기 이전까지만 해도 제대로 된 이름이 없었다. 오스트리아와 프랑스 정부는 유대인 등록부를 만들어 돈을 받고 이름을 팔았다. 돈이 많은 사람은 비싼 값을 치르고 로젠탈(장미), 골드블룸(황금꽃)과 같은 아름다운 이름을 얻을 수 있었지만, 돈이 없는 사람은 월프손(늑대)과 같은 고약한 이름밖에 살 수 없었다. 돈을 너무 밝히면 죄악을 낳지만, 돈을 무시하거나 천시해서도 안 된다는 교훈을 주는 얘기다.

돈에 대해 이런 중립적인 생각을 가진 탓인지, 유대인은 생후 8개월이 지나 걸음마도 하기 전의 아이들에게 동전을 쥐어 주고, 아침·저녁 식사 전에 저금통에 넣게 하는 방식으로 교육한다. 돈에 대한 개념이 생기기 시작하면 본격적으로 용돈을 준다. 대개 자녀가 학교에 들어가기 전인 5세 무렵이다. 쓰기 위한 목적이 아니라 저축을 하기 위한 용돈이다. 돈의 가치와 저축의 즐거움을 알려주기 위해서다. 유대인에게 '수전노'의 부정적 이미지가 덧칠해진 이유도 돈을 쓰지 않고 저축에 집착하는 태도 때문이다. 오랜 기간 이민족의 박해를 받으면서 '저축한 돈만이 우리를 보호해 줄 수 있다'는 생각이 굳어졌다.

어렸을 때 저축하는 습관을 들이면 평생 지속된다. '세 살 버릇 여든까지 간다'는 우리 속담과도 일맥상통 한다. 자수성가한 재벌이 흥청망청 돈을 쓰는 경우는 찾아보기 어렵다. 하지만 막대한 부를 상속받은 2세나 3세가 사치와 낭비를 일삼고 돈을 헤프게 쓰다가 빈털터리로 전락하는 경우는 심심치 않게 볼 수 있다. 어려서부터 저축하는 습관이 몸에 밴 사람에게는 낭비가 있을 수 없다. 돈을 모으는 즐거움을 아는 사람이 현명한 소비도 할 수 있다. 자녀에게 용돈을 주고 저축하는 습관을 들이는 것은 건전한 소비 의식도 함께 가르치는 일석이조의 교육법이다.

경제교육은 빠르면 빠를수록 좋다. 미 연방준비제도이사회(FRB) 의장을 다섯 번이나 연임하며 '미국의 경제대통령'으로 불린 앨런 그린스펀은 늘 조기 금융교육을 강조한다. 그린스펀 또한 유대인 주식 중개인이었던 아버지에게서 다섯 살 때부터 주식과 채권이 무엇인지를 배우며 경제 감각을 익혔다. 유대인은 자녀가 초등학교 때 어린이펀드에 가입시켜 용돈을 투자하게 함으로써 자연스럽게 경제 개념을 심어준다. 물론 펀드의 경우 원금을 까먹을 수도 있다. 하지만 손실을 경험하는 것도 좋은 공부다. 투자에는 위험이 따르고 인내심이 필요하다는 것을 배울 수 있는 기회가 된다.

투자의 귀재이자 세계 두 번째 부자인 워런 버핏의 아버지도 자녀들에게 조기 경제교육을 시켰다. 교육 수단은 주로 독서였다. 그는 어린 아들에게 주식 및 창업 관련 저서를 읽게 함으로써 일찍이 경제 자립을 꿈꾸게 했다.

아이를 현명한 경제 주체로 키우려면 어렸을 때부터 경제가 무엇이며, 왜 중요한지를 가르치는 과정이 필요하다. 전문가들은 경제교육은 빠르면 빠를수록 좋다고 말한다. 어렸을 때부터 돈이 무엇이며, 언제 어떻게 쓰는지를 익히는 것은 행복한 삶을 꾸리기 위한 필수조건이기 때문이다. 아이에게 올바른 경제교육을 시키려면 부모부터 경제를 제대로 알아야 한다. 평소 신문의 경제면과 관련 서적 등을 꾸준히 읽어 경제에 대한 기본지식을 넓히자.

경제교육은 아이가 저축하는 습관을 들이고, 자신의 소비욕구를 잘 조절하는데 초점을 맞춘다. 이를 위해 정기적으로 용돈을 주되, 그 중 30~50퍼센트 정도의 저축할 돈을 감안해 용돈을 주는 게 좋다. 용돈은 아이의 나이와 관계없이 일찍 주는 것이 좋다. 아이가 용돈을 받으면 우선 저축부터 하고 남은 돈으로 생활하는 습관을 들이자. 그래야 어른이 돼서도 월급을 받으면 저축부터 하고 나머지로 생활하는 자세가 길러진다. 아이를 야단친 후 미안한 마음에 용돈을 더 주거나 선물을 주는 것은 좋지 않다. 자신이 잘못했는데도 소득이 생기는 것과 같이 경제 원리에 역행하는 방식은 피해야 한다.

아이들과 함께 쇼핑을 할 때는 꼭 필요한 것만 구입하는 습관을 들여야 한다. 아이가 먹고 싶은 과자나 장난감을 사고 싶어 떼를 쓸 경우에도 단호하게 대응해야 한다. 물론 아이가 마음에 상처를 입지 않도록 "이 물건을 갖고 싶은 네 마음은 이해하지만, 건강에 나쁘거나 꼭 필요하지 않는 물건을 사줄 수는 없다"는 태도를 보여야 한다. 소비를 미루는 습관을 들이는 것도 중요하다. 오늘 당장 사야 할 물건이 아니라면, 나중에 사도록 소비를 미루는 법을 익히는 것은 바른 소비습관의 시작이다.

좋은 친구를 찾아
깊은 우정을 배우게 한다

《탈무드》에는 친구와 관련된 격언이 많다. '현명한 친구는 사람을 현명하게 만들지만 어리석은 친구는 사람을 어리석게 만든다.' '한 사람의 오랜 친구가 열 사람의 새로운 친구보다 낫다.' '아무리 절친한 벗이라도 지나치게 접근하지 마라.' '친구에게 돈을 빌려주지 않는 자는 친구를 잃지 않는다.' '친구의 결점을 찾는 사람은 친구들에게서 도움을 받지 못한다.' '꿀을 만지다 보면 조금은 꿀맛을 볼 수 있다.' '향수가게에 가까이 가면 향수의 향이 옮는다.' 사람은 환경의 영향을 받는다. 아이들을 보면 그 부모를 알 수 있고, 친구를 보면 그 사람을 알 수 있다. 그래서 사람을 사귈 때에는 그가 처한 환경이나 전력(前歷)을 충분히 고려해야 한다. 인생을 살면서 가장 큰 자산은 친구다. 사회는 친한 친구들로 이뤄지고 지탱된다. 만일 우리에게 친한 친구가 없다면, 이 사회를 살아갈 자신을 완전히 잃어버리고 말 것이다.

마빈 토케이어

'좋은 친구는 인생의 보배로서 인격 형성에 큰 영향을 준다. 청소년기는 친구의 영향을 가장 많이 받는 시기이다. 자신도 모르는 사이에 친구의 행동을 닮게 되므로 친구를 잘 사귀어야 한다.' 우리나라 중학교 1학년 《도덕》교과서에 나오는 말이다. 공자도 친구를 '유익한 벗'과 '해로운 벗'으로 나눠 친구 선택의 중요성을 강조했다. 공자의 분류에 따르면 정직하고 성실한 사람이 유익한 벗이요, 간사하고 줏대가 없는 사람, 말과 행동이 다른 사람이 해로운 벗이다.

자녀에게 친구 사귀기의 중요성을 강조하지 않는 부모는 없다. 어느 민족이나 공통된 현상이다. 에스파냐 격언에 '친구를 보면 그 사람을 알 수 있다'는 말이 있다. 가깝게 지내는 친구가 어떤 사람인지를 보면, 그 사람의 됨됨이를 제대로 평가할 수 있다는 뜻이다. 'A feathers get together'라는 영어 속담도 있다. 유유상종(類類相從·같은 부리끼리 서로 사귐)이라는 뜻이다.

친구를 찾을 때는 한 계단 올라서서 찾아라. 《탈무드》

《탈무드》에서는 자기보다 한 계단 위에 있는 사람을 친구로 사귀라고 한다. 머리 좋고 공부 잘하는 사람만을 뜻하는 것이 아니다. 자신을 한 단계 성숙시키는데 도움이 될 친구를 사귀라는 뜻이다. 지식과 지혜, 인격적인 성숙을 모두 아우르는 말로, 무엇이든 더 나은 삶을 살아가도록 자극을 주고 하나라도 배울 수 있는 친구와 사귀어야 한다는 강조인 셈이다.

유대인 부모들은 자녀들이 한 계단 위에 선 친구와 사귀도록 항상 관심을 갖고 조언한다. 대개 자녀가 친구를 처음 사귀면 생일파티나 저녁식사에 초대하는 형식으로 반드시 집에 데려오도록 한다. 일종의 사전 심사인 셈이다. 만일 그 친구가 나쁜 영향을 줄 가능성이 있다고 판단되면 자녀에게 솔직히 '교우관계를 다시 검토해 보라'는 뜻을 전한다.

애매한 친구가 되기보다는 뚜렷한 적이 되라. (《탈무드》)

일단 친구가 되면 교우 관계가 영원히 이어지도록 조언하고 지도한다. 일단 친구를 사귀면 표피적인 관계가 아니라 깊이 있는 관계를 맺을 수 있어야 한다는 뜻이다. 이런 점에서 유대인의 인간관계는 폭넓은 사람과 사귀되 깊이가 얕은 편인 서양인들과 차이가 난다. 오히려 적은 수의 사람을 깊이 사귀는 동양인과 비슷하다.

최초의 라이벌인 형제자매,
우애를 배우게 한다

이스라엘에 부지런한 농부 두 형제가 살고 있었다. 결혼한 형은 아내와 아이들이 있었고, 동생은 미혼이었다. 두 사람은 부모가 세상을 떠나면서 남긴 재산을 똑같이 나누었다. 농사를 지어 수확한 사과와 옥수수도 공평하게 나눠 각자의 곳간에 보관했다. 밤이 되자 동생은 '형님은 형수와 조카들이 있어서 생활이 어려울 테니 내 몫을 덜어드려야겠다'고 생각해 형의 곳간에 자기 것을 상당량 옮겨 놓았다. 형은 반대로 '동생은 처자식이 없으니 노후 준비가 쉽지 않을 거야'라는 생각에 역시 자기 몫의 일부를 동생 곳간에 옮겨놓았다. 다음날 아침 곳간에 가본 두 형제는 어제와 같은 양의 수확물이 쌓여 있는 길 보고 깜짝 놀랐다. 그날 밤과 다음날 밤에도 똑같은 일이 벌어졌다. 나흘째 되던 날 밤, 상대방의 곳간으로 사과와 옥수수를 나르던 두 형제가 마주쳤다. 두 사람은 부둥켜안고 '엉엉' 소리 내어 울었다. 그 장소는 지금도 예루살렘에서 가장 고귀한 장소로 알려져 있다.

《탈무드》

형제자매 간에는 으레 경쟁의식이 생기기 마련이다. 당연히 자라는 과정에서 싸우거나 말다툼을 한다. 성서에는 아담과 하와(이브)가 동침해 낳은 인류 최초의 형제 카인과 아벨이 등장한다. 카인은 하나님이 동생 아벨의 제사(祭祀)를 더 반기자, 이에 대한 질투심과 시기로 아벨을 죽임으로써 인류 최초의 살인자가 된다. 동기간의 살인은 동서고금을 막론하고 흔한 일이었다. 태조 이성계의 아들들 또한 왕권을 장악하기 위해 피비린내 나는 살육전을 벌였다.

이처럼 형제간의 라이벌 의식이 평지풍파를 일으키는 경우가 많았던 때문인지, 어느 민족이나 형제간의 우정을 중시하고 강조한다. 중국 상나라 말기에 영주 자리를 서로 양보했던 백이(伯夷)와 숙제(叔弟), 유배생활을 하면서도 애틋한 형제애를 나눴던 정약전과 정약용 형제의 우정은 널리 알려진 얘기다.

한국을 포함한 동양 사회에선 형제간의 무조건적인 우애를 강조하는 편이다. 예컨대 형제간에 싸움을 하거나 말다툼을 하면 참으라고 타이른다. "네가 형이니까 져야지", "네가 나이가 어리니까 참아야

돼"라는 식으로 무조건 참을 것을 강요한다. 공정한 심판을 내리기보다는 나이가 많으니까 참으라는 식으로 접근하다 보니, 공정한 경쟁을 통한 승패의 경험을 갖기 어렵다.

유대인들이 동기간의 싸움을 다루는 방법은 특이하다. 양 당사자로 하여금 자신의 의사를 충분히 표현할 기회를 준다. 부모가 재판관 입장이 돼 피고인들의 논쟁을 들어보고 누가 잘못했는지를 가려준다. 일단 부모의 심판이 내려지면 더 이상의 언쟁이나 싸움은 허용되지 않는다.

미 국무장관을 지낸 유대인 헨리 키신저의 동생 월터 키신저는, 오늘의 자신이 있기까지 형과의 라이벌 의식이 크게 작용했다고 술회한 바 있다. 형에게 뒤져서는 안 되겠다는 생각이 항상 그를 자극하고 분발시켰다는 것이다. "어렸을 때 우리는 라이벌이었다. 그러나 서로 가진 것을 비교하는, 지나친 경쟁관계는 아니었다. 우리 두 사람은 하는 일과 좋아하는 일이 달랐고 성격도 달랐기 때문이다." 월터 키신저는 세계적으로 유명한 외교관이었던 형에게 열등감을 느끼기보다 전기회사의 CEO로 성공해 존경을 받았다. 월터 키신저는 "지금도 신문사는 헨리의 뒤만 쫓는데, 내가 업계에서 성공한 비화도 탐색할 만한 가치가 있다"는 우스갯소리를 하며 건전한 라이벌 의식을 강조했다.

이처럼 유대인은 동기간의 건전한 경쟁의식을 살려주면서 우애를 키워나가도록 유도한다. 경쟁을 하는데도 조건이 있다. 어디까지나 협동하는 마음을 그르치지 않는 범위 내에서 경쟁을 허용한다. 교육적으로도 어린이는 협동과 경쟁을 동시에 경험하는 게 중요하다. 그래야만 의욕적이고 자신감이 충만한 사람으로 성장하며, 이기적인 아집에서 벗어나 다른 사람과 어울리며 도움을 줄 수 있는 원만한 성품을 키울 수 있다.

한국인들은 흔히 형과 동생을 비교한다. "형은 공부를 저렇게 잘하는데 너는 왜 이 모양이냐"는 식으로 나무라는 경우가 흔하다. 하지만 유대인들은 형과 동생의 두뇌를 비교하는 법이 절대 없다. 두뇌를 비교한다고 해서 공부 못하는 자식의 성적이 오를 리도 없고, 오히려 자포자기에 빠져 나쁜 길로 접어들 가능성이 크기 때문이다. '자녀의 두뇌는 서로 비교하지 말되, 개성은 서로 비교하라'는 유대 격언대로, 자녀들이 각각의 재능과 개성을 잘 살리도록 선의의 경쟁을 부추기는 게 유대인 교육법의 특징이다.

자식들이 친구 집에 놀러 갈 때 형제를 함께 보내지 않는 것도 각자의 개성을 살려주기 위한 노력의 일환이다. 형제라 해도 성격이나 취미가 다를 테니, 같은 장소에 가서 어울리기보다는 각자 다른 친구 집에 가서 다른 세계를 접하는 편이 나을 것으로 여긴다. 유대인들은 한 부모 아래 태어난 형제라도 저마다 특별한 재능과 개성이 있으며, 이를 잘 살려주는 것이 부모의 역할이라고 확신한다.

정직이 최고의 무기임을
알려준다

나무꾼으로 생계를 유지하는 랍비가 있었다. 그는 나무를 지어 나를 때 이용하려고 당나귀를 한 마리 샀다. 당나귀를 시냇가에 데려와 씻기는데 목줄 사이에서 다이아몬드 하나가 떨어졌다. 제자들은 랍비가 가난한 나무꾼 신세를 면하고 자신들과 공부할 시간이 많아졌다며 기뻐했다. 하지만 랍비는 상인에게 돌려주며 말했다. "나는 당나귀를 샀지 다이아몬드를 산 적이 없습니다. 자기가 사지 않은 물건은 갖지 않는 게 유대의 전통입니다."

《탈무드》

뉴욕의 퀸스나 브루클린에 가면 6층 짜리 서민용 임대아파트가 즐비하다. 외벽이 붉은색 계통인 이 아파트의 가구 수는 6만에 가깝다. 뉴욕의 유대인 부동산 재벌인 르프레이크 가문 소유다. 4대에 걸친 가족경영을 통해 수백억 달러의 재산을 모으는 과정에서 핵심적인 역할을 한 인물은 사무엘 르프레이크다. 1905년 사업을 시작한 그의 아버지는 여덟 살이던 사무엘을 부동산 개발 현장에 데리고 다니며 직접 사업을 가르쳤다. 그러면서 항상 강조한 것이 "정직하라"였다.

부동산 개발은 금융기관과 건설회사, 인테리어 업체, 행정기관 등이 기계처럼 맞물려 돌아가는 종합사업이다. 참여하는 사람들이 많은 만큼, 그들 사이의 신뢰 관계가 무엇보다 중요하다. 내가 조금 더 이익을 보겠다고 정직하지 않게 행동했다가는, 사업 자체가 원활히 진행되기 어렵고 이익은커녕 손실만 보고 끝날 위험이 크다. 사무엘도 사망할 때까지 매일 아들 및 두 손자와 점심식사를 함께하며 정직의 철학을 가르쳤다.

2008년 미국 월가 최악의 금융사기 사건으로 유대인 사회가 발칵 뒤집혔다. 500억 달러에 달하는 다단계 금융사기 사건의 주범이 다름 아닌 나스닥증권거래소 이사장 출신의 유대인 버나드 메이도프(당시 70세)로 밝혀졌기 때문이다. 천문학적인 피해금액이 문제가 아니라, '정직'을 강조하는 유대사회의 불문율을 깨고 수십 년 동안 사기를 자행했다는 사실에 유대인들은 경악하고 좌절했다.

  메이도프 사기 사건의 피해자 명단에는 영화감독 스티븐 스필버그, 노벨평화상 수상자 엘리 위젤 등 유대인도 많았다. 상호 신뢰와 정직의 정신을 배우며 자란 유대인이 설마 동족을 상대로 사기를 치리라고는 꿈에도 생각하지 못했을 것이다. 뉴욕타임스는 《탈무드》경전을 인용해 "유대인은 사후 하나님 앞에 섰을 때 가장 먼저 '너는 상거래를 하면서 양심에 따라 정직하게 행동했느냐'는 질문에 답해야 한다고 교육 받는다. 메이도프는 유대인 가정에서 정상적으로 자랐다면 할 수 없는 일을 저질렀다"고 보도했다.

  유대인들은 어렸을 때부터 정직이 몸에 배어 있는 삶을 살도록 교육을 받는다. 학교에서 시험을 볼 때 감시하는 사람이 없어도 학생들은 커닝(부정행위)을 안 한다. 상거래에서도 한 번 계약을 하면 반드시 지킨다. 계약에 이르기까지의 과정에서도 정직을 중시한다. '자로 재거나 저울로 달 때 속여서는 안 된다. 정확한 저울, 정확한 추를 사용해야 한다'는 가르침을 받아왔기 때문이다. 정직하게 장사를 하면 결국 돈을 번다는 믿음도 강하다. 정직이야말로 유대인의 가장 큰 재산이며 부(富)의 원천이다.

당연히 거짓말을 하면 용서받지 못한다. 단, 《탈무드》는 다음 두 가지 경우에는 거짓말을 해도 좋다고 말한다. '용서되는 거짓말'인 셈이다. 첫째, 누군가 이미 산 물건에 대해 의견을 물어왔을 때, 설령 그것이 마음에 들지 않더라도 좋다고 해야 한다. 둘째, 결혼한 친구의 부인이 아름답지 않더라도 "부인은 대단한 미인이니 행복하게 살라"고 거짓말을 해야 한다.

항상 감사하는
습관을 길러준다

이 세상 최초의 인간은 빵 하나를 만들어 먹기 위해 밭을 일구고, 씨를 뿌리고, 그것을 가꾸고, 거둬들이고, 빻아서 가루로 만들고, 반죽하고, 굽는 등 적어도 열다섯 단계의 과정을 거쳐야 했다. 그러나 지금은 돈만 있으면 빵집에 가서 구워진 빵을 사 먹을 수 있다. 옛날에는 혼자서 해야 했던 복잡한 작업을 지금은 많은 사람이 분업해서 하므로, 빵을 먹을 때에는 많은 사람에게 감사하는 마음을 잊어서는 안 된다. 옷을 입을 때도 마찬가지다. 옛날에 자기 몸에 걸칠 옷을 만들기 위해 했던 많은 일을 여러 사람이 나눠서 해 주는 만큼, 옷을 입을 때에도 많은 사람에게 감사하는 마음을 잊어서는 안 된다.

마빈 토케이어

"감사는 가정이나 직업에 대한 만족감과 기쁨을 증가시킴으로써 인간관계를 향상시키고 사랑이 넘치도록 만들며, 갈등을 해소하고 협력을 도모하도록 한다. 진심으로, 의식적으로, 미리 무조건 실천하는 감사는 아무리 견디기 힘든 상황이라도 가치 있게 여기도록 만드는 힘이 있다. 따라서 삶을 획기적으로 변화시키게 된다. 마치 기적처럼 불가능한 것을 가능하게 만들 수 있다."(정신치료 전문가 뇔르 넬슨의 《소망을 이루어주는 감사의 힘》)

'경영의 신'으로 불렸던 일본인 사업가 마쓰시다 고노스케는 "감옥과 수도원은 세상과 고립돼 있다는 점에서 같다. 차이가 있다면 불평을 하느냐, 감사를 하느냐이다. 감옥이라도 감사를 하면 수도원이 될 수 있다"고 했다. 감사하는 삶을 산 귀도에게 아우슈비츠는 감옥이 아닌 수도원이었을까? 이탈리아 영화 《인생은 아름다워(Life is Beautiful)》속 주인공 귀도는 특별한 유대인이 아니다. '삶이 그대를 속일지라도' 여호와 하느님을 믿고 견디다 보면 아름다운 인생이 찾아오리라는 희망을 잃지 않는 유대인의 전형이다.

유대인들은 이천 년 동안 박해를 받아온 민족이다. 제2차 세계대전 때는 전체 유대인의 절반가량이 학살되는 끔찍한 참사를 겪었다. 이처럼 오랜 기간 생명을 위협받는 절망적인 상황에서도 유대인들은 여호와에 대한 감사와 찬미를 잊지 않았다. 나치 수용소에서 힘없는 아이들과 노인들이 죽어가는 모습을 보면서도 감사의 기도를 올렸다.

유대인들의 이런 태도는 종교적 가르침과 밀접한 연관이 있다. 16세기의 유대 신비주의자 이삭 루리아는 생의 모든 단계에서 기쁨을 얻어야 한다고 강조했다. 현대의 랍비 메나헴 슈네르손은 "좋게 생각하라. 그러면 좋아질 것이다"라고 충고했다. 《탈무드》에는 랍비 힐렐이 "당신을 불행하게 하는 일을 남에게 하지 마시오. 유대교의 가르침은 이것이 전부고, 나머지는 거기에 대한 해설일 뿐이오"라고 한 얘기도 나온다.

이런 태도는 자녀교육에도 그대로 나타난다. 유대인은 아무리 작은 일에도 기뻐하고 감사하는 마음을 갖도록 가르친다. 여호와에 대한 감사는 부모와 국가에 대한 감사로 이어진다. 식사를 할 때면 농사를 짓는 농부에 대해 감사하고, 잠자리에 들 때는 자신을 돌봐준 부모와 선생님에게 감사한다. 감사하는 마음을 갖는 어린이는 남을 배려하고 이해하는 마음도 절로 생긴다.

반면에 요즘 우리 한국 사회는 매사에 잘되면 내 탓이요, 못되면 남의 탓이다. 이런 저런 모임에서 기도 하는 모습을 종종 접하는데, 종교에 관계없이 기도 내용의 대부분은 기복적이다. 집안 행사의 경우 가족의 건강은 기본이고 사업이 잘돼 돈을 많이 벌거나 자녀들이 원하는 대학에 들어가고 취업에 성공하기를 갈구하는 내용이 대부분이다. 어려운 이웃을 배려하고 기부를 많이 하자든가, 우리 사회의 공동선을 위해 노력하자는 내용은 찾아보기 어렵다. "어른이나 아이들이나 감사할 줄을 모르고 '달라는 기도' 일색이에요. 물신주의가 팽배한 탓인지 기도가 갈수록 물질을 갈구하는 내용으로 변질되고 있습니다." 어느 성직자의 얘기다.

오늘(시간)의
소중함을 알게 한다

솔로몬 왕이 융단을 타고 하늘 높은 곳에 올라갔다가 발견한 성에는, 방문에 다음과 같은 글귀가 새겨져 있었다. '당신이 아무리 노력해도 시간은 당신을 기다려주지 않는다. 언젠가는 당신도 늙고 쇠약해져서, 당신의 자리를 다른 사람에게 내주어야 하고, 결국엔 당신의 몸을 무덤 속에 눕혀야 한다. 시간이 흘러가고 세월이 변한다 해도 걱정할 필요는 없다. 시간은 흐르기 마련이고 세월은 변하기 마련이므로……. 길바닥에 떨어져 있는 은을 주워 여행을 떠나라. 해가 떠 있는 동안에는 먹을 것을 준비하라. 당신이 이 세상에서 살 수 있는 시간은 그렇게 많지 않으니, 쉬지 말고 나아가라.'

《밀무드》

헝가리의 신문기자였던 유대인 라즐로 비로는 만년필로 기사를 쓸 때마다 짜증이 났다. 잉크를 일일이 채워서 쓰기가 번거롭고 불편했을 뿐 아니라, 그 과정에서 소비되는 시간이 너무 아까웠기 때문이다. 잉크가 손에 묻거나 원고지에 얼룩지는 일도 많았고, 날카로운 펜촉에 원고지가 찢어지는 경우도 잦았다. 그는 신문을 인쇄하는 잉크는 금방 마르고 번지지도 않는다는데 착안했다. 그런데 신문 인쇄용 잉크를 만년필에 사용하니 농도가 너무 진해 펜촉에 흘러나오지 않는 문제가 있었다. 그는 화학자인 동생 게오르그의 도움을 받아 튜브 끝에 작은 금속 알(ball)을 붙인 '볼펜(ballpen)'을 만들었다.

펜 끝의 작은 강철 알이 펜의 움직임에 따라 돌면서 오일 잉크가 흘러나와 종이에 묻게 한다는 아이디어를 처음 생각해낸 인물은 17세기 갈릴레오 갈릴레이였다. 실제 볼펜을 만들려는 시도는 19세기 영국의 가죽가공업자 존 라우드가 했다. 그는 강철 재질의 볼과 볼을 싸는 소켓을 고안해 1888년 특허까지 냈지만, 잉크가 줄줄 새는 바람에 제품화에 실패했다. 볼펜은 50년 뒤인 1938년 비로에 의해 세상에 처음 모습을 드러냈다. 시간을 소중하게 여긴 한 유대인의 끈질긴 연구 덕분이었다.

 루스벨트 대통령의 부인 엘레노어 여사는 '어제는 역사고, 내일은 알 수 없고, 오늘은 선물(Yesterday is history, tomorrow is mystery, today is gift)'이라고 했다. 그만큼 오늘의 시간이 중요하다는 뜻이다. 유대인들은 그 어느 민족보다 시간의 소중함을 절실히 느낀다. 그들은 고대 이집트에서 430년 동안 노예생활을 했다. 당시엔 매일 아침부터 밤까지 고된 노동을 하며 일생을 마쳤기 때문에 시간에 대한 개념이 없었다.

 유대인들이 이집트를 떠나 자유인이 되었을 때 지도자들은 시간 개념부터 가르치기 시작했다. '오늘은 무슨 일을 했는가?' '시간을 헛되이 보내지는 않았는가?' 이런 질문을 계속 반복하며 시간을 잘 쓰도록 가르쳤다. 유대인들이 어느 민족보다 시간의 중요성을 강조하는 데는 이런 역사적 계기가 작용했다.

 유대인들은 돈의 가치를 아는 민족이다. 그래서 어렸을 때부터 자녀에게 용돈을 주면서 저축을 하는 습관을 들이고 돈의 개념을 배우게 한다. 하지만 돈보다 더 소중하게 여기는 게 바로 시간이다. 돈도 시간을 자유스럽게 하는 도구에 불과하다고 여긴다. 《탈무드》는 '사람은 금전을 시간보다도 더욱 소중하게 여기지만, 돈 때문에 잃어버린 시간은 돈으로 살 수 없다'고 적고 있다. 돈은 노력하면 다시 벌 수 있고, 한 번 잃어버린 건강도 열심히 운동하고 잘 먹으면 회복할 수 있지만, 흘려보낸 시간은 회복이 불가능하기 때문이다.

그래서 유대인들은 이천 년 전 조상들이 그랬던 것처럼, 지금도 자녀들이 생활 속에서 시간의 가치를 늘 새롭게 깨닫도록 주지시킨다. 유대 어린이의 생활이 규칙적인 것도 이런 교육의 영향이다. 아침에 일어나서 저녁에 잠자리에 들 때까지 1분 1초도 허투루 사용하지 않는다. 잘 짜인 시간계획에 의해 생활하는 습관이 철저히 몸에 배 있다. 어른들도 마찬가지다. 시간관리가 철저해 지나치게 단조로울 만큼 빈틈없는 생활을 한다.

시간계획에 맞춰 규칙적인 생활을 하다 보면 일정한 일을 정해진 시간 내에 끝마치는 훈련이 절로 된다. 하던 일을 중도에 포기하거나 다음 날로 미루지 않고, 계획된 시간 안에 끝내야 하기 때문에 그만큼 집중력이나 성취동기가 강할 수밖에 없다.

이처럼 시간의 중요성을 깨닫고 계획적으로 시간을 이용하는 습관을 들이려면 시간개념을 빨리 익히도록 도와줘야 한다. 시계가 알려주는 시간은 누구에게나 공평하고 객관적이지만, 사람들이 감각으로 느끼는 시간은 매우 주관적이다. 특히 어린이가 경험하는 시간은 부모와 친구, 유치원 선생님 등 자신이 관계하는 사람이 누구냐에 따라 달리 움직인다.

어린이는 시간을 스스로 통제할 수 있는 능력이 아직 없다. 따라서 부모는 아이가 시간관념을 가질 수 있도록 도와줘야 한다. 어린이는 하루와 일주일, 평일과 공휴일을 제대로 구분하지 못한다. 아이가 다음날이 월요일이라는 것을 자각하지 못하면 "내일은 어린이집 친구들을 만나러 가는 날이니 일찍 자야지" 하는 식으로 일깨워줄 필요가 있다. 이렇게 시간관념을 갖도록 지속적으로 도와주면, 점차 시간의 가치를 깨닫고 효과적으로 시간을 쓰는 능력이 길러진다.

검소한 삶이
아름답다는 것을 알려준다

'투박한 항아리 속에도 값비싼 술이 들어 있다'라는 유대 격언이 있다. 사람을 몸차림이나 소유물로써 판단하면 안 된다는 것을 훈계하는 말이다. 또 '당나귀는 예루살렘에 가도 당나귀'라는 말도 있다. 당나귀에게 대학가운을 입히고 가슴에 훈장을 달아줘도 당나귀임에는 변함이 없다는 뜻이다. 그런데 값비싼 것을 몸에 붙이고 직함을 가지고 마치 다른 사람인양 겉치레를 하는 사람이 있다. 훌륭한 금고는 속이 항상 비어 있는 법이다.

마빈 토케이어

'은(銀)은 무거워야 한다. 그러나 무거운 듯이 보여서는 안 된다.'

뉴욕의 유대계 부호인 필립 J. 굿다드 부인의 처세훈이다. 금이나 은, 다이아몬드와 같은 보석은 무거운 것이 좋지만, 남에게 무겁게 보일 경우 쓸데없는 재난을 불러들일 위험이 있으니 경계해야 한다는 뜻이다.

실제로 굿다드 부인은 최고의 디자이너가 고급 천으로 만든 옷을 입었지만, 지나치게 화려한 색깔이나 최신 유행의 디자인은 피했다. 마흔이 되기 전까지는 밍크코트와 같이 값비싼 옷을 입지 않았고, 필요 이상으로 자신을 꾸미는 일도 없었다. 벽에는 좋은 그림을 걸었지만, 손님의 눈에 잘 띄는 곳은 피했다. 좋은 것을 적당히 활용하면서도 자신을 무겁지 않게 보이게 함으로써 외부 사람들의 반감을 사지 않으려는 노력이었다.

헝가리계 유대인 앤드루 그로브는 1987년부터 1998년까지 인텔 CEO를 역임하면서 기업 가치를 43억 달러에서 1,976억 달러로 높인 탁월한 경영인이다. 연평균 42퍼센트의 경이적인 성장을 이뤄 '실리콘밸리의 제왕'으로 불렸다. 개인적으로도 천문학적인 부를 모았다. 하지만 그는 다른 CEO들처럼 화려하게 살지 않았다. 운전기사를 두지 않고 차를 직접 몰았으며, 회사에 전용 주차장도 없었다. 그의 사무실은 칸막이만 있었을 뿐, 문도 명패도 없는 소박한 것이었다. 면적이 4.75평 규모로 일반 직원들과 같은 크기였다.

유대인은 생활이 검소하다. '항아리의 겉보다는 속을 봐라'는 유대 격언처럼, 옷차림 등 외모를 꾸미는데 큰 신경을 안 쓴다. 수십조 원의 재산을 보유한 거부라도 고급 의류와 보석으로 치장한 유대인을 보기는 쉽지 않다. 어려서부터 검소한 생활이 몸에 익은 탓에 남의 눈에 띄는 화려한 차림새나 허영이나 분에 넘치게 사치스러운 상황을 오히려 부담스러워 한다. 당연히 자녀들의 옷도 소박하되 말쑥하게 차려 입힌다.

식생활도 소박하다. 이는 종교적 계율과도 관계가 있다. 유대인은 돼지고기와 비늘이 없는 생선을 먹지 않는다. 피가 완전히 제거되지 않은 쇠고기나 양고기도 피한다. 유월절(기원전 13세기 이집트에서 탈출한 것을 기념하는 유대인의 축제일)에는 일주일 동안 '무교병'이라는 누룩을 넣지 않고 구운 빵만 먹으며 생활한다. 그래도 유대인들은 '겉보다는 속을 튼튼히 하는 게 중요하다'는 종교적·문화적 전통이 몸에 배어 있어 소박한 식단을 감사히 받아들인다. 그러니 우리처럼 고기반찬이 없다고 식탁에서 투정을 부리는 어린이가 있을 턱이 없다.

속이 튼튼한 사람은 내실을 기하는 사람이다. 겉은 화려하지 않고 먹는 것도 소박하지만, 머리는 지혜로 가득하며 가난하고 어려운 사람들을 적극적으로 도와주는 사람이다. 박해의 역사를 통해 돈이 있어도 없는 것처럼 보여야 안전을 도모할 수 있었던 환경이 검소한 생활 습관을 갖추게 했다는 분석도 있다.

한국인들은 어떤가. 외모지상주의, 물신주의가 팽배하다. 당연히 내실을 튼튼히 하기보다는 남의 시선에 더 신경을 쓴다. 외모가 경쟁력이니 성형수술은 필수요, 남들이 가진 것은 빚을 내서라도 사야만 직성이 풀린다. 집은 없어도 외제차나 첨단 휴대전화는 있어야 되고, 1년에 한 번쯤은 해외여행을 다녀와야 폼이 난다.

《월 스트리트 저널》은 2010년 7월 '한국이 세계에서 가장 명품에 호의적(luxury friendly)'이라고 보도했다. 한국의 명품 소비가 지난 1년간 46퍼센트나 급증했고, 고가의 명품을 구입하고 죄의식을 느낀 적이 있다는 한국인은 5퍼센트에 불과했다는 지적이다. 소득 수준과 무관하게 너도나도 '루이뷔통'을 찾는 명품 열기는 타인의 반응에 자신을 일치시키는 '동조행동'이자, 명품으로 내면의 부족함을 가리려는 천민자본주의의 단면이다.

아이들이라고 다를 게 없다. 어린이재단이 2010년 2월 서울, 경기 지역 초등학생 322명을 대상으로 '주로 하는 거짓말'이 무엇인지 설문조사(복수 응답)를 해봤다. 숙제와 학업 관련 거짓말이 가장 많았지만, 가정환경이나 경제사정과 연관된 거짓말도 상당히 많은 것으로 드러났다. 예를 들어 '집이 비좁아 놀러 오려는 친구에게 다른 일이 있다고 했다'(59명, 18.3퍼센트)거나, '집에 없는 비싼 물건이 있다고 했다'(53명), '친구에 비교되는 게 싫어 다니지도 않는 학원에 다닌다고 했다'(50명), '부모 직업이 부끄러워 다른 직업을 댔다'(34명)는 등의 거짓말을 했다는 것이다. 우리 사회에 팽배한 물신주의의 한 단면이다.

매사에 균형 잡힌 생활태도를 가지게 한다

'사랑은 잼같이 달지만, 빵이 없이 그것만으로 살아갈 수 없다'라는 유대 격언이 있다. 인간이 잼만으로 살 수 있을까? 그렇다고 빵만으로는 맛이 없다. 인생은 조화와 균형을 이루며 살아야 한다. '한평생을 울고만 보내서도 웃고만 보내서도 안 된다'는 격언도 균형을 강조한 말이다. 신은 인간을 좌우 대칭으로 창조했다. 동물이나 물고기도 좌우 대칭이다. 《탈무드》에 따르면 인간의 절반은 하늘에 속하고 나머지 절반은 땅에 속한다. 인간의 본성에는 천성(天性)과 수성(獸性)이 있다. 또한 인간은 희로애락을 지니고 있다. 그 가운데 어느 한 면만을 지나치게 강조하는 것은 옳지 않다. 인생이란 균형을 취해야 한다. 24시간 내내 울고만 있거나 화만 내고 있거나, 그저 웃기만 해서는 안 된다.

마빈 토케이어

《탈무드》의 많은 예화들이 균형을 유지하는 생활태도를 강조한다. 돈의 소중한 가치를 인정하면서도 돈의 노예가 되지 않고, 미래 메시아의 강림을 열망하면서도 현재를 헛되이 보내지 않는 유대인들의 생활태도를 잘 보여준다.

유대인들은 교육에서도 균형을 강조한다. 이른바 지식교육과 인성(人性·사람 됨됨이)교육의 조화이다. 지식이나 인성, 어느 한쪽에만 치우친 교육은 결코 바람직하지 않다. 자녀가 사회의 일원으로서 성장하는데 필요한 모든 요소들을 균형 있게 발달시킬 수 있는 교육, 바로 '전인교육(全人敎育)'이 유대인 교육의 지향점이다. 이는 교육학 이론에도 잘 들어맞는다. 사람이 온전하게 성숙하려면 지적인 면과 정의적(情意的)인 면, 기능적인 면이 균형 있게 발달해야 한다. 앉아 있는 것과 서 있는 것, 걸어 다니는 것이 조화와 균형을 이루듯, 머리와 가슴, 손도 균형을 유지해야 한다.

우리나라 교육은 전통적으로 인성과 덕성을 강조해왔다. 유교의 영향으로 충(忠)과 효(孝) 등 사람으로서의 도리와 몸가짐, 예절 등을 그 무엇보다 중시했다. 그런데 현대에 와서 경쟁사회로 치달으면서 인성과 덕성 대신 지성만을 강조하는 교육이 판치고 있다. 가정과 학교 모두 오로지 대학입시를 위해 학생들을 과외와 학원으로 내몰고 있다. 취업을 준비하는데도 품성보다는 학점과 외국어실력 등 이른바 스펙(SPEC)이 중시된다. 이런 상황에서 지성과 덕성이 균형을 갖춘 성숙한 인간이 육성될 리 없다. 머리는 비대하고 가슴과 손은 텅 비어 있는 기형적인 인간만 낳을 뿐이다. 지성 일변도의 교육을 받은 사람들은 사회성, 창의성이 떨어지기 때문에 사회에 나가면 오히려 경쟁력이 떨어진다.

안철수 카이스트 경영대학원 교수는 "지식은 유한하지만, 치열한 삶의 태도나 타인과 더불어 살아가는데 필수적인 인성은 사람의 인생을 좌우하며 더 나아가 몸담고 있는 조직의 미래까지 좌우한다"고 강조한다. 학점과 외국어 실력이 아무리 뛰어나도 사람 됨됨이에 문제가 있으면 조직과 사회에 해를 끼치는 반면, 인성을 갖춘 사람은 교육을 통해 조직과 사회에 보탬이 되는 능력을 얼마든지 키울 수 있다는 말이다.

가장 이상적인 교육은 지성과 인성이 조화를 이루는 전인교육이다. 하지만 둘 중 하나만 택해야 한다면, 남을 배려하고 어른을 존경할 줄 아는 인성교육이 더 소중하다.

양보하고 사과할 줄 아는 '사회성'을 키워준다

아주 훌륭한 랍비가 있었다. 그는 행실이 고결하고 친절해서 모든 사람들에게 존경을 받았다. 80세의 어느 날, 몸이 쇠약해진 그는 죽음이 가까웠음을 알았다. 그는 제자들이 머리맡에 모이자 갑자기 울기 시작했다. "선생님, 왜 우십니까? 선생님은 제자들을 가르치지 않은 날이 없으셨고, 자선을 베풀지 않은 날도 없으셨습니다. 이 나라에서 가장 존경 받는 삶을 사셨습니다." "하나님이 나에게 '공부를 했느냐? 자선을 베풀었느냐? 바른 행동을 했느냐?'라고 물으시면 한결같이 '네'라고 대답할 수 있네. 그러나 '남들과 같이 섞여서 함께 살았느냐?'라고 물으시면 '아니오'라고밖에 대답할 말이 없네. 그래서 나는 울고 있다네." 만일 어떤 유대인이 세속에서 자신을 격리시킨 채 10년 동안 학문에만 전념했다면, 그는 10년 후에 하나님께 제물을 드림으로써 용서를 구해야 한다. 아무리 훌륭한 학문을 한다고 하더라도 사회에서 자신을 격리시키는 것은 죄악이기 때문이다. 그래서 유대 사회에서는 은둔자를 보기 어렵다.

마빈 토케이어

회사원 김민철(38세)씨는 아이들과 놀아주고 싶어도 방법을 잘 몰라서 집에 오면 텔레비전 앞에서 시간을 보내곤 했다. 그러다 보니 유치원에 다니는 큰딸이 아빠가 퇴근해도 보는 둥 마는 둥 항상 엄마하고만 얘기하며 놀았다. 아내는 아이가 유치원에서 친구들과 잘 어울리지 않고 지나치게 내성적이라며 딸과 자주 좀 놀아주라고 역정을 냈다. 아빠와 잘 노는 아이들이 사회성도 좋다는데, 자기가 너무 무심한 거 아닌가 하는 생각도 들었다.

그래서 오랜 기간 딸의 육아를 아내에게만 맡겼기 때문인지 자신의 느낌을 솔직히 표현하는 게 어색했지만, 매일 10분이라도 함께 어울리자고 결심했다. 동화책도 읽어주고, 소꿉놀이도 함께 하면서 서로 마음의 문을 열었다. 그러자 한 달도 안 돼 아이의 성격은 놀랄 만큼 밝아졌다.

유대인은 대부분 맞벌이를 하기 때문에 생후 3개월 정도면 자녀들을 탁아소에 맡긴다. 어렸을 때부터 자연스럽게 사회성을 키워줄 수 있는 여건이 마련되는 셈이다. 유대인들은 수백 년 동안 서로 다른 국가에서 뿔뿔이 흩어져 살아왔기 때문에 사회성을 유아교육의 모토로 삼는다. 어려서부터 친구들과 어울려 노는 기회를 자주 만들어 주는 것도 이 같은 사회성 교육의 일환이다. 자녀들이 혹시 나쁜 친구들을 사귈까 겁이 나서 집 안에만 가둬놓고 키우는 과보호는 아이들을 사회성이 떨어지는 불구자로 만들기 십상이다. 실제로 유아교육 전문가들은 어렸을 때 사회성 훈련을 받지 못한 어린이의 경우 지나치게 자기중심적이며 성장해서도 원만한 인간관계를 만드는데 어려움을 겪는다고 지적한다.

유대인 부모들이 자녀에게 사회성 훈련을 하면서 가장 중시하는 것은 '경쟁'과 '협동'의 정신이다. 경쟁은 이기심과 다르다. 어떤 목적을 이루기 위해서는 반드시 치러야 하는 대가이다. 그 때문에 유대인들은 어릴 때부터 경쟁을 삶의 일부로 받아들이도록 훈련한다. 당연히 경쟁에 참여하는 한 이기는 게 중요하다는 정신을 심어준다. 하지만 경쟁이란 질 수도 이길 수도 있다. 따라서 이기거나 졌을 때는 그 원인이 무엇인지를 따져보게 하고, 졌더라도 자신의 상황을 냉정하게 받아들이도록 가르친다.

흥미로운 것은 이런 식의 경쟁의식을 게임을 통해 배운다는 점이다. 유대인들은 아기 때부터 승패가 있는 게임을 즐긴다. 유대인 학습교구로 유명한 '오르다'도 게임을 하는 내용이 많다. 부모와 교사는 이런 게임을 통해 아이들이 건전한 경쟁의식을 키우도록 유도한다. 단순히 남보다 앞서야 한다는 경쟁의식만 키우는 게 아니라, 경쟁을 통해 '남과 다르게 되는 것'을 더 강조한다. 나아가 경쟁에서 탈락한 동료를 배려하고 함께 이끌어주는 협동정신을 강조한다. 생후 3개월부터 어린이집에 맡겨진 아기들은 단체 속에서 4~5명이 함께 활동하거나, 한 가지 일을 여럿이 협동해서 하는 방법을 배운다.

자녀는 부모와의 상호작용을 통해 세상을 살아가는 법을 배운다. 부모의 사랑을 듬뿍 받고 자란 아이가 다른 사람도 사랑하고 존중할 줄 아는 법이다. 자녀의 사회성을 키우는 좋은 방법 중의 하나는 부모가 함께 놀아주는 것이다. 부모와의 스킨십은 정서, 신체, 지적 발달을 돕고 사회성의 기초를 다지는데 큰 도움이 된다. 전문가들은 자녀가 사춘기에 접어들기 전인 유치원, 초등학교 시기에 자주 스킨십을 나눠야 효과가 크다고 말한다. 하루 10분이라도 어린 자녀를 무릎에 앉히고 팔과 어깨 만져주기, 안아주기 등 아이가 좋아하는 스킨십을 자주 해주면 사회성이 몰라보게 좋아진다.

아이들은 서너 살 무렵부터 또래들과 어울려 놀기 시작한다. 하지만 자기중심적인 성향이 강한 시기이므로 뜻대로 되지 않으면 친구를 때리거나 물건을 던지기도 한다. 이때는 놀이를 중단시키고 벌을 준 뒤 친구에게 "미안해"라고 사과하게 한다. 무조건 양보를 강요하거나 나무라지 말고, 경험을 통해 조금씩 타협하면서 사이좋게 지내도록 유도한다.

실패했다면 격려하고
같은 실패를 반복했다면 꾸짖는다

《탈무드》는 '이미 한 일을 후회하기보다는 꼭 하고 싶었는데 하지 못한 일을 후회하라'고 말한다. 인간은 실패를 하더라도 그에 따른 큰 교훈을 얻기 마련이다. 그런데 하고 싶었는데도 하지 않았다는 것은 교훈을 얻을 가능성을 상실한 것이다. 인간의 모든 진보는 가능성을 믿는 낙관에서 이루어진다. 실패는 경험이 되고, 성공을 위한 밑거름이 될 수 있다. 인간은 실패를 후회하더라도 경험과 교훈을 얻었음을 알고 있기 때문에, 가능성을 묻어버린 것보다 후회가 가볍다. 실패는 성공의 토대를 만드는데 사용되지만, 하지 않았다는 것은 가능성이라는 토대 자체를 잃어버리는 것이다. 실패를 지나치게 두려워하는 것은 실패하는 것보다 나쁘다.

마빈 토케이어

스무 살에 단신으로 미국에 망명해 인텔 회장직까지 오른 헝가리계 유대인 앤드루 그로브는 실패를 인정할 줄 아는 경영자였다. 1994년 어느 수학교수가 인텔 펜티엄칩의 계산 기능에 문제를 제기했다. 당시 '인텔 인사이드(INTEL Inside)' 로고를 단 컴퓨터는 다른 제품보다 10퍼센트 비싼 가격에도 불티나게 팔리고 있었다. 인텔 기술진은 수학교수가 지적한 계산 기능의 오류를 대단하지 않은 것으로 치부했다. 90억 번에 한 번 발생하는 오류로, 컴퓨터 사용자가 2만7천 년에 한 번 겪을 정도에 불과하다는 것이었다.

하지만 앤드루 그로브는 고객들의 신뢰를 얻기 위해 아무리 사소한 실수도 그냥 넘어가서는 안 된다고 생각했다. 누구나 실패는 할 수 있으며, 중요한 것은 실패를 인정하고 다시는 실패를 반복하지 않도록 노력해야 한다는 게 그의 생각이었다. 그로브는 '무조건 보상'이라는 결단을 내렸고, 고객의 신뢰를 회복하는 비용으로 무려 4억 7천5백만 달러를 투입했다. 이후 인텔은 컴퓨터 마이크로프로세서(CPU) 분야의 최강자로 우뚝 섰다.

먼지봉투 없는 청소기, 날개 없는 선풍기를 개발해 '영국의 스티브 잡스'로 불리는 제임스 다이슨은 직원들에게 "실수하게 하면 일을 빨리 배운다"며 오히려 실패를 장려한다. '성공은 99퍼센트의 실패로 이뤄진다'고 믿기 때문이다. 그도 40년 이상 실패를 거듭하다 마침내 남들이 생각하지 못했던 혁신적인 제품을 만들 수 있었다. 이 때문인지 다이슨이 내놓는 제품은 개발기간이 다소 길다. 청소기가 5년, 날개 없는 선풍기는 4년이 걸렸다. "엔지니어나 과학자의 삶에 실패는 늘 따라다닙니다. 성공이 오히려 드물죠. 우리가 기억해야 할 건 나뿐만 아니라 모두가 실패하고 있다는 사실입니다."

"실수를 저지르지 않는 사람은 그저 위에서 시키는 대로 일하는 사람이다. 뭔가를 하려고 노력하다가 실패한 사람을 질책하고 망가뜨려서는 안 된다. 연구개발은 99퍼센트의 실패를 각오하지 않으면 안 되는 '창조의 과정'이기 때문이다." 일본 혼다자동차의 창업주 혼다 소이치로의 경영철학이다. 실제 혼다는 '올해의 실패왕'이라는 제도를 운영하고 있다. 해마다 연구자 중에서 가장 큰 실패를 한 직원을 뽑아 100만 엔의 상금을 준다. 직원들이 비전을 실현하기 위해 열심히 도전하고 연구하는 과정에서 빚어지는 실패라면 오히려 권장하고 용기를 북돋워야 한다는 게 '혼다이즘'의 요체다.

'가장 큰 실패는 실패로부터 배우지 못하는 일이다.'
유대인들은 실패를 겁내지 않는다. 창조는 시행착오를 거듭하면서 만들어진다는 사실을 잘 알고 있기 때문이다. 그래서 아이들이 어렸을 때부터 '실패를 두려워하지 말라'고 가르친다. 최선을 다한 실패를 용인하는 것은 물론이다. 일의 결과만 따지다 보면 아이들이 실패를 두려워해서 도전 자체를 기피할 우려가 있으며, 미래의 큰 성취를 위해서는 실패에 연연하지 않고 도전하는 자세가 필요하다는 게 유대인들의 확고한 믿음이다.

한국 사회는 정반대다. 과정을 보려 하지 않고 결과만 따지기 때문에 웬만해선 실패나 실수를 인정하는 법이 없다. 그러다 보니 수단 방법을 가리지 않고 무조건 성공하려 기를 쓴다. 시험을 열 번 잘 보다가도 한 번 실수하면 용납하지 않는 부모들이 많다.

기업 문화도 비슷하다. 한국의 전문 경영인들은 자기들이 직접 신규 투자를 결정하기를 꺼린다. 시간을 질질 끌면서 대주주가 결단을 내려주기만 기다린다. 10개 투자하면 7~8개는 실패하는 게 정상인데도, 9개 성공하고 1개만 실패해도 감당하기 어려운 비난이 쏟아지기 때문이다. "철저한 성과주의를 추구하는 한국기업의 조직문화에서는 새로운 것을 시도하기보다 '책임질 일은 절대 하지 않겠다'는 보신주의가 판을 칠 수밖에 없다"는 게 국내 기업 임직원들의 한결같은 하소연이다.

3대째 랍비를 배출한 독실한 유대교 집안 출신으로 세계적인 패션 브랜드 게스(GUESS)의 창업자인 폴 마르시아노 회장은 이렇게 말한다. "비즈니스는 장기전이다. 위험을 감수하고 도전해야 한다. 당연히 실패도 할 수 있다. 그러나 한국에는 실패를 받아들이는 정서가 없는 것 같다."

실패를 인정하지 않는 이런 풍토가 바로 대기업 오너들의 '황제경영'을 가능케 한다. 오너의 잘못된 판단이 회사를 망하게 할 수도 있지만, 이를 견제하고 제대로 목소리를 낼 수 있는 구조는 찾아보기 어렵다. 오너 회장이 관심을 보이는 사안은 뻔히 잘못될 줄 알면서도 따라가는 게 우리 기업의 현실이다.

유대인 기업은 소유와 경영을 철저히 분리한다. 이는 선진국 기업들의 일반적 패턴이기도 하다. 제임스 다이슨은 수석엔지니어로서 제품 개발에만 열중하고, 경영은 전문가에게 맡기고 있다. 혼다 소이치로도 생산과 연구는 자신이 맡고, 나머지는 경영의 달인으로 불리는 전문경영인에게 맡겼다. 소이치로는 은퇴하면서 대부분의 주식을 회사에 무상 증여했고, 혼다 이사회에는 혼다 성을 가진 임원이나 감사가 단 한 명도 없다. 독자 경영위원회가 오너의 입김을 철저히 배제하고 사장을 선발한다.

충분히 듣고 생각해서
말실수를 하지 않게 한다

"인생을 참되게 살 수 있는 비결을 팝니다." 장사꾼의 외침에 순식간에 사람들이 모여들었다. 그 중에는 랍비도 여러 명 있었다. "제발 내게 그 인생의 비결을 파시오." 서로 사겠다고 아우성치는 사람들에게 장사꾼이 말했다. "인생을 참되게 살 수 있는 비결이란 자기의 혀를 조심해서 쓰는 것이오." 남을 헐뜯는 일은 살인보다도 더 위험하다. 살인은 한 사람만을 해치지만, 험담은 꼭 세 사람을 해치기 때문이다. 험담을 하는 사람 자신과 그 말을 비판 없이 그냥 듣고 있던 사람, 그리고 그 험담의 주인공을 동시에 말이다.

《탈무드》

 오스트리아 출신의 언어·분석 철학자인 유대인 루드비히 비트겐슈타인은 인격은 말에 의해 나타난다고 했다. 말은 한 사람의 인격과 교양의 척도라는 뜻이다. 유대인들은 부주의한 한 마디의 말이 중요한 비즈니스 협상을 망치고, 화가 나서 부지불식간에 퍼부은 감정 섞인 말 한 마디가 자녀의 가슴에 평생 지울 수 없는 상처를 남길 수 있다는 점을 잘 안다.

그래서인지 유대 격언 중에는 입과 혀의 재앙을 경계하는 내용이 유독 많다. '새장으로부터 도망친 새는 붙잡을 수가 있으나, 입에서 나간 말은 붙잡을 수가 없다.' '당나귀는 긴 귀로써 알아보고, 어리석은 사람은 긴 혀로써 알아본다.' '당신의 혀에는 뼈가 없다는 것을 항상 생각하라.' '어리석은 수다는 초상집에 즐거운 음악이 울리는 것과 같다.' '말하기는 태어나면서 곧 배우나, 입을 다무는 것은 어지간해서 배우기 힘들다.'

조상 대대로 혀의 재앙을 경계하라는 말을 들어온 때문인지, 유대인들은 말하기보다 듣는 것을 더 중시한다. '입을 다물 줄 모르는 사람은 대문이 닫히지 않는 집과 같다'는 격언을 실천하는 셈인데, 유대인들이 협상의 명수라는 소리를 듣는 것도 이런 전통과 무관하지 않다. 대개 협상 과정의 논리 싸움에서 말을 많이 하는 쪽이 위험에 더 노출되기 마련이다. 흥분하거나 감정적이 돼 손해를 보는 것도 말을 많이 하는 쪽이다. 말을 많이 하기보다 신중히 경청하면서 때때로 질문을 하다 보면 상대방이 진정으로 원하는 것이 무엇인지 귀중한 정보를 얻을 수 있다. 협상의 승자가 누가 될지는 자명하다.

한 랍비가 제자들을 위해 만찬을 베풀었다. 소의 혀와 양의 혀로 만든 맛있는 요리가 나왔다. 그중에는 딱딱한 혀와 부드러운 혀가 있었다. 제자들은 앞 다퉈 부드러운 혀를 골라 먹었다. 그러자 랍비가 제자들에게 이렇게 말했다. "자네들도 자신의 혀를 언제나 부드럽게 간직하게. 딱딱한 혀를 가진 사람은 남을 화나게 하거나 불화를 가져오는 법이니까."《탈무드》

말과 혀의 재앙을 경계하라는 메시지는 자녀교육에도 그대로 적용된다. 유대인 교육학자 벤자민 블룸은 물질 환경보다는 좋은 언어 환경을 만들어주는 게 훨씬 중요하다고 강조한다. 좋은 언어 환경을 만들어주기 위해서는 자녀의 말을 경청하고, 정확한 표현을 구사하는 게 기본이다. 유대인 부모들은 충분한 시간을 내어 자녀의 얘기를 듣는다. 자녀가 방해 받지 않고 자기 말을 할 수 있도록, 깊은 관심과 이해하려는 자세를 보여준다. 그리고 가능하면 부모의 조언에 앞서 자녀 스스로 판단하여 해결하도록 돕는다.

자녀를 꾸짖을 때도 비교육적인 언어 사용은 최대한 피한다. '자녀를 위협해서는 안 된다. 벌을 주든가 용서하든가, 어느 하나를 택하라'는 유대 격언이 있듯이, 위협하는 말은 절대로 하지 않는다. 반면 한국의 부모들은 일상적으로 자녀들을 협박한다. "너 엄마 말 안 들으면 아빠한테 이를 거야!" "숙제 빨리 안 하면 텔레비전 못 보게 할 거야!" "계속 반찬 투정 하면 밥 안 준다." "한 번만 더 동생과 싸우면 매 맞을 줄 알아!" 이런 위협조의 말은 자녀에게 두려움을 안겨줄 뿐 아니라 부모에 대해 적개심을 품게 한다.

비교하는 말도 잘한다. "누나는 영어 100점 맞았는데, 너는 또 70점이네. 언제 100점 한 번 맞아볼래!" "너는 형이 돼 가지고 동생 챙겨줄 생각은 안하고, 어째 매일 밖으로만 나도는 거냐?" "옆집 민수 좀 본받아라. 민수는 공부도 잘 하고 운동도 열심히 하는데, 너는 매일 게임만 하고 있으니 어쩌면 좋니!" 특정 행동이나 성적을 기준으로 형제를 비교하는 것은 한 사람을 절망감에 빠뜨리고 다른 가능성을 잘라버리는 역효과를 낳는다.

유대인 부모처럼 자녀에게 정확하게 말하는 법을 익히려면, 먼저 자녀 앞에서 솔직해져야 한다. 자녀에 대한 불만이 있더라도 흥분을 자제하고 자녀를 모욕하는 언사를 삼가는 것이 중요하다. 부모의 생각이나 기분을 전달할 때 '너는'이 아니라 '나는'으로 시작하는 말을 사용하고, 일방적으로 말하지 말고 자녀의 의견을 먼저 들은 뒤 조언하는 습관을 들여야 한다.

함부로 약속하지 않고
약속했다면 반드시 지키게 한다

여행 중이던 한 아가씨가 우물을 발견하고, 두레박줄을 타고 내려가 물을 마셨다. 그런데 혼자 힘으로 도저히 올라올 수가 없어 큰 소리로 울며 도움을 청했다. 지나던 청년이 달려와 그녀를 구해주었고, 두 사람은 사랑을 맹세하는 사이가 됐다. 청년이 먼 여행길에 나서야 하는 상황이 되자, 둘은 서로 사랑을 성실히 지킬 것을 굳게 약속했다. 그때 마침 족제비 한 마리가 지나가자 여인이 말했다. "저 족제비와 이 우물이 증인이에요." 오랜 세월이 흘렀다. 청년은 타향에서 다른 여자와 결혼해 아이를 낳았다. 그런데 어느 날 그의 아이가 밖에서 놀다가 지쳐 풀밭에 누워서 잠든 사이, 족제비가 목을 물어 아이가 죽었다. 둘째가 태어났으나 우물가에서 놀다가 그만 우물에 빠져 죽었다. 청년은 그제야 옛 약속을 떠올리고, 아내에게 사연을 얘기하고 헤어지기로 했다. 청년은 아가씨가 있는 마을로 돌아왔고, 그때까지 약속을 지키며 혼자 살고 있던 그녀와 결혼했다.

《탈무드》

 로버트 케네디(존 F. 케네디의 동생)가 스물두 살 때의 일이다. 친구와 함께 요트를 타고 바다로 나갔는데, 점심시간이 다가오자 해안으로 급하게 요트를 몰기 시작했다. 선창에 가까워지자 로버트는 친구에게 요트를 정박시켜 달라고 부탁한 뒤 바다에 뛰어들어 헤엄을 쳐서 해변에 도착했다. 그리곤 집을 향해 부리나케 뛰어갔다. 점심 식사시간에 늦지 않기 위해서였다. 요트를 직접 정박시키고 집에 가면 늦을 것 같아서 바다에 뛰어든 것이다. 케네디의 어머니 로즈 여사는 식사시간을 지키지 않는 자녀에겐 절대 밥을 주지 않았다. 약속의 중요성을 일깨우기 위해서였다.

유대인은 '계약의 국민'으로도 불린다. 어린 시절부터 한 번 약속을 하면 반드시 지켜야 한다는 교육을 철저히 받기 때문이다. 셰익스피어의 희극《베니스의 상인》에 나오는 고리대금업자 샤일록. 부채를 못 갚으면 1파운드의 살을 떼어 내겠다는 계약을 맺은 그는 돈에 집착하는 유대인의 어두운 면을 상징하는 인물이지만, 한편으론 약속을 중시하는 유대인의 특성도 잘 보여준다.

《구약성서》의 '구약(舊約)'은 하나님이 이스라엘 민족에게 준 구원의 약속을 의미한다. 하나님의 약속을 믿고 따라야 하듯이, 사람들 사이의 약속도 소중하며 반드시 지켜야 한다는 게 유대인들의 믿음이다. 그래서 한 번 약속을 지키지 않은 사람의 말은 신뢰하지 않는다. 약속을 어기는 것은 다른 사람의 시간을 도적질 하는 것이고 그 사람의 인생을 빼앗는 것이라고 여긴다. 이처럼 약속은 유대인 사회에서 믿음과 신뢰의 기초가 된다. 약속하면 반드시 지키는 유대인의 특성은 비즈니스 세계에서도 '믿고 거래할 만한 파트너'라는 인식을 심어줌으로써 놀라운 성공의 밑거름이 됐다.

약속을 잘 지키는 아이로 키우려면 어떻게 해야 할까. 부모가 아이와 한 약속을 반드시 지키는 게 시작이다. 맞벌이에 가사노동으로 파김치가 됐는데, 아이가 옆에서 동화책을 읽어달라고 조르면 짜증이 나기 마련이다. 해서 "내일 읽어줄게"라고 해놓고는, 막상 내일이 되면 똑같은 말을 반복한다. 엄마가 귀찮은 상황을 모면하기 위해 일단 약속을 했다가 나중에 지키지 못하면, 아이의 뇌리에는 '거짓말 하는 엄마'라는 부정적 이미지가 자리 잡는다. 아이가 무리한 요구를 해오면 거절을 하고, 그 이유를 설명해주는 게 좋다. 약속은 크든 작든 모두가 소중하며, 반드시 지켜야 한다는 것을 인식시켜야 한다.

질서의식과
예의범절을 가르친다

어느 마을에 경건한 신자인 것처럼 회당에 나오는 품행이 나쁜 남자가 있었다. 하루는 랍비가 그를 불러서 행실을 좀 고치라고 주의를 주었다. 그러자 그 남자는 "저는 정해진 날에 매일 회당에 나오는 경건한 신자입니다"라고 말했다. 랍비는 이렇게 꾸짖었다. "여보게, 동물원에 매일 간다고 해서 사람이 동물이 되는 건 아니잖은가."

《탈무드》

뉴욕 연수시절 살았던 동네에는 유대인이 많았다. 아이들이 다니던 초등학교에도 흑인이나 동양계는 드물고, 백인과 유대인이 압도적이었다. 뉴욕의 초등학교는 신학기 초 학부모들을 초청해 '커리큘럼 콘퍼런스(curriculum conference)'라는 행사를 연다. 이 행사에 참석하기 위해 아들 교실을 방문했는데, 칠판 위쪽에 우리나라 초등학교 교실의 급훈(級訓)처럼 '우리의 다짐(Our Promise)'이라는 제목의 글이 걸려 있었다.

1번으로 강조하는 게 '예의'였고, 나머지도 질서의식과 관련된 내용이었다. '예의를 지켜라(Be Polite), 조용히 앉아 있어라(Sit Quietly), 손을 들고 얘기해라(Raise Hands), 주의 깊게 들어라(Listen Carefully), 선생님의 지시를 따라라(Follow Directions), 최선을 다해라(Do your Best).'

미국 초등교육의 특징을 한 가지만 꼽으라면 나는 주저 없이 '질서 중시'라고 답하겠다. 아들은 보름에 한 번 꼴로 선생님의 '경고 편지'를 들고 왔다(전화도 여러 번 받았다). 우리 기준으로 보면 그리 '심각한' 내용은 아니다. '점심시간에 식당에서 돌아다닌다, 복도에서 뛰

공동체 의식을 가르친다 | 283

어다닌다, 동료들과 다툰다' 등의 내용이었다. 한국에서라면 '사내놈이 그럴 수도 있지' 하며 넘어갈 수 있는 수준의 행동인데도, 뉴욕의 초등학교에서는 절대 용서하는 법이 없다.

두세 번 편지나 전화를 해도 시정되지 않으면, 학부모를 직접 학교로 부른다. 좀더 진지하게 "가정지도를 철저히 해달라"는 당부의 말을 들어야 하는 것은 물론이다. 교장의 호출도 여러 번 받았다. 한번은 "4학년 학생들이 강당에서 연주회를 하는데, 원석이가 같은 반 친구와 다퉈 음악회 분위기를 엉망으로 만들었다"며 학교로 와달라는 것이었다.

잔뜩 긴장해 학교를 방문했다. 그런데 교장은 "원석이가 문화의 차이 때문에 어려움을 겪고 있는 줄 잘 안다. 긴밀하게 협조해 학교생활에 빨리 적응하도록 노력하자"며 오히려 우리 부부를 따뜻이 위로했다. 다민족 국가인 미국이 짧은 역사에도 불구하고 세계 유일의 초강대국으로 군림할 수 있는 것은 '질서'와 '원칙'이 몸에 배도록 철저히 가르치는 초등교육의 힘 때문이라는 생각이 들었다.

유대인들은 아이들을 키우면서 질서와 예의를 강조한다. 말을 제대로 알아듣지 못하는 어린 나이에는 절대로 외식에 데려가지 않는다. 아이가 밖에서 식사하는 즐거움을 아직 이해하지 못할 것이라는 배려의 의미도 있지만, 악을 쓰고 울거나 뛰어다니며 다른 손님들의 식사를 방해할 위험이 크기 때문이다. 음식을 흘리고 주변을 어지럽히니 가게 주인도 환영할 리가 없다. 때문에 식사를 할 때 지켜야 할

예의와 외식의 의미를 이해할 수 있을 때까지는 아이들을 절대 외식에 데려가지 않는다.

유대인들은 자신의 몸을 깨끗이 하고 단정한 외모로 사람을 대하는 것을 의무로 여긴다. 당연히 자녀들이 식사하기 전에 반드시 손을 씻도록 하고, 단정한 옷차림으로 예의 바르게 행동하게 한다.

한국의 어린이들은 유치원이나 초등학교에서 천편일률적인 예절 교육을 받기 때문에 마음에서 우러나오는 예의를 표현하는 능력이 떨어진다. 유치원 선생님들은 아이가 친구에게 사소한 잘못만 해도 "미안해"라고 사과하게 시킨다. 이처럼 예절이 습관적인 행위로 굳어지면, 마음으로 미안해하지도 않으면서 "미안해"라는 말이 습관처럼 튀어나온다.

다른 사람의 입장에서 생각하고 상대방의 감정을 이해할 수 있는 능력을 키워줄 필요가 있다. 자녀들이 식당이나 극장에서 뛰어다니거나 소리를 지르는 행동을 했을 때는 "하지 마"라고 무조건 나무라기보다는, "네가 뛰어다니면 다른 손님들이 어떻게 느낄까?"라는 식으로 생각해볼 수 있는 기회를 주는 게 좋다. 또한 아이가 의젓하고 예의 바른 행동을 했을 때는 당연시할 게 아니라, "네가 어른에게 존댓말을 쓰고 인사를 잘 하니까 엄마 마음이 참 기쁘구나"와 같이 칭찬과 격려를 해주는 게 좋다.

진로상담
꿈꾸는 대로 흘러가는 삶
현실 속에서 꿈꾸게 한다

희망을 잃지 않는다면 역경이야말로 최고의 기회라고 말해준다
더 큰 꿈을 꾸려면 현실부터 인정해야 함을 알려준다
남들이 가지 않은 길을 가게 한다
문화적 다양성을 일찍 접하고 익숙해지도록 한다
우호적인 네트워크의 중요성을 알려준다

희망을 잃지 않는다면
역경이야말로 최고의 기회라고 말해준다

사형 선고를 받아 죽음이 임박한 한 사나이가 탄원서를 올렸다. "1년의 여유를 주신다면 왕께서 가장 아끼는 말에게 하늘을 나는 방법을 가르치겠습니다. 만약 약속을 지키지 못한다면 그때는 사형을 달게 받겠습니다." 왕이 말했다. "좋다. 하지만 약속을 어길 경우에는 즉시 사형을 집행하겠다." 사나이는 간신히 사형을 모면하고 감옥으로 돌아왔다. 많은 죄수들이 그에게 모여들었다. "말이 어찌 하늘을 날 수 있단 말이오?" 그러자 사나이는 태연하게 말했다. "물론 말이 하늘을 날 거라고 장담하기는 어렵겠지. 하지만 1년 안에 왕이 죽을 수도 있고, 내가 죽을 수도 있고…… 또 미래의 일을 누가 알겠는가. 1년만 있으면 말이 하늘을 날 수 있을지도 모르지 않은가."

《탈무드》

 무일푼의 헝가리 이민자였던 앤드루 그로브는 숱한 역경을 이겨내고 인텔을 세계 최고의 회사로 키워냈다. 유대인이었던 그는 어린 시절 가짜 신분증명서를 만들어 간신히 홀로코스트(히틀러의 유대인 학살)를 피했다. 제2차 세계대전이 끝난 후에는 또다시 집안이 '자본가'인 낙농업자라는 이유로 소련의 압제를 받을 위기에 처하자 죽음을 무릅쓰고 오스트리아 국경을 넘어 1957년 혈혈단신 미국으로 망명했다.

그는 전쟁 포로들을 가두는 미국 뉴저지의 킬머 수용소에서 임시로 머무르다, 운 좋게도 숙부와 연락이 닿아 거처를 옮길 수 있었다. 대학 공부를 하고 싶었지만, 수중에 돈이 한푼도 없었고 숙부도 경제적으로 어렵긴 마찬가지였다. 그래서 학비가 무료인 뉴욕 시티칼리지에 등록, 주경야독의 생활을 이어갔다. 식당에서 산처럼 쌓인 접시를 나르다 깨뜨려 주인에게 혼나기도 하면서, 남 몰래 눈물을 훔쳐야 했다.

하지만 생사의 고비를 여러 번 넘긴 그에게 두려움이란 존재하지 않았다. 그의 삶은 항상 치열했다. 이를 악물고 하루하루 최선을 다했다. 영어를 잘 못해 처음에는 여러 과목에서 F를 받았지만, 결코 실망하지 않았다. 조금씩 적응이 되자 대부분의 과목에서 A를 받았고, 결국 엔지니어링 학과를 수석으로 졸업했다. 《뉴욕타임스》는 그로브의 수석졸업을 기사로 다뤘다. "3년 전 미국에 올 때만 해도 영어로 '수평'과 '수직'도 구별하지 못하던 헝가리 난민 청년이 낮에는 일하고, 밤에는 영어사전을 옆에 놓고 피나는 노력을 한 결과, 이해하기도 어려운 전문용어가 가득한 엔지니어링 학과에서 수석을 했다."

그는 경제월간지 《포브스》와의 인터뷰에서 세계 최고의 IT기업을 일군 원동력은 '두려움(fear)'이라고 밝혔다. "편안하게 안주하는 생활에서 벗어나게 해주는 것은 두려움이다. 그것은 불가능해 보이는 어렵고 힘든 일을 가능하게 만들어 준다. 육체적 고통을 경험한 사람들이 더욱 건강 유지에 노력하는 것과 마찬가지다." 두 차례나 생사의 기로에 서는 등 고난과 핍박을 당해온 경험이 오히려 성공의 기회를 주었다는 설명이다.

유대인들은 자녀를 '사브라(Sabra)'라고 부른다. 자녀가 어렸을 때부터 "아빠처럼 사브라가 되라"는 말을 입버릇처럼 들려준다. 사브라는 선인장 꽃의 열매다. 겉에는 가시가 많지만, 속은 붉은 색으로 단맛이 난다. 비 한 방울 오지 않고 땡볕이 내리쬐는 사막의 악조건을 견디며 꽃을 피우고 열매를 맺는 사브라처럼 역경을 이기고 강인하게 살아남으라는 뜻이 담겨 있다. 수천 년의 방랑생활 속에서도 유대인의 특성과 전통을 유지해온 유대민족의 강한 생존 본능이 느껴지는 말이다. 현대의 랍비 마빈 토케이어의 설명을 들어보자.

"아무리 절망적이고 위태한 순간에도 우리 눈앞에는 언제나 희망의 끈이 내려져 있다. 절대 굴복하거나 포기하지 않겠다는 신념과, 자신에 대한 절대적인 신뢰만 갖고 있다면 새로운 영역에서 선구자로 우뚝 설 수 있다."

"무슨 일이든 쉽게 체념해서는 안 된다. 인생은 변화무쌍하며, 얼마든지 변화 가능한 다양한 가능성을 내포하고 있다."

한국 국적을 그대로 유지하고 있는 재일동포들의 삶도 크게 다르지 않다. 남아공월드컵이 배출한 '눈물의 스타' 정대세는 "월드컵 무대에서 세계적 스타와 어깨를 나란히한 기쁨에 울었다"고 언론에 밝혔지만, 어머니 이정임(58세)씨는 "눈에 보이지 않는 차별과 장벽을 이겨내고 월드컵까지 나간 축구인생이 주마등처럼 스쳐지나가 눈물을 흘린 것"이라고 전했다.

이씨는 아들의 성공 비결에 대해 한마디로 '마이너리티(소수자)의 헝그리 정신'이라고 말한다. "재일동포들이 일본 땅에 발붙이고 사는 한 소수자일 수밖에 없는데, 이를 극복하고 당당하게 살려면 뭘 하든 열심히 하는 수밖에 없었다"는 것이다.

유대민족도 마찬가지다. 유대인들이 전 세계에 흩어져 살면서 역사적 고난과 시련을 이겨낼 수 있었던 힘은 마이너리티 특유의 강한 정신력이다. 《토라》와 《탈무드》를 통해 체계화된 지식과 지혜를 충실히 따르고 실천함으로써 온갖 난관과 어려움을 극복할 수 있었다.

더 큰 꿈을 꾸려면
현실부터 인정해야 함을 알려준다

뱀 꼬리는 항상 머리가 가는 대로 따라가야 하는 게 불만이었다. "왜 나는 네 꽁무니만 따라다녀야 하지? 네 맘대로 방향을 정해서 나를 함부로 끌고 다니는 건 정말 불공평해." 그러자 머리가 대답했다. "너는 앞을 볼 수 있는 눈도 없고, 위험을 분간할 수 있는 귀도 없고, 행동을 결정할 뇌도 없잖아? 나 자신을 위해서가 아니라 우리 모두를 위한 거야." 그러나 꼬리가 여전히 "그따위 말들은 이제 싫증이 나. 독재자나 폭군도 자기를 따르는 백성들을 위해 일한다는 구실로 제 마음대로 하잖아!"라고 불평하자, 머리가 꼬리에게 선두를 양보했다. 그런데 꼬리가 앞장서고 얼마 못 가서 뱀은 도랑으로 굴러 떨어졌다. 간신히 도랑을 빠져 나오자마자 다시 가시덤불로 들어가 상처투성이가 됐다. 겨우 덤불을 빠져 나왔지만, 이번에는 뜨거운 불길 속으로 들어가 결국 죽고 말았다.

《탈무드》

폴로(Polo) 브랜드로 유명한 랄프 로렌은 '가장 미국적인 스타일'을 만들어낸 디자이너로 꼽힌다. 그는 뉴욕 브롱스의 가난한 러시아계 유대인 집안에서 페인트공의 아들로 태어났다. 그가 '로렌'이라는 귀족적인 이름을 갖게 된 것은 '리프싯'이라는 유대계 성을 쓰던 아버지가 자녀들이 놀림을 당하는 것을 보고 성을 바꾸었기 때문이다.

로렌은 어린 시절 아버지에게서 물려받은 천성적인 색채 감각 덕에 싸구려 옷도 맵시 있게 입는 재주가 있었다. 등록금을 내기 힘들어 대학을 중퇴한 그는 장갑회사 점원으로 취직해 곁눈질로 디자인을 익혀 나갔다. 그는 철저히 미국적인 영감을 토대로 다양한 인간 군상들의 라이프스타일을 반영한 패션을 선보였다. 미국 동부 아이비리그의 엘리트 그룹, 서부의 프런티어 개척자들, 국민들의 사랑을 받는 야구선수의 유니폼 등 다양한 미국인들의 삶에서 모티프를 얻었다. 폴로는 '일시적인 유행이 아니라 미국인들의 생활 브랜드'라는 평가를 받으면서, 월 스트리트에서 할렘까지 전 미국인의 폭넓은 사랑을 받았다.

그는 "아내에게 어울리는 옷을 만들다 보니 자연스럽게 여성복이 태어났고, 3남매를 위한 옷을 만들다 보니 아동복이 탄생했고, 집을 꾸미다 보니 홈 컬렉션도 탄생했다"고 말한다. 미국 가정의 보편적인 생활방식에서 뽑아낸 스타일이 '미국의 유니폼'으로 인정받으면서 세월이 흘러도 변치 않는 명품으로 발전한 것이다.

현실적인 사람은 합리적이다. 뉴욕 연수시절 아이들이 받아오는 성적표에서도 서구식 합리주의를 느낄 수 있었다. 처음 성적표를 받았을 때는 내용이 너무 복잡해 한동안 어리둥절할 정도였다. 뉴욕의 초등학교는 1년에 네 번 성적표(Report Card)를 나눠준다(1학년은 세 번). 여름방학 기간을 제외하면 2.5개월에 한 번 꼴이다.

뉴욕시와 주정부가 정한 기준(Performance Standards)에 따르면 학생들의 학업성취도를 50여 가지 세부 평가항목에 따라 1~4점으로 분류한다. 해당 학년이 요구하는 학습능력을 갖춘 경우엔 3점, 이를 초과하면 4점, 미달하면 1~2점이다(4-Exceeds grade level standards, 3-Meets grade level standards, 2-Approaches level standards, 1-Far below grade level standards).

서술도 상당히 구체적이다. 주요 과목 학습능력은 물론, 출·결석 현황, 예체능, 개인품성, 사회성, 수업태도 등을 일목요연하게 보여준다. 당시 3학년이던 딸의 성적표를 보면 평가항목이 읽기(Reading), 쓰기(Written Language), 듣기/말하기(Listening/Speaking), 수학(Mathematics), 과학(Science), 사회(Social Studies), ESL(영어가 모국어가 아닌 학생을 위한 영어 학습), 미술(Art), 음악(Music), 컴퓨터(Computer), 보건/체육(Health/Physical Education), 학습태도(Work and Study Habits), 품성과 사회성 발달(Personal and Social Development) 등 13개나 됐다.

이들 항목은 다시 수많은 세부항목으로 나뉘는데, '쓰기'만 해도 세부 평가항목이 '정확한 문법과 구두점 사용', '기획 및 구성 능력', '논리적인 문장구조', '적절한 어휘 사용', '정확한 철자(Spelling) 구사', '필법(Good Penmanship)' 등 다양했다.

교사는 이처럼 다양한 평가항목에 대해 각각 1~4점을 준다. 성적표를 보면 자녀들이 뉴욕시가 요구하는 학습기준을 제대로 따라가고 있는지, 성적이 향상되고 있는지 떨어지는 중인지, 어느 분야가 부족한지 정확히 파악할 수 있다. 성적표에는 담임교사의 간단한 코멘트도 첨부된다. 딸에 대한 담임교사의 평가는 시시각각 이렇게 변했다. '수학은 잘 한다. 읽기(Reading)에 좀 더 신경을 써야겠다.' '읽기 실력이 놀랍게 발전했다. 가정에서 함께 노력해준 것에 감사하다.' '수학이 특히 뛰어나고, 영어도 많이 늘었다. 하지만 적극적인 수업 참여가 요구된다. 작문 연습도 꾸준히 할 필요가 있다.'

유대인들은 여기서 한 걸음 더 나아간다. 지극히 현실적이고 합리적이다. 죽어서 가는 '내세'보다는 현실세계에서 이상적인 사회를 만드는데 더욱 관심을 두는 종교관의 영향이 크지만, 이천 년 박해의 역사가 현실에 뿌리내린 사고방식을 유전자로 각인한 측면도 있을 것이다. 유대인에게 현실과 유리된 두뇌는 별 의미가 없다. 자신이 믿을 수 없는 것, 현실과 맞지 않는 것은 아이들에게도 가르치지 않는다. '산타클로스가 있다'는 식의 비현실적인 얘기는 절대 하지 않는다.

심리학자 로버트 스턴버그에 따르면 인간은 IQ로 측정되는 분석 능력과는 분리되는 다른 종류의 지적 능력을 갖고 있다. 이는 후천적으로 습득하는 실용지능(practical intelligence)으로, 현실을 올바르게 파악하고 자신이 원하는 것을 얻는데 필요한 능력을 말한다.

유대인들은 공상이나 허구에 매달리지 않고 현장에서 벌어지고 있는 실재(實在)하는 것, 현실성이 높은 것을 바탕으로 논리를 전개하고 상상의 날개를 편다. 아무 근거도 없는 허황된 이야기보다 현실적으로 일어난 일들이 오히려 아이들의 상상력을 자극하고 잠재력을 이끌어내는데 더 유용하다고 믿기 때문이다.

남들이 가지 않은
길을 가게 한다

《탈무드》는 '세상에서 가장 불행한 사람은 자신을 지나치게 의식하는 사람이다'라고 적고 있다. 자기의 실패를 항상 남이 비웃고 있다고 생각하는 사람은 남들이 종일 자신을 주시하는 것으로 착각한다. 그래서 자신감을 잃고 아무 일도 못하는 것이다. 그러나 세상 사람들은 남에게 관심을 둘 만큼 한가하지도 않고 타인에게 관심도 없다. 그러니 자신이 조금 잘못했다고 해서 주눅들 필요는 없다. 어차피 신이 아닌 이상 인간은 누구나 실수한다.

마빈 토케이어

1928년 영국 런던 인근의 가난한 유대인 가정에서 태어난 비달 사순. 그는 14세 때 집 부근의 미용실에서 일을 배우며 미용사를 꿈꿨다. 하지만 당시만 해도 남자가 직업으로 미용사를 택한다는 게 쉬운 일은 아니었다. 그는 주변 사람들의 따가운 눈총을 견디며 힘들게 일을 배워야 했다. 유일한 응원군은 그의 부모였다. 비록 체구는 작았어도 성실하고 손재주가 남달랐던 아들의 가능성을 믿고서 꿈을 포기하지 않도록 꾸준히 격려했다.

비달은 기존 미용업계의 방식에 혁명적 변화를 일으키며 두각을 나타내기 시작했다. 그가 1960년대 선보인 '보브 커트'는 천편일률적인 여성들의 머리에 '자유'를 부여한 창조적인 스타일이었다. 개인의 얼굴 윤곽을 고려해 사람마다 각기 다른 이미지를 주면서도, 심플하고 섬세한 그의 헤어스타일은 세계적인 유행으로 번져갔다. 그는 유대인 차별의 벽을 뚫고 남자들이 가지 않은 길을 개척해 '비달 사순'을 세계적인 헤어 브랜드로 만들었다.

스포츠 브랜드 푸마(PUMA)는 1990년대 초반까지 심각한 경영난에 시달렸다. 기능성과 실용성만 중시하고 디자인을 무시하다가 소비자들의 외면을 받았다. 1993년 독일 역사상 가장 어린 나이(당시 30세)의 최고경영자가 푸마의 '구원투수'로 나섰다. 요헨 자이츠(현 47세) 회장이었다. 그는 푸마를 파산 위기에서 다시 세계적인 스포츠 브랜드로 우뚝 일으켜 세웠다. "남들이 해보지 않은, 늘 새롭고 혁신적인 아이디어를 열정을 갖고 시도하는 것이 비결입니다."

대개의 스포츠 브랜드는 타이거 우즈나 호나우두 같은 유명 선수들을 후원한다. 홍보 효과가 뛰어나기 때문이다. 하지만 푸마는 16~17살의 무명 육상선수 우사인 볼트를 발굴해 후원했다. "밝고 긍정적인 성격, 그만의 강렬한 개성이 푸마와 잘 어울렸다"는 것인데, 남들이 해보지 않은 길을 가는 푸마의 전략을 잘 보여준다.

다이슨(Dyson)은 비틀스만큼 유명한 영국의 가전회사다. 세계 최초로 먼지봉투가 필요 없는 청소기를 개발해 비틀스 이후 미국과 유럽에서 가장 성공한 영국산 제품이라는 명성을 얻었다. 2009년 개발한 '날개 없는 선풍기(제품명 에어멀티플라이어)'는 시사 주간지 《타임》이 '올해의 발명품' 가운데 하나로 꼽았다.

다이슨 사의 설립자 제임스 다이슨은 9세 때 교사였던 아버지를 암으로 잃은 충격으로 뭐든 또래와 다르게 생각하기 시작했다고 한다. 16세 때 교내 오케스트라에서 악기를 고를 때도 가장 어렵고, 아무도 배우려 하지 않던 바순을 택했다. 1882년 발명돼 127년간 이어져 온 날개를 이용한 방식의 선풍기 틀이 깨진 것은 이 같은 '다름'의

철학 덕분이었다. "왜 선풍기는 꼭 날개를 써야 하지? 돌아가는 날개 때문에 바람이 중간 중간 끊기고 날개를 청소하기도 어렵잖아. 더구나 아이들은 늘 손가락을 넣고 싶어 해 위험하잖아."

먼지봉투 없는 청소기를 개발한 것도 마찬가지다. 1901년 영국 발명가 부스가 최초의 현대적 진공청소기를 개발한 이후 어느 누구도 먼지봉투의 존재에 의문을 제기하지 않았지만 다이슨은 달랐다. "진공청소기는 먼지가 봉투의 작은 구멍을 막아 금세 흡입력이 떨어지잖아. 먼지봉투 없는 청소기를 만들면 편리하지 않을까?"

그는 연구를 할 때도 남과 다른 방식을 선호한다. "우리는 예전과 다른 환경에서 남과는 다른 일을, 다른 방식으로 하길 원합니다." 직원 채용에도 '다름'의 철학은 적용된다. 해당 분야에 전문지식과 경험이 풍부한 사람을 원하는 게 일반적이지만, 그는 경험이 없는 사람을 더 선호한다. "경험이 없는 사람들이야말로 선입견이 없고, 맡은 일에 대해 생각하고 또 생각합니다."

문화적 다양성을 일찍 접하고
익숙해지게 한다

왕이 양치기를 시켜 많은 양들을 방목하고 있었다. 어느 날 양과 비슷한 짐승 한 마리가 양떼에 끼어들었다. 이 광경을 목격한 양치기가 왕에게 물었다. "낯선 동물 한 마리가 양떼 속으로 끼어들었는데, 어떻게 할까요?" "그 동물을 특별히 잘 보살펴 주도록 하라." 양치기가 의아스럽다는 표정을 짓자, 왕은 이렇게 말했다. "양들은 본디 내 양으로 길렀지만, 그 동물은 전혀 다른 환경에서 자라고 있었는데도 이렇게 내 양들과 똑같이 행동하고 있으니, 기특한 일이 아니냐?"

《탈무드》

미국으로 건너온 유대인들 가운데 전통적인 외모를 고수하는 경우는 그리 많지 않다. 긴 수염과 코셔를 지키고, 유대인끼리만 결혼하는 보수적 유대인은 극소수에 불과하다. 중세에도 상당수 유대인들은 보다 많은 권리와 자유를 얻기 위해 몇 가지 전통적 관습을 포기했다. 그렇다고 민족의 정신유산까지 포기한 것은 아니다. 인종적, 문화적 다양성을 수용해 고유의 문화와 융합, 발전시켜온 것이다. 생존을 위해 그 나라에 적응할 수 있는 유연성을 발휘했다고 볼 수 있다.

2010 남아공월드컵에서 비록 우승은 놓쳤지만 최고의 전력을 갖춘 팀으로 평가 받은 나라는 독일이다. 힘과 조직력을 앞세운 기존의 '수비형 실리 축구'에서 기술과 패싱력까지 겸비한 '화끈한 공격 축구'로 진화했기 때문이다. 전문가들은 '문화적 다양성의 통합'을 그 비결로 꼽았다. 독일 대표팀은 1990년대 말까지 게르만 순혈주의를 고집했다. 아무리 기술이나 잠재력이 뛰어나도 이민자 출신은 절대 국가대표로 발탁하지 않았다.

그러나 2002 월드컵부터 이주 노동자(Gastarbeiter) 가정 출신도 영입하기 시작했다. 이런 문화적 다양성을 통합하려는 노력이 남아공 월드컵에서 빛을 발했다. 2002년 합류한 클로제와 포돌스키(폴란드계)를 비롯해 카카우(브라질), 외칠(터키), 보아탱(가나) 등 다문화 가정 출신이 대표팀 23명 중 절반에 가까운 11명이나 된다. 실용적 사고를 바탕으로 인종적, 문화적 개방성을 통해 세계를 정복한 로마의 전략을 닮은 셈이다.

유대인은 오천년 역사 중 이천 년 이상을 세계 각지에 흩어져 살아왔다. 여러 나라의 침략을 받고 학살을 당하는 등 많은 시련을 겪었다. 100개 이상의 나라에 흩어져 살았기 때문에, 그들은 어디에서든 마이너리티(소수)였다. 지금처럼 인권과 자유가 중시되는 민주주의 체제가 갖춰진 건 불과 100년도 안 된다. 다른 나라에 얹혀사는 소수민족이 생존하려면 필사적으로 그 나라의 문화에 적응하는 것 외에는 다른 방법이 없었다. 유대인들은 탄압을 피해 국경을 수시로 넘나들어야 했고, 이는 전혀 다른 환경에서 적응할 수 있는 능력을 키우는 데 큰 도움이 됐다.

국경을 수시로 넘나드는 생활이 주는 또 하나의 장점은 새로운 사조와 조류를 접할 기회가 늘어난다는 점이다. 백남선(63세) 건국대병원장은 한국 최초로 유방암 환자 가슴보존술(암 조직만 제거하고 유방의 형태를 유지해주는 수술)을 시도한 외과 의사다. 그는 자신이 '국내 최초' 타이틀을 여러 건 기록하며 유방암 수술 분야의 권위자로 인정받은 것은 해외에 많이 다녀봤기 때문이라고 말한다. "학문을 하건, 사업을 하건, 여행을 하건 해외에 많이 다녀보라"는 게 그의 조언이다.

그는 과거 미국 암학회에 갈 때마다 유방암, 폐암이 주 이슈로 등장한 것을 보고는 국내에 돌아와 유방암학회를 만들었다. 당시 국내엔 유방암과 폐암의 발병률이 낮았지만, 한국도 암 발생 패턴이 조만간 서구형으로 바뀔 것이라고 예측했기 때문이다. 이탈리아 국립암센터 의사의 유방보존술 수술을 견학한 뒤 1986년 국내 최초로 이를 시도한 것도 비슷한 맥락이다. 당시 선배 외과의사들은 "나이도 어린놈이 무슨 그런 수술을 하느냐"고 힐난했지만, 이제 유방보존술은 국내에서도 주된 유방암 수술법으로 자리 잡았다.

유대인들은 이민정책의 장점을 누구보다 잘 안다. 유대계 미국인 언론인 토머스 프리드먼은 "노동자든 연구원이든, 합법적인 이민을 계속 받아들이는데 미국의 장래가 달려 있다. 이것이 계속 미국이 중국에 앞설 수 있는 방법"이라고 강조한다. 지금처럼 빠르게 변하는 세상에서 혁신적인 아이디어를 계속 얻으려면 국경을 허물어 세계 각지의 인재들을 받아들여야 한다는 지적이다.

세계적인 패션 브랜드 게스(GUESS)의 창업주인 유대인 폴 마르시아노 회장은 모로코에서 태어나 프랑스에서 성장했고, 10대 중반에는 이스라엘 키부츠(집단농장)에서 농사를 짓기도 했다. 그는 20대 후반에 미국으로 건너가 1981년 로스앤젤레스에서 게스를 창업했다. 그야말로 다양한 문화적 경험을 한 진정한 세계인인 셈이다.

이런 다양한 문화적 배경은 그의 성장에 어떤 도움을 주었을까.

"무엇에도 적응할 수 있는 힘을 줬다. 어느 나라, 어느 도시에 떨어져도 난 살길을 찾을 수 있다. 내가 가진 모든 걸 잃는다 해도 내일 당장 다시 시작할 수 있다. 다시 테이블을 닦거나 설거지를 해야 한다면, 할 수 있다. 작은 어촌 출신인 내가 세상을 아름답게 만드는 일을 하며 세계를 돌아다니는 것만으로도 나는 축복을 받았다."

유대인 속담 중에 '두 귀를 밖으로 향하게 하라'는 말이 있다. 안에 갇혀 있기보다는 밖으로 나가야 보다 폭넓게 사물을 관찰할 수 있고, 어떤 변화가 나타나고 있는지를 보다 정확하게 알 수 있다는 뜻이다. 역사적 시련이 안겨준 국경초월의식은 새 문화에 대한 적응력을 높이고, 남보다 빨리 새 조류를 접하게 함으로써 유대인 성공의 토양이 됐다.

우호적인 네트워크의
중요성을 알려준다

유대인이 자기 민족 자체를 하나의 대가족이라고 생각하는 것은 사업을 매우 유리하게 이끄는 데 큰 힘이 되고 있다. 이 의식은 전 세계의 유대인들을 즉시 협력관계로 이끌기 때문이다. 이것은 그들이 동양의 몇몇 민족처럼 두 개의 가족을 갖고 있어서다. 즉, 하나는 자신의 가족이고, 다른 하나는 민족이라는 가족이다.

마빈 토케이어

 영어에 '로스차일드 같은 부자'라 는 숙어가 있다. 로스차일드 가문은 '돈=유대인'이라는 이미지를 전 세계에 심어준 유대인 부자의 대명사다. 이스라엘 건국을 재정적으 로 후원하기도 했다. 이 가문을 일군 마이어 암셀 로스차일드는 18세 기 독일 프랑크푸르트 게토의 환전꾼으로 출발했다.

당시 프랑크푸르트의 법은 유대인이 기독교도와 혼인하는 것을 금 할 정도로 유대인을 차별했다. 기독교도와 성관계를 가진 유대인은 남녀를 막론하고 모두 교수형에 처해졌다. 기독교로 개종하지 않으 면 공직은 물론 기능이 예술이 등 아무 것도 할 수 없었다. 기독교인 들이 기피하는 '대금업'이 그나마 유일한 돈벌이 수단이었다.

마이어는 프랑크푸르트 최고 권력자였던 빌헬름 공작을 우연히 만 났는데, 그의 취미가 화폐 수집이라는 것을 알고 희귀 동전을 싼값에 구해주면서 친분을 쌓았다. 이를 계기로 더 큰 거래를 성사시켜 갔 다. 프랑스혁명으로 자유를 찾은 마이어는 유럽 군주들에게 자금을 조달하며 금융가의 대열에 들어선다. 그는 파리, 런던, 프랑크푸르 트, 비엔나, 나폴리 등에 지점을 만들고 다섯 아들에게 지점장 직을 맡겼다.

로스차일드 가문을 발전시킨 결정적인 계기는 영국과 프랑스의 전쟁이었다. 1815년 6월 20일 런던 증권거래소는 프랑스와의 워털루 전투 결과를 초조히 기다리고 있었다. 이때 런던지점을 맡고 있던 마이어의 셋째 아들 네이선 로스차일드가 영국 공채를 팔기 시작했다. 공채는 즉각 폭락했다. 그러자 네이선은 갑자기 매수로 돌아서 엄청난 양의 공채를 바닥에서 사들였다. 거의 동시에 '영국군 대승'이라는 소식이 날아들었다.

유럽 각국에 흩어져 국경을 초월한 금융 네트워크를 구축하고 있던 네이선의 형제들이 정보망을 총 가동해 영국군의 승리를 한발 앞서 알아낸 결과였다. 가족 간의 단결과 각국 고위층과 맺은 우호적인 네트워크가 로스차일드 가문의 성공을 가져온 비결이다.

유대인은 정보가 돈이 된다는 사실을 누구보다 잘 아는 민족이다. 그래서 왕실과 귀족, 고위 관료, 부유층 등과 인적 네트워크를 쌓기 위해 최선을 다한다. 로스차일드 가문의 신화를 만든 마이어는 독일의 실력자였던 빌헬름 공작과 친분을 쌓기 위해, 빌헬름이 나폴레옹에게 쫓겨 피신했을 때 상당한 손해를 보면서까지 공작의 재산을 지켜줬다. 로스차일드 가문이 전란에 휩싸였던 유럽의 정세 속에서 막대한 이익을 챙길 수 있었던 것은 각국 왕실 및 고위층과 평소 쌓아두었던 인적 네트워크가 결정적인 도움을 줬기 때문이다.

유대교는 유대인들이 서로에 대해 책임을 지는 '공동책임' 개념을 강조한다. 미국에 이민 온 가난한 유대인들이 다른 민족의 이민자들보다 빨리 자리를 잡고 돈을 벌 수 있었던 것도 유대인들끼리 서로 도와주는 우호적인 네트워크가 있었기에 가능했다. 지금도 러시아나 동유럽 등지에서 유대인이 이민을 오면 유대인협회의 자원봉사자들이 집을 구해주고 일거리를 찾아주는 등 새로운 삶을 살 수 있도록 자금 지원을 한다.

한국인도 재외동포가 700만 명에 달해 '코리안 디아스포라(고국을 떠나 해외에 퍼져 사는 것)' 시대라 할 수 있지만, 유대인에 비하면 국제정치적 위상은 보잘것없다. 서구인들은 한국인을 만나면 아직도 '중국인이냐, 일본인이냐'는 식의 질문을 많이 한다. 이처럼 '코리아'라는 국가브랜드가 제대로 인식되지 않는 중요한 원인은 해외 한인들이 우호적인 네트워크를 짜는 능력이 떨어지기 때문이다.

오히려 한인들끼리 파벌을 만들어 싸우고 서로를 깎아 내리는 경우가 많다. 한인사회의 네트워크 역량이 떨어지다 보니 아무리 미국의 명문대를 나오고 영어를 잘해도 주류 사회에 진입하는 비율이 유대인에 비해 턱없이 낮다. 한인들은 하나뿐인 자리를 놓고 서로 빼앗으려 험담하고 비방하는 반면, 유대인들은 절대 동족끼리 경쟁하는 법이 없다. 서로 밀어주고 끌어주며 탄탄한 네트워크를 구성한다.

유대인 관련 상식

유대인의 정의

1948년 팔레스타인 지역에 이스라엘이 건국되자 전 세계에 흩어져 있던 유대인들이 몰려들었다. 이들은 수천 년 간 세계 각지를 떠돌며 생활해 온 탓에 언어도 다르고 얼굴색깔도 달랐다. 에티오피아로 흘러 들어가 흑인과 피가 섞이면서 피부가 검은 유대인도 있었고, 이교도와 결혼한 유대인도 많았다. 이스라엘 대법원은 1960년 이스라엘 국적을 얻으려는 유대인에 대해 이런 정의를 내렸다. '어머니가 유대인이거나, 또는 유대교로 개종한 사람이며 다른 종교를 믿지 않아야 한다.' 유대인은 혈통을 따질 때 모계를 따른다. 아버지가 누구인지는 몰라도 아이를 낳은 여성이 누구인지는 분명하기 때문이다. 어머니가 유대인이면 무조건 유대인으로 간주하는 전통에 따라 이교도에게 강간당해 낳은 아이도 유대인으로 여긴다. 결혼을 통해 유대교로 개종한 사람도 유대인으로 인정한다. 유대인들이 자신들만의 거주지였던 게토(Ghetto)를 벗어나면서 이교도와의 결혼이 늘어난 게 결정적인 이유다.

흑인 유대인

야곱의 열두 아들이 각각 한 부족씩을 이뤘고, 이 중 10개 부족은 사라졌다는 게 정설이다. 그런데 사라진 줄 알았던 한 부족이 이집트 아래쪽의 에티오피아로 갔고, 그곳 흑인들과 피가 섞이면서 피부가 검은 '팔라샤 유대인'이 됐다고 한다. 팔라샤는 에티오피아어로 '이방인'을 뜻한다. 이들은 고대 유대인 전통을 따르고 《토라》의 규정을 지키며 살았다. 1948년 이스라엘 독립 이후 5만 명이 넘는 흑인 유대인들이 이스라엘로 갔다. 1970년대에는 이스라엘 특공대가 에티오피아에서 핍박 받던 흑인 유대인 구출작전을 벌이기도 했다.

다윗의 별(Star of David)

유대인과 유대교의 상징물. 두 개의 삼각형을 반대 방향으로 놓은 모양이다. 이방인들은 '유대인의 별(Jewish star)'이라고 부른다. 원래 특별한 종교적 의미가 없었고, 유대교에서 기원한 것도 아니다. 한때 이슬람권과 기독교에서도 이 상징물을 사용했다. 그러나 16세기 유대 신비주의자들이 이 별에 의미를 부여하면서 점차 유대인의 상징이 됐다. 당시 유대교 회당의 친숙한 디자인이 되었고, 지금은 유대인 빌딩의 상징이며 이스라엘 국기에도 쓰인다.

유대인과 기독교의 갈등

유대인과 기독교 간 증오의 역사는 뿌리 깊다. 예수 그리스도에 대한 시각 차이가 갈등의 근본적인 원인이다. 예수는 유대인이었다. 그는 출생 이후 할례를 받았고, 율법을 공부하는 등 철저히 유대인으로 살았다. 하지만 예수는 유대의 율법을 뛰어넘는 새로운 가치를 제시했다. 자신을 '하나님의 아들'로 부르면서 유대인들의 신앙을 정면으로 공격했다. 유대인들 입장에선 받아들이기 힘든 일이었다. 《탈무드》는 예수에 대해 이렇게 기록한다. "예수는 마술을 써서 이스라엘을 미혹시켜 배교하게 했으므로 유월절 전날에 처형됐다." 유대인들은 예수를 메시아로 인정하지 않았고, 결국 십자가에 매달아 처형했다.

1095년 11월 27일 교황 우르바노 2세가 프랑스 남부 산악지대에 위치한 도시 클레르몽에서 주교들과 귀족, 시민들 앞에 섰다. "지금 성지 예루살렘에선 우리 그리스도 교인들이 이슬람교도들에게 학대당하고 있습니다. 이슬람교도와 싸워 성지를 되찾읍시다."

교황의 호소에 따라 프랑스를 출발한 십자군은 유럽 곳곳의 유대인 집단 거주지를 파괴하며 행군했다. 당시 유대인들은 부를 축적해 현금과 보석을 많이 갖고 있었다. 십자군은 예수를 죽인 유대민족의 재산을 빼앗는 것을 합리화했고, 성지 예루살렘을 탈환하기 전에 어떤 방법으로든 유럽의 유대교인들을 그리스도교로 개종시키는 일이 정당하다고 믿었다.

이에 따라 유대인들에 대한 약탈과 살해, 방화가 잇따랐다. 목숨을 건지려면 그리스도교로 강제 개종해야 했다. 어린이도 예외가 아니었다. 십자군이 노인과 어린이들까지 마구 죽이자, 유대인들 스스로 부모가 자녀를 죽인 뒤 자살하는 비극이 속출했다. 독일 쾰른의 대주교는 여성들만이라도 보호하기 위해 이들을 자신의 성으로 불러들였지만, 남편과 아이들을 잃은 유대인 여성들은 집단 자살을 택했다.

십자군은 출정 4년만인 1099년 이슬람으로부터 기독교의 성지인 예루살렘을 탈환했다. 광신적 사명에 사로잡힌 십자군 병사들은 이슬람교도는 물론, 예수를 십자가에 못 박은 유대인들까지 무차별 학살했다. 산 사람의 배를 가르고 인육을 먹는 만행도 저질렀다. 유대인들을 회당에 몰아넣고 불태웠는데, 그때 죽은 유대인이 전체 30만 명 중 29만9천 명에 달했다는 기록도 있다.

십자군을 따라 종군했던 프랑스의 한 성직자는 이런 기록을 남겼다. "큰 거리와 광장에는 사람의 머리며 팔다리가 산더미처럼 쌓여 있었다. 십자군은 시체를 아랑곳하지 않고 전진했다. 신전과 벽은 물론 기사가 잡은 말고삐까지 피로 물들었다. 그렇지만 오랫동안 성지순례를 방해했던 자들로 더럽혀졌던 이곳이 그들의 피로 씻겨야 한다는 피의 심판은 정당할 뿐 아니라 찬양되어야 한다."

아라비아 반도를 온통 피로 물들인 십자군의 침략 전쟁은 오늘날 기독교와 이슬람교 간의 반목의 골을 깊게 만든 중요한 원인이자, 유대인들이 기독교인을 증오하는 이유이기도 하다. 이런 갈등과 증오의 역사 때문인지 이스라엘은 앰뷸런스에 적십자 표시를 하지 않는다. 수학 등식에도 더하기(+) 표시를 'ㅗ'로 나타낸다. 유대인의 집을 방문할 때 십자가 액세서리는 금기이다. 크리스마스 분위기에 휩쓸리지 않는 것은 물론이다.

할례

모든 유대교 남성은 태어난 지 8일째 되는 날 할례(Circumcision · 포경수술)를 한다. 평생 유대인으로 살겠다는 신과의 약속이다. 최초의 유대인 아브라함이 신과의 계약의 상징으로 100세에 얻은 적장자(嫡長子 · 정실이 낳은 맏아들) 이삭에게 처음 할례를 했다.

9 · 11테러의 현장, 뉴욕 맨해튼

"아랍 테러리스트들은 유대민족의 심장부가 이스라엘 텔아비브나 예루살렘 '통곡의 벽'이 아니라, 뉴욕 맨해튼의 월드트레이드센터임을 정확히 내다보았다. 이제 뉴욕이 유대민족과 아랍권의 새로운 대결장이다."

재미언론인 김종빈 씨는 《갈등의 핵, 유태인》이라는 책에서 이렇게 분석했다. 정계, 재계, 언론계, 법조계 등 미국 각계에 포진한 유대계 인맥을 보면 '유대인들이 미국의 대외정책 결정에 막강한 영향력을 행사한다'는 얘기가 허언이 아님을 알 수 있다.

실제 이슬람 강경파 테러집단이 일으킨 9 · 11테러의 가장 큰 공격 목표는 유대인이 가장 많이 근무하고 영향력도 큰 세계무역센터(WTC) 쌍둥이 빌딩이었다. 당시 테러범이 조종한 비행기가 채권중개회사 '칸토'에 부딪친 것도 유대인이 경영하는 회사였기 때문이라는 소문이 나돌았다.

뉴욕은 경제와 금융 산업이 발달해 '세계의 수도'로 불리지만, 세계 최첨단을 달리는 문화도시이기도 하다. 150여 개의 크고 작은 박물관에 메트로폴리탄 미술관, MoMA 등 세계적 명성의 미술관, 공연장이 부지기수다. 엠파이어스테이트 빌딩, 자유의 여신상, 센트럴파크 등 미국을 대표하는 명소도 많다.

다이아몬드 스트리트

뉴욕 맨해튼 중앙의 동서로 길게 이어진

47스트리트 중 5애비뉴와 6애비뉴 사이 300미터 거리로, 3천여 개의 다이아몬드 상점이 밀집해 있다. 세계 보석시장은 이 지역 유대계 거래상들의 수중에 들어 있다고 해도 과언이 아니다. 전 세계에서 거래되는 다이아몬드의 절반가량인 연간 300억 달러의 다이아몬드가 뉴욕에서 세계 전역으로 팔려나간다. 유대인은 이 지역 다이아몬드 점포의 95퍼센트 이상을 소유하고 있다. 1893년 세계 최초로 다이아몬드 거래소가 설립된 벨기에 앤트워프의 고급 다이아몬드 유통시장도 유대인이 장악하고 있다. 100년이 넘는 역사를 지닌 다이아몬드 회사 드비어스도 유대인 소유다. 드비어스는 세계 다이아몬드 제조의 60퍼센트 정도를 맡고 있다.

유대인들이 다이아몬드, 금, 사파이어 등 보석에 집착하는 것은 박해의 역사와 관련이 깊다. 수천 년 동안 세계 각지를 유랑하나 보니 어느 나라에서나 사용이 가능하고 비상시 뇌물로도 요긴하게 쓸 수 있는 보석을 선호하게 된 것이다. 유대인을 지칭하는 영어 'Jewish'는 보석을 뜻하는 'Jewelry'와 어원이 같다. 너무 단단해 '정복할 수 없는 보석'으로 불린 다이아몬드 연마법을 16세기 처음 개발한 사람들도 유대인이다. 《구약성서》의 출애굽기를 보면 모세의 열두 지파 이름이 모두 사파이어, 에메랄드, 토파스 등 보석의 이름을 땄다.

구겐하임 미술관

'세계 최고의 현대미술관'으로 자타가 공인하는 구겐하임 미술관(Solomon R. Guggenheim Museum)은 유대인의 예술계 파워를 상징적으로 보여준다. 독일계 유대인 이민 재벌이던 솔로몬 구겐하임이 1943년 당시 미국 건축계의 1인자로 불리던 프랭크 로이드 라이트(1867~1959)에게 설계를 맡겼지만, 구겐하임 사후 10년, 라이트 사망 6개월 만인 1959년에야 완성됐다. 초현대식 분위기의 건물 외관이 당시의 고전적 고급 주택가 분위기와 맞지 않는다는 뉴욕시민들의 강한 반발 때문이었다.

지금은 뉴요커들이 '거대한 달팽이'라고 부르는 나선형 계단과 독특한 천장의 디자인으로 뉴욕의 상징 건물이 됐다. 달팽이 모양의 나선형 복도를 따라 1층부터 꼭대기까지 차례로 둘러볼 수 있는 독특한 구조다. 중앙홀은 건물 천장까지 뚫려 있어 탁 트인 느낌을 준다. 자연광을 십분 살려 전시실 내부가 무척 밝고 아늑하다. 설계자 라이트는 '아래층부터 꼭대기까지 어디서고 멈추지 않고 돌아볼 수 있는, 밝은 채광이 위에서부터 아래로 내리비추는' 박물관을 구상했다. 계단을 따라 올라가면 피카소, 모딜리아니, 세잔느,

고흐, 드가, 칸딘스키, 샤갈, 미로 등의 작품으로 가득하다.

구겐하임 미술관(www.guggenheim.org)은 1976년 이탈리아 베니스를 시작으로, 뉴욕 소호, 독일 베를린, 스페인 빌바오, 라스베가스 등에 분관을 설립했다. 관람객을 적극적으로 찾아가는 세계화 전략의 일환이자, 방대한 컬렉션을 분산하기 위한 의도다. 실제로 구겐하임은 '소장품이 하도 많아 99퍼센트는 수장고에 있다'라는 말이 나돌 정도로 소장품 규모와 수준이 세계 최고다. 지금 구겐하임에 소장돼 있는 많은 작품들은 솔로몬의 조카인 페기 구겐하임이 수집했다. 그녀는 예술적 안목이 뛰어날 뿐 아니라 많은 예술가들을 후원해《타임》으로부터 '미국 예술가들의 경제적인 천사'라는 찬사를 받았다.

타이타닉과 유대인

1912년 영국에서 뉴욕으로 오던 중 대서양에서 침몰한 타이타닉 호 침몰 사고의 희생자 1천5백여 명 중에는 유대인들이 많았다. 이 배가 손님들을 모으면서 '유대인 주방장이 코셔를 제공한다'고 선전했기 때문이다. 정통 유대인들은 코셔 없이는 오랜 선상 생활을 견디지 못한다. 페기 구겐하임의 아버지 벤자민 구겐하임, 미국 최대 백화점 '메이시즈(Macy's)'를 일군 이시도르 스트라우스 부부 등이 비극의 희생자들이다.

제임스 카메론 감독의 영화《타이타닉》에는 벤자민 구겐하임의 최후를 묘사하는 장면이 나온다. 벤자민은 '여자와 어린이 우선'이라는 구명보트의 승선원칙을 지키다 자신에게 순서가 돌아오지 않자 아예 구명조끼를 양보한다. 그리고 함께 있던 시종에게 "가장 좋은 옷을 입고 신사답게 가라앉겠다"고 했다. 이어 만찬용 정장으로 갈아입은 뒤 브랜디 한 잔을 들고 최후를 맞는다. 그는 배가 침몰하는 순간 "아내와 자식들에게 나의 의무에 최선을 다했다고 전해 달라"는 유언을 남긴다.

유대인 견제용으로 도입한 입학사정관제

입학사정관제란, 성적만으로 학생을 선발하던 방식에서 벗어나, 잠재력과 특기 등 종합적인 능력을 판별해내는 제도를 말한다. 처음 도입한 곳은 하버드 대학교. 독자적인 입학시험으로 학생들을 뽑다 보니 1922년에는 신입생 중 유대인 비율이 무려 20퍼센트에 달했다. 그래서 1923년 입시 때는 입학지원서에 인종, 종교, 부모의 성, 부친의 출생지를 기록하도록 했다. 또 성적 이외에 인성, 스포츠 등 과외활동, 교사 추천서 등을 반영했다. 동유럽에서 대거 이주해오는 유대인의 합격비율을 낮추기 위한 의도였다. 그 결과 1933년 신입생 중 유대인 비율은 15퍼센트로 떨어졌다. 당시 비슷한 문제로 고민하던 예일, 프린스턴 대학 등도 이를 보고 입학사정관제를 도입했다. 1940년대에는 하버드, 예일 등 명문대를 중심으로 기부금을 내는 동문 자녀를 우대하는 특별전형도 만들어졌다.

탈피오트(Talpiot)

이스라엘 방위군이 매년 최상위권 고교 졸업생 중 50명을 뽑아 이공계 전문가를 육성하는 군 복무 프로그램. 히브리어로 '최고 중의 최고'를 뜻한다. 매년 이스라엘 고등학교의 상위 2퍼센트에 드는 2천여 명이 지원하며, 그중 물리학, 수학 등 종합테스트를 통과한 2백 명이 이틀 동안 강도 높은 성격 및 능력 검사를 치른다. 복무 기간은 훈련 기간을 포함해 최소 9년. 1973년 제4차 중동전쟁 이후 위기관리에 대한 해결능력을 가진 영재를 군에서 키우자는 아이디어로 시작됐다.

당초 이스라엘 군대의 현대화 전략으로 시작됐지만, 현재는 유망 벤처기업 육성 프로그램으로 자리 잡았다. 탈피오트를 이수한 7백여 명의 전문가들이 현재 이스라엘 학계 및 IT 분야의 핵심 인재로 활동 중이다.

문화예술계의 유대인맥

미국 영화의 심장부 할리우드를 지배하는 것은 유대인이다. 거대 영화사인 MGM, 워너브라더스, 파라마운트, 유니버셜, 21세기 폭스, 콜럼비아의 창업자가 모두 유대인이다. 아카데미 작품상을 받은 《쉰들러 리스트》의 감독 스티븐 스필버그, '21세기의 찰리 채플린'으로 불린 감독 겸 배우 우디 앨런, 영화배우 더스틴 호프만, 커크 더글라스, 폴 뉴먼, 토니 커티스도 유대인이다.

유대인을 상징하는 매부리코를 한 바브라 스트라이샌드는 가수, 영화배우, 작곡가, 제작자 등으로 모두 성공한 슈퍼스타. 맹렬한 민주당원이어서 '민주당의 할리우드 대변인'이라는 애칭으로도 불린다. 이밖에 할리우드의 시나리오 작가, 제작자, 감독 등 영화계 인사의 60퍼센트 이상이 유대인이다. 원래 이름이 캐린 존슨이었던 흑인 여배우 우피 골드버그는 할리우드의 영향력 있는 유대계 인사들과 친분을 쌓기 위해 유대식으로 개명까지 했다.

문화예술계의 유대인 파워가 막강한 탓에 미국 영화나 드라마에서 유대인들은 대개 똑똑하고 사려 깊으며 사회에 헌신적인 긍정적 인물로 그려진다. 미국 드라마 《섹스 앤 더 시티》에서 샬롯 요크의 상대역으로 나오는 보수적인 유대인 변호사 해리 골든 블렛이 대표적이다. 그는 대머리에 키도 작고, 집 안에서 옷을 홀

딱 벗고 다녀 여자친구 샬롯을 기겁하게 만들지만, 그녀를 향한 헌신적인 사랑으로 마음을 사로잡는데 성공한다. 더욱이 샬롯이 유대교로 개종하려는 과정을 실감나게 묘사해 미국인들의 유대인에 대한 이미지를 개선하는데 크게 기여했다. 유대인들이 영화에서 두각을 나타내는 이유는 어렸을 때부터 《토라》와 《탈무드》 교육을 받아 스토리텔링에 능하기 때문이다. 멸종된 공룡이 살아서 돌아오는 《쥬라기 공원》, 과거와 현재를 시간여행하는 《백 투 더 퓨처》, 외계인이 등장하는 《E.T》 등이 모두 유대인 감독들의 풍부한 상상력에서 나왔다.

의료계의 유대인맥

의사는 유대인들이 랍비와 교수 다음으로 선호하는 직업이다. 명문 의대 교수의 80퍼센트 이상이 유대인이고, 뉴욕 개업의사의 절반이 유대인이다. 의사를 선호하는 이유는 돈을 많이 벌기도 하지만, '세상을 고치는 것'을 강조한 유대교의 영향이 크다. 신이 세상을 창조했지만, 세상을 완전하게 만들기 위해 일부 몫을 인간에게 남겨놓았다고 본다. 영혼을 치유하는 랍비처럼, 육신의 질병을 치유하는 의사도 가치 있는 직업으로 여기는 것이다.

의학 분야의 공헌도 지대하다. 유대인들이 개발한 약을 쓰지 않으면 우리는 언제 죽을지 모른다. 소아마비 백신, 페니실린, 광범위 항생제 스트렙토마이신, 비타민C, 당뇨병 치료제 인슐린 등이 모두 유대인 작품이다.

정계의 유대인맥

미국 사회에서 반(反)유대주의가 점차 줄어들면서 정계로 진출하는 유대인도 늘고 있다. 앨 고어와 함께 민주당 부통령 후보로 출마했던 조지프 리버맨(코네티컷 주 연방상원의원 역임)은 유대계 파워가 얼마나 커졌는지를 상징적으로 보여준다. 리버맨은 "유대인들은 어려서부터 완벽한 세상을 구현하는데 도움을 줘야 한다는 교육을 받아왔다. 정치가 유대인의 적성에 맞지 않을 수도 있지만, 누군가는 여기에 뛰어들어 세상을 발전시키는 일을 해야 한다"며 정치 참여의 중요성을 강조했다. 애리조나 주 상원의원을 지낸 배리 골드워터도 공화당 대통령 후보로 출마한 적이 있다.

클린턴 정부는 미국의 역대 행정부 중 가장 많은 유대계 인사를 장관급으로 기용했다. 매들린 올브라이트 국무장관, 윌리엄 코언 국방장관, 리처브 홀부르크 유엔대사, 대니얼 글릭맨 농무장관, 미키 캔터 상무장관, 로버트 리치 노동장관이 모두 유대계다. 로버트 루빈 재무장관, 로

런스 서머스 재무부장관, 앨런 그린스펀 연방준비제도이사회(FRB) 이사장 등 경제정책 3총사를 모두 유대계로 채우기도 했다. 연방상원의원 중 유대인 비중은 인구비례로 따져 다른 민족의 5배 이상이라는 보고도 있다.

IT업계의 유대인맥

'유대인 없이 IT의 역사를 쓸 수 없다'는 말이 있다. IT산업은 다른 어떤 산업보다도 창의성이 요구되는 분야다. 부가가치도 높아 돈에 대한 집착이 강한 젊고 능력 있는 유대인들이 대거 유입되고 있다. 그러다 보니 IT업계의 대표주자 중 상당수가 유대인이다. 빌 게이츠와 함께 세계 최대의 소프트웨어 회사인 마이크로소프트를 일군 스티브 발머, 컴퓨터 제조업체 델컴퓨터를 창업한 마이클 델, 오라클의 창업자 래리 엘리슨, 퀄컴을 만든 어윈 제이콥스, 세계 최대의 검색엔진 구글을 만든 세르게이 브린 등이 모두 유대인이다.

금융계의 유대인맥

금융의 중심지인 뉴욕 월 스트리트는 사실상 유대인의 손아귀에 있다. 세계적 투자증권회사인 골드만삭스를 비롯해 모건스탠리, 메릴린치, 스미스 바니 등의 대주주가 유대인이다. 특히 골드만삭스는 월가의 투자은행 중 유대인 전통이 가장 강한 회사로 꼽힌다. 독일에서 건너와 행상으로 돈을 번 마르쿠스 골드만이 1869년 맨해튼에 세운 어음중개회사가 시초다. 그는 회사를 키우기 위해 1882년 유대인 사위 샘 삭스와 파트너십을 맺고 '골드만삭스'라 명명했다. 메이시즈, 시어스&로벅 등 유대인 회사들이 골드만삭스를 통해 주식을 발행하고 자금을 조달하는 등 유대인 사회의 긴밀한 네트워크가 회사 성장에 결정적이었다.

2008년 가을 글로벌 금융위기의 진앙 역할을 했다가 파산한 리만브라더스도 독일계 유대인 아서 리만과 헨리 리만 형제가 창업한 회사다. 이밖에 시티은행, AIG, 메트라이프 등 월 스트리트의 세계적인 금융회사 직원 중 30퍼센트 안팎이 유대인이다. 한국이 1997년 외환위기로 고생할 때 한국지원에 적극 나섰던 투자가 윌버 로스, '세계 헤지펀드 업계의 대부'로 꼽히는 조지 소로스도 유대인이다. 월가를 장악한 유대인들은 독일계가 많다. 18세기 로스차일드 가문을 비롯해 와버그, 오펜하임 등 유럽 금융계를 주름잡았던 독일계 유대인의 전통을 이어받았다. 미국을 세운 청교도들이 '돈놀이'를 천한 직업으로 여겨 관심을 보이지 않은 사이, 금융에 밝은 유대인들은 이를 적극 활용함으로써 단기간에 미국 금융계를 휘어잡았다.

경제월간지 《포브스》가 미국의 재벌을 조사한 결과, 상위권 50명 중 36퍼센트가 유대계였다. 가전업체 제너럴 일렉트릭과 RCA 역시 유대인에 의해 세계적인 명성을 얻었다. 메이시스, 시어스, 블루밍 데일스, 니만 마커스, 메이 컴퍼니, 콜스, 라자러스, 골드 스미스, 스턴스, 로만스 등의 대형 유통업체도 유대인이 성장시킨 회사들이다.

곡물시장의 유대인 파워

유대인 지도자들은 1897년 스위스 바젤에 모여 제1차 시오니스트 회의를 열었다. 그리고 10년 뒤인 1907년 《시온 의정서》라는 책이 발간됐다. 러시아 사람이 번역했다는 이 책은 당시 '바젤 회의'의 비밀 회의록으로 알려졌다. 유대인들이 장차 세계를 정복하기 위해 세계의 정보망과 연료와 식량을 장악하기 위한 전략들이 상세히 담겨 있었다. 유럽인들은 분개했고, 이 책을 유대인 박해의 구실로 활용했다. 하지만 이 책은 나중에 '바젤 회의록'이 아닌 유대인을 음해하기 위해 꾸며낸 것으로 드러났다.

어쨌든 100년이 지난 지금 《시온 의정서》에 나온 전략이 현실에서 그대로 확인되고 있다. 유대 자본은 세계 석유업계의 메이저급 회사들은 물론이고, '정보=돈'인 금융시장도 장악했다. 곡물시장도 사정은 비슷하다. 세계 곡물 교역량의 50퍼센트 이상을 점유한 이른바 5대 메이저(미국의 카길과 컨티넨탈, 프랑스의 루이스 드레프스, 아르헨티나의 분게&본, 스위스의 앙드레)를 유대인이 창업했거나 경영한다. 《시온 의정서》에 나온 대로 유대인들이 석유, 정보와 함께 식량까지 장악한 것이다.

식품업계의 유대인 파워

중세 이후 상류층의 전유물인 초콜릿을 대중화시킨 인물은 독일계 유대인 밀튼 허쉬(1857~1945)다. 그는 집이 가난해 초등학교 4학년을 다니다 중퇴했지만, 우유와 초콜릿을 농축시키는 기술을 개발해 오늘날 초콜릿의 대명사인 '허쉬 초콜릿'을 선보였다. 던킨 도넛, 하겐 다즈, 배스킨 라빈스도 모두 창업자가 유대인이다.

패션업계의 유대인 파워

폴로, 리바이스, 캘빈 클라인, 게스, 조다쉬, 앤 클레인, 도나 카란, DKNY, 토미 힐피거, 빅토리아 시크릿, 존스 뉴욕, 나인 웨스트…… 모두 유대인 작품이다. 갭(GAP)의 창업주 도널드 피셔와 삭스 피브스 등 유명 백화점의 패션 디렉터도 대부분 유대인이다.

유대인들이 패션산업에서 두각을 나타낸 것은 19세기 후반 미국 이민의 창구였던 뉴욕에서 의류산업이 붐을 이뤘기 때문이다. 당시 독일과 러시아 등에서 시작된 유대인 박해를 피해 동유럽에 거주하던 많은 유대인들이 미국 뉴욕으로 건너왔다. 유대인 노동자의 60퍼센트 이상은 의류업에 종사했고, 이들 중 상당수가 창의적인 감성을 기반으로 패션산업의 리더로 성장했다.

경제학계의 유대인 파워

4명의 대통령을 거치며 20년 동안 미국 중앙은행의 수장을 역임한 '세계의 경제 대통령' 앨런 그린스펀(85)은 독일계 유대인이다. 그린스펀 외에도 세계 경제를 좌지우지 하는 경제학자 중 상당수가 유대인이다. 역대 노벨경제학상 수상자 10명 중 4명이 유대인이며, 미국 경제학회가 40세 이하 젊은 경제학자에게 수여하는 '존 베이츠 클라크 메달'을 받은 유대인 비율은 70퍼센트에 가깝다. 이 메달은 노벨상으로 가는 중간 통로로 여겨질 정도로 권위가 있다. 노벨상을 받은 폴 사무엘슨, 밀턴 프리드먼, 조셉 스티글리츠 등이 모두 이 메달을 받았다. 로렌스 서머스, 로버트 루빈 전 재무장관도 유대인이다.

세계 경제학의 역사를 봐도 유대인의 영향력은 절대적이다. '고전 경제학의 창시자'인 《국부론》의 저자 애덤 스미스, '경제학의 아버지'로 일컬어지는 데이비드 리카도 등 현대 경제학의 골격을 완성시킨 대가들이 모두 유대인이다. 아이러니하게도 애덤 스미스와 리카도의 자유주의 이론을 정면으로 반박하며 세계 경제 체제를 자본주의와 공산주의로 나눈 칼 마르크스 역시 유대인이다.

부모라면 유대인처럼

초판 1쇄 발행 2010년 12월 15일 **초판 75쇄 발행** 2024년 11월 20일

지은이 고재학
펴낸이 최순영

출판1 본부장 한수미
라이프 팀장 곽지희
기획 H2기획연대

펴낸곳 ㈜위즈덤하우스 **출판등록** 2000년 5월 23일 제13-1071호
주소 서울특별시 마포구 양화로 19 합정오피스빌딩 17층
전화 02) 2179-5600 **홈페이지** www.wisdomhouse.co.kr

ⓒ 고재학, 2010

ISBN 978-89-91731-49-3 13590

* 이 책의 전부 또는 일부 내용을 재사용하려면 반드시 사전에 저작권자와
  ㈜위즈덤하우스의 동의를 받아야 합니다.
* 인쇄·제작 및 유통상의 파본 도서는 구입하신 서점에서 바꿔드립니다.
* 책값은 뒤표지에 있습니다.
* 초상권자를 찾기 위해 노력 중입니다. 확인되는 대로 정식 동의 절차를 밟겠습니다.